中国法律史学文丛

# 中国近代中央官制改革研究

鞠方安　著

2014年·北京

**图书在版编目(CIP)数据**

中国近代中央官制改革研究/鞠方安著. —北京:商务印书馆,2014
(中国法律史学文丛)
ISBN 978-7-100-07396-7

Ⅰ.①中… Ⅱ.①鞠… Ⅲ.①官制—政治体制改革—研究—中国—近代 Ⅳ.①D691.42

中国版本图书馆 CIP 数据核字(2014)第 039700 号



中国法律史学文丛
**中国近代中央官制改革研究**
鞠方安 著

---

商 务 印 书 馆 出 版
(北京王府井大街36号 邮政编码 100710)
商 务 印 书 馆 发 行
北 京 瑞 古 冠 中 印 刷 厂 印 刷
ISBN 978-7-100-07396-7

---

2014 年 4 月第 1 版 开本 880×1230 1/32
2014 年 4 月北京第 1 次印刷 印张 8
定价: 29.00 元

# 总　序

随着中国的崛起，中华民族的伟大复兴也正由梦想变为现实。然而，源远者流长，根深者叶茂。奠定和确立民族复兴的牢固学术根基，乃当代中国学人之责无旁贷。中国法律史学，追根溯源于数千年华夏法制文明，凝聚百余年来中外学人的智慧结晶，寻觅法治中国固有之经验，发掘传统中华法系之精髓，以弘扬近代中国优秀的法治文化，亦是当代中国探寻政治文明的必由之路。中国法律史学的深入拓展可为国家长治久安提供镜鉴，并为部门法学研究在方法论上拾遗补缺。

自改革开放以来，中国法律史学在老一辈法学家的引领下，在诸多中青年学者的不懈努力下，于这片荒芜的土地上拓荒、垦殖，已历30年，不论在学科建设还是在新史料的挖掘整理上，通史、专题史等诸多方面均取得了令人瞩目的成果。但是，目前中国法律史研究距社会转型大潮应承载的学术使命并不相契，甚至落后于政治社会实践的发展，有待法律界共同努力开创中国法律研究的新天地。

创立已逾百年的商务印书馆，以传承中西优秀文化为己任，影响达致几代中国知识分子及普通百姓。社会虽几度变迁，世事人非，然而，百年磨砺，大浪淘沙，前辈擎立的商务旗帜，遵循独立的出版品格，不媚俗、不盲从，严谨于文化的传承与普及，保持与学界顶尖团队的真诚合作始终是他们追求的目标。遥想当年，清末民国有张元济（1867—1959）、王云五（1888—1979）等大师，他们周围云集了一批仁人志士与知识分子，通过精诚合作，务实创新，把商务做成了享誉世界的中国品牌。抗战风烟使之几遭灭顶，商务人上下斡旋，辗转跋涉到重庆、沪上，艰难困苦中还不断推出各个学科的著述，中国近代出版的一面旗帜就此屹立不败。

近年来，商务印书馆在法律类图书的出版上，致力于《法学文库》丛书和法律文献史料的校勘整理。《法学文库》已纳入出版优秀原创著作十余部，涵盖法史、法理、民法、宪法等部门法学。2008 年推出了十一卷本《新译日本法规大全》点校本，重现百年前近代中国在移植外国法方面的宏大气势与务实作为。2010 年陆续推出《大清新法令》(1901—1911)点校本，全面梳理清末法律改革的立法成果，为当代中国法制发展断裂的学术脉络接续前弦，为现代中国的法制文明溯源探路，为 21 世纪中国法治国家理想追寻近代蓝本，并试图发扬光大。

现在呈现于读者面前的《中国法律史学文丛》，拟收入法律通史、各部门法专史、断代法史方面的精品图书，通过结集成套出版，推崇用历史、社会的方法研究中国法律，以期拓展法学规范研究的多元路径，提升中国法律学术的整体理论水准。在法学方法上致力于实证研究，避免宏大叙事与纯粹演绎的范式，以及简单的“拿来主义”而不顾中国固有文化的媚外作品，使中国法律学术回归本土法的精神。

何 勤 华

2010 年 6 月 22 日于上海

# 序　言

鞠方安同志的专著即将付梓了，这是他在所撰博士论文基础上修订而成的。我作为他攻读博士学位的指导教师，对他撰文前搜集资料之勤，动笔后反复打磨之苦有较深切的感受，并以此文尚未出版问世为憾。现在，这部书稿终于能够奉献于读者面前，相信对晚清政治法律制度史的研究必将有所裨益，这是要向方安同志表示祝贺的。

清代是我国最后一个封建王朝，从它消亡至今也不过只有一百多年。可以说，这个末代王朝处在从传统社会向近代社会过渡的一个重要时期，我们今天的政治、经济、法律、思想、文化、军事诸领域的发展、变化无不与之息息相关。说到清朝的官制，则是有清一代政治制度的基本组成部分，它的产生与发展以特定的社会物质生活条件为基础，以不同历史时期的文化形态为依据。由于清朝是我国封建社会最后一个王朝，它的官制有充分的条件和基础吸收历代官制建设的经验，因此十分完备。也由于清朝是专制主义极端发展的朝代，其官制的弊端也十分突出。诸如各行政部门之间相互掣肘、制约，事权不一，机构臃肿，庸员充斥，行政效率低下，等等。

19世纪中叶的鸦片战争以后，由于西方资本主义列强入侵，国门大开，国家主权不再完整，社会形态不再单一，新的社会关系必须调整，新的官制改革势在必行。为了应对前所未有的各种国际、国内事务，增设新机构，建立新官制被提上议事日程。而清末十年（1901—1911）的官制改革是晚清官制改革一个十分重要的阶段，因为它吸收了西方的政治法律文化，并在世界近代化潮流的推动下，以西方资本主义国家的官制为模型进行改革，这就不可避免地导致了中国传统封建官制的逐渐解体，这是“西学东渐”，中西政治法律文化交流碰撞的结果。但是这种改革如同整个“清末新政”的命运一样，只能以失败告终，它对于挽救清王朝的崩溃已不能起到任何作用。当时清政府的统治已陷入空前危机，随之到来的就是解体的命运。

清末的官制改革，是中国社会历史进化过程中的产物。时间虽短，但其发展的规律却值得研究，它承上启下的历史地位值得重视，它的经验教训及对后世的影响值得借鉴。这也是本书出版的意义之所在。

鞠方安同志在撰写本书的过程中，认真研读了与本课题有关的国内外研究成果，参阅了大量有关专著、论文和官书、档案。在深入挖掘、研究史料的基础上，经过反复思考，仔细推敲，确定了书稿的体例、结构，形成了自己的观点、理念。并通过运用多学科的理论、方法使研究更为扎实、可靠。

这部专著叙事清晰，行文流畅，持论客观，有理有据。且朴实自然，不刻意修饰，读来令人信服，这也是本书的另一个特点。

当然，这部即将出版的学术专著也还存在一些不足之处，比如，理论阐述的深度尚有待进一步挖掘，在语言表达上也还有可改进的余地。我衷心希望方安同志能够在学术上精益求精，百尺竿头，更进一步。

杨东梁

2014 年 1 月

# 自　　序

中国近代中央官制改革，伴随着1840年鸦片战争开始，直至1911年清朝结束，贯穿于中国近代发展的全过程。其中标志性的事件有二：第一，是清政府根据与西方列强交往的需要，于1861年设立了总理各国事务衙门(后改为外务部)；第二，是在清末1901年至1911年之间，清政府鉴于内外形势，而不得不进行的中央官制改革(包括新政和立宪两个方面)。此一时期的中央官制改革内容复杂丰富，涉及广泛，影响深远。因此，本书研究的内容和时间跨度，主要集中在1901年至1911年。此十年是旧制度整合并解体、新制度酝酿和探索，是承前启后的十年，是风云激荡、狂飙突起的十年。

对于清末的官制改革问题，无论是已有的相关论著，还是已发表的学术论文，都基本从宏观的角度，探讨清政府的改革动机、目的以及最后的结果(其中也不乏就某一问题详细论述者)，批判或者指责清政府通过官制改革以集权，无意于实行真立宪；或者对清政府的官制乃至整个的改革给以较高的评价，如称其为"国家体制近代化的开端"，等等。所有这些研究还需要进一步深化，如清末官制改革前和官制改革后的对比研究，清末官制改革过程中的政治体制运作情况，清末官制改革中许多重要章程的酝酿出台细节，清末官制改革中选官制度、官员品级、官员俸禄等方面的变革，清政府为何通过官制改革达到集权目的，清政府为何不愿实行西方式立宪，等等，这些都尚待进一步澄清。有些问题不仅有待深入，甚且无人问津。例如，对于清末的俸禄改革，《中国俸禄制度史》说："晚清俸禄制度发生了引人注目的变化。……新的形势导致新的俸禄类别的出现。又有'公费'、'津贴'等名目，而且'名目参差，京官各部院不同，外官各省亦不相同'，社会的大变动导致了俸禄制度的变更。"[①]另外，对于清末官制改革中设置的某些机构，有的著述存在常识性错误。如《清代中央国家机关概述》中称："光绪三十二年，又将政务处并于内阁。"[②]这显然是不准确的，尤其不应该出现在官制制度方面的专著中。

本书的撰写以辩证唯物主义和历史唯物主义为指导，运用历史学、社会学、政治学、行政学等学科的理论和方法，具体论述、分析清末中央官制改革的过程和改革的结果及其影响，探讨其成败得失。全文共分五章：

第一章论述清政府中央官制改革以前清朝的传统官制设置、传统官制的特点、存在的问题、面对的挑战以及清政府的部分变革。

第二章论述清政府中央官制改革的初步探索和初步改革。包括清政府在新形势下的决策、改革官制的前期准备以及丙午改制等内容。其时限大致从 1901 年到 1906 年。

第三章论述清政府以立宪为标的的官制改革。时限大致从丙午改制（1906 年）到 1911 年清朝终结。清政府在此一时期为实行立宪官制，采取了许多措施，制定了许多章程，规划了具体步骤，调整了官制体系，伴随着这些进程，清政府也走向了解体。

第四章论述清末中央官制改革中的选官改革，以及官员品级、秩禄方面的变革。官制改革主要是清政府的官方行为，由其代表者——各级官员主持。可以说，官员的来源及其素质，很大程度上决定着清政府

① 黄惠贤、陈锋主编：《中国俸禄制度史》，武汉大学出版社 1996 年版，第 504—505 页。

② 李鹏年等：《清代中央国家机关概述》，紫禁城出版社 1989 年版，第 57 页。

官制改革的命运，而官员品级、秩禄的调整变革，既是官制改革的必然选择和题中应有之义，又对改革的结局产生重要影响。

本书的第五章是结论部分，主要谈了三个问题：

第一，官制改革与集权。无疑，清政府的确试图通过改革，来达到集权中央的目的。这种目的，很难用简单的对与错二字去概括，亦不宜简单地予以否定。因为，只要清政府还没有被推翻，只要它还没有退位，那么从法理上讲，它就是合法政府。既然是合法政府，那么它就有权选择任何一种统治方式和改革措施。问题的关键在于，清政府的集权是否符合当时的时代潮流和世界大势？它有没有能力与实力，去达到集权中央？如果没有足够的能力和实力，那么清政府的选择就是不明智的。

清政府一意集权中央，所以它不愿意真正推行宪政分权。清末的政治形势十分清楚，清政府实行真立宪之时，也就是它退出历史舞台之日，清政府甘愿接受这样的结果吗？

第二，官制改革与清政府的解体。就清政府解体的原因，仁者见仁，智者见智，各执一端。我认为，清政府何尝不想通过官制改革以振衰起弊，但是它没有抓住历史机遇，它失去了人心、民心、“兵心”和“官心”。得人心者得天下，失人心者失天下。清政府无法整合社会、整合人心，不能与时俱进，不能真正顺应潮流大势，因而清朝之解体，就是顺天应人，顺理成章之事了。

第三，清末中央官制改革的意义。清政府的官制改革毕竟蹒蹒跚跚、曲曲折折走过了十年的历程。社会也总是在曲折中前进，不会由于统治者的顽固保守而停止发展，“青山遮不住，毕竟东流去”。官制改革不可能阻挡历史的车轮，最后以失败而告终。虽然归于失败，却不应否认其中某些具有先进性的东西。诸如：在改革中，清政府以取法立宪政体为目的，以权力分立和制衡为手段，在具体运作过程中，调整了中枢机构，建立了具有议会性质的资政院、具有咨询顾问性质的弼德院，制定了中国历史上第一部宪法，组织了责任内阁，废除了旧内阁、军机处；改革调整行政六部，先调整为十一部，最后形成行政十个部的格局；废除科举制度，力图建立新的选官制度和用人机制；调整官员职级和俸禄，力图达到高薪养廉，澄清吏治，等等。另外，官制改革中产生的一些新名词，如政事堂、(立宪)内阁、内阁总理、大臣、副大臣、局长、司长、科长、科员、书记生(员)、薪水、薪火等，在清朝以后的社会政治生活中，得以继续沿用，这些都从一个侧面，反映了清末官制改革的影响。应当说，清末的中央官制改革，开始打破封建专制家天下统治的格局，在中国开启了近代民主法治政治的端倪。但改革很大程度上是被迫进行的，虽具有制度设计的意义，却无机会凸显其实践价值，因为推行宪政与清政府的解体过程是同步的，官制改革没有能够解决清政府的前途和出路问题。

本书在博士论文基础上修改出版，部分内容已经在《中国人民大学学报》、《河南大学学报》和《北京社会科学》等刊物公开发表。感谢我的导师——中国人民大学清史研究所杨东梁教授的悉心指导；感谢中国人民大学清史研究所戴逸教授、李文海教授、胡绳武教授、王道成教授和首都师范大学历史学院迟云飞教授；感谢商务印书馆王兰萍女士和周欣女士；感谢所有为本书写作和出版提供帮助的单位和朋友们。

本书不足之处，祈望专家和读者们指正。

鞠方安

2014年1月

# 目　录

# 第一章　清朝传统官制概论

## 第一节　清朝的传统官制

何谓官制？

康有为说："政治之源起于民，纪纲之设成于国，设官分职以任庶事，此万国古今之公理也。……万事之治，纲举目张，皆在官制。则大大更张，小小补苴，损益从时，斟酌合势。今日为治之始，所当有事矣。"①

梁启超说："官制者何，规定各种行政机关之组织也。"②

光绪三十二年（1906年）八月，三品衔山西道监察御史沈潜为官制改革事，在上朝廷的奏折中指出："窃惟官制之设，曰名称、曰额缺、曰职掌，因革损益，代有不同。"③

著名法律专家李家驹说："官制者，所以立行政组织之规模，即为法律施行之关键。"④

《中国历代官制词典》称："官制，设官命职的制度，国家机构的组织法则。《文献通考·职官·官制总序》：'三代官制至周而尤祥。'《晋书·

① 康有为：《康南海官制议》，广智书局1904年版。

② 梁启超：《饮冰室合集》，文集第8册，中华书局1956年版，第63页。

③ 中国第一历史档案馆：宫中档案朱批奏折，内政类，筹备立宪。

④ 《清末筹备立宪档案史料》（上），中华书局1979年版，第535页。

文帝纪》：'中护军贾充正法律，仆射裴秀议官制。'"①

综合上述观点，可以得出这样的结论：官制是中国历史上重要的典章制度，随着国家的产生而逐步形成和完善，属于国家上层建筑范畴，与一定历史发展阶段相对应。官制与政治制度的关系是，政治制度规定一个国家基本的社会制度，官制则是在这种基本制度指导下的设官分职，包括机构设置、人员配置和与之相配套的一系列制度设计。就是说，官制应涵盖两方面的内容：第一，它指官制产生的指导思想、基本原理和基本原则；第二，它指国家各机关的设置及其职权范围、内部分工、官员配置，同时还包括官员的选拔、考核、黜陟、封爵、俸禄等。

清朝官制，代有因革。其基本的官制雏形在努尔哈赤、皇太极时期奠定："天命十一年，设八旗大臣。天聪二年，定文馆职司，五年设六部，六年定城守官三年考察之例，八年定八旗职官名，十年更定内三院；崇德元年，定内院官制，设都察院；二年设八旗议政大臣；三年设理藩院，定部院制；八年设礼部、蒙古理事官。此我朝澄叙官仪之始。"②就清一代官制的损益来看，清末十年官制改革的内容和幅度，迥异从前。为了论述的方便，本文将清末中央官制改革以前(1901 年)的清朝官制，统称为传统官制。

清王朝是以少数民族满族上层为主体而建立的封建统治机构，是中国悠久历史上许多封建君主专制王朝中的最后一个，其中央官制多沿袭明代："世祖(福临，即位后改元顺治)入关，因明遗制，内自阁部以迄庶司，损益有物，藩部并建，名并七卿，外台督抚，杜其纷更，著为令甲。"③这种沿袭，反映了当时一个政治、经济、文化相对落后民族的必

① 徐达主编：《中国历代官制词典》，安徽教育出版社 1991 年版。

② (清)陈康祺著：《清代史料笔记丛刊》，《郎潜纪闻二笔》，"本朝开国方略"，中华书局 1989 年版。

③ 《清史稿·职官制·序》，中华书局 1977 年版。

然选择。但沿袭并不是照搬。其主要的表现，是在官员的任用方面实行满汉各一的复职制度，重要官职一般有一汉员，必有一满员，而满员排列皆在汉员之前，明显反映清朝满族统治者对汉人官员的防范和歧视。同时，许多衙门和官职不用汉人。汉员长期以来在军国大政中不居主要位置。与明代的中央行政官制相比，清朝除设吏、户、礼、兵、刑、工六部外，还增设了一些明代所无的新衙门，如专门管理少数民族事务的理藩院，专门负责皇室事务的内务府，军国大政所从出的军机处，以及总理各国事务衙门等。总体来看，清朝建立的以皇权为中心，以内阁、军机处和六部九卿为执行机构的封建统治体制，“形成一个庞大的统治网，皇帝则掌握着这个统治网的张弛与伸缩”①。这一“统治网”，在很长的时期内保持着相对的稳定，调适着封建专制国家统治的需要。下面我们对清末官制改革以前，其原有的官制，作一概括的论述。

## 一、中枢官制

### 1. 内阁

清末改革前的中央官制，主要由中枢、行政部门以及其他辅助机构和主要为皇室事务服务的一些衙门组成，其渊源应当追溯至清朝入关之前。清朝入关之前的中枢机构是由王、贝勒组成的议政王大臣会议，凡军国大政皆由王大臣议决。入关以后，议政王大臣会议一度保留，“国初定制，设议政王大臣数员，皆以满臣充之。凡军国重务不由阁臣票发者，皆交议政大臣，每朝期，坐中左门外会议，如坐朝仪”②。然而这种权力集中于少数满洲贵族将领之手、明显带有军事性质的政治制度，显然已不能适应平治天下的需要，议政王大臣会议的权力逐渐转移

① 戴逸主编：《简明清史》(一)，人民出版社 1980 年版，第 267 页。

② 昭梿：《啸亭杂录》，卷四，中华书局 1980 年版。

到皇帝一人之手。康熙时的南书房拟旨，特别是雍正时设置军机处之后，“议政之权遂微，然犹存其名，以为满大臣虚衔”[①]。到乾隆五十六年(1792 年)，更取消有名无实的“议政虚衔”，废除了“议政王大臣会议”。

清内阁制度沿袭明朝，是辅佐皇帝办理国家政事的中枢机关。清代内阁有其自己的沿革历程。清入关以前，于皇太极天聪三年，曾设文馆于盛京。从事翻译历代王朝典章制度，以“历代帝王得失为鉴，并记国家政事，以昭信史”[②]。天聪十年改文馆为内三院：“曰内国史院，掌记注诏令，编纂史书，及撰拟诸表章之属；曰内秘书院，掌撰外国来往书状，及敕谕祭文之属；曰内弘文院，掌注释历代行事善恶，劝讲御前，侍讲皇子，并教诸亲王，及德行制度之属。各设大学士掌之。”[③]

清入关后，顺治二年(1644 年)，改内三院为内翰林国史院、内翰林秘书院、内翰林弘文院。顺治十五年(1658 年)改内三院为内阁，是为沿用明代内阁旧称之始。大学士俱改内阁衔，仍分设翰林院。顺治十八年(1661 年)六月，康熙帝幼年继位，鳌拜等四辅臣掌权，复内三院旧制，“以纪纲法度，用人行政，不能仰法太祖、太宗谟烈，渐习汉俗”为理由，下令“一切政务，思欲率循祖制，咸复旧章，以副先帝遗命，内三院衙门自太宗皇帝时设立，今应仍复旧制”[④]。康熙帝亲政之后，于九年(1670 年)八月仍分设翰林院，成立内阁，以之承旨出政。自此以后，内阁制度一直沿用至清末。

内阁的职官设置如下：

内阁以大学士为首领。天聪十年，内三院各设大学士一人。顺治

---

① 昭梿：《啸亭杂录》，卷二。

② 王先谦：《东华录》，天聪四年，中华书局 1958 年版。

③ 《光绪会典事例》，卷十一。

④ 王先谦：《东华录》，康熙元年。

初年，设满、汉大学士，不备官，兼各部尚书衔，无定额："本朝承明代旧制，凡授大学士者，必兼某一部尚书，然当时任尚书者，实别有其人，此特兼衔而已。至乾隆中叶，始有管理某部事务名目。迨嘉庆间，遂垂为定例，自觉名实相符，官职分明。"①顺治十六年（1659年）定大学士领殿阁名，即中和殿大学士、保和殿大学士、文华殿大学士、武英殿大学士、文渊阁大学士和东阁大学士。康熙三十八年（1699年），改称三殿（保和、文华、武英）二阁（文渊、东阁）。乾隆十三年（1748年）定满、汉大学士各二员，大学士殿阁衔改为三殿（保和、文华、武英）三阁（文渊、东阁、体仁）。乾隆十三年（1748年）上谕说："内阁居六卿之首，满、汉大学士应有定员，方合体制。嗣后著定为满、汉各二员。其协办满、汉或一员，或二员，因人酌派。又大学士官衔，例兼殿阁。会典所载中和、保和、文华、武英四殿，文渊、东阁二阁，未为划一。其中和殿名从未用者，即不必开载，著增入体仁阁名，则三殿三阁较为整齐。"②

大学士的品级，初定满洲一品，汉员二品。顺治十五年（1658年）俱改为正二品。雍正八年（1730年）俱升为正一品。大学士的品级，比明朝大学士的规格高。明朝朱元璋时期，定翰林院学士、殿阁大学士俱为秩正五品，后最高不过二三品。③清代大学士有辅臣之称，其任务是佐天子处理机务，得随时召见，并奉天子命草拟诏旨。

大学士之外，设协办大学士，为大学士的副职，协助大学士办理阁务，俗称"协揆"。雍正时始设协办大学士，乾隆十三年定为满、汉一员或二员，后以满、汉各一为常。协办大学士为从一品。

大学士以下，还设有学士，满六员、汉四员。掌"敷奏本章，传宣纶孛"。主要负责为皇帝校读本章，敷陈政事等。初为二至三品，后定为

---

① 朱彭寿：《安乐康平室随笔》，卷一，中华书局1982年版。

② 《光绪会典事例》，卷十一。

③ 王其蕖：《明代内阁制度史》，中华书局1989年版，第10—11页，第342页。

从二品。

侍读学士，满四员，蒙、汉各二员，掌收发本章，总籍翻译，为从四品；侍读，满十员，蒙古、汉军、汉人各二员，掌勘对本章，检校签票，为正五品；典籍，满洲、汉军、汉人各二员，为典籍厅之首领，掌收贮图籍，出纳文移，为正七品；中书，亦称中书舍人、舍人，数量有一百多人。凡本章之翻译，草签之票拟，撰拟诰敕等，都由中书办理。

内阁的机构设置。

内阁内设机构有典籍厅、满本房、汉本房、蒙古房、满票签处、诰敕房、稽察房、收发红本处、饭银处、副本库、批本处等，以分办各项事务。其职掌分别如下：

典籍厅：为内阁的秘书部门，内分南北二厅。南厅办理阁务，如收发文书；北厅主要对皇帝负责，如内阁向皇帝陈奏，大典事务，用宝洗宝，收藏红本及其他典籍等。

满本房：又称满本堂或满洲堂。掌阅题本的满文部分。管理内阁大库及皇史宬的收藏事务。

汉本房：又名汉本堂。掌收发通本，翻写贴黄及各项应翻为满文之文书，如上谕、碑文、册宝、祝版应译为满文者均属之。故又称为翻译房。

蒙古房：亦称蒙古堂，掌翻译蒙回藏等各部文字以及外国来书。凡遇有各藩部陈奏事件及表文，皆译出具奏。凡对于各藩部的诰敕、碑文、匾额以及奉旨特交事件，都由蒙古堂译出缮写；管理蒙文实录、圣训。凡外国文字，如俄国照会，即召翰林院俄罗斯馆官员至房翻译。其他各国来书，即召西洋馆官员翻译。

满票签处：校阅满文本章并撰缮满文票签。凡京内外官员的奏折，经皇帝批阅，应交在京衙门知道或办理的，由军机处交满票签处，传知各衙门办理。还负责承宣明发谕旨，记载纶音。

汉票签处：掌校阅汉文本章，撰缮汉文票签，记载纶音。除与满票签处合记《丝纶簿》、《上谕档》外，另外将中外臣工奏折，奉旨允行，及交部议覆者，别为一册，叫《外纪簿》，备参考；撰拟御制文字，如制、诏、诰、敕、册文、祝文、封号等。

诰敕房：康熙十年设立，由汉本房兼管，专司校勘和收发诰敕。

稽察房：雍正五年设，专为皇帝催办、检查和汇报各部院衙门执行上谕的情况。《清会典》载："凡各部院遵旨交议事件，由票签处传抄后，稽察房按日记档，俟各部院移会到时，逐一核对，分别已结未结，每月汇奏一次。每日军机处交出清汉字谕旨，由票签处移交稽察房存储，详细核对，缮写清汉字合璧奏折，与稽察事件月折，一并汇奏。"①

收发红本处：又称红本处、收本房。专办收发红本。凡批示过的题本，交由红本处每日发给六科传抄，年终缴回汇集，贮于红本处。

饭银处：又称饭银库，专管饭银的收支。

副本库：专门收藏副本。

批本处：设于大内，又称红本房。掌呈递本章及题本批红。

内阁的主要职掌。

内阁为诸曹总汇之区。《清会典》载内阁的职掌是"掌议天下之政，宣布丝纶，厘治宪典，总均衡之任，以赞上理机务。凡大典礼，则率百僚以将事"②。其具体的事务有：

第一，掌议政事，宣布纶音。

内阁为正一品衙门，位在六部之上。大学士位尊望重，其职务首先是议大政，宣纶音。阁臣常在皇帝左右，备经常的顾问。内阁承办的公文有制、诏、诰、敕、题、奏、表、笺 。即《清会典》所载："凡纶音之下达

---

① 《光绪会典事例》，卷十五。

② 《光绪会典》，卷二。

者，曰制，曰诏，曰诰，曰敕，皆拟其式而进焉。凡大典宣示百寮，则有制辞。大政事，布告臣民，垂示彝范，则有诏、有诰。覃恩封赠六品以下官，及世爵有袭次者，曰敕命。谕告外藩及外任官坐名敕，曰敕谕。”①“每日钦奉上谕，由军机处承旨，其应发钞者，皆下于阁。内外陈奏事件，有折奏，有题本。折奏或奉朱笔谕旨，或由军机处拟写随旨。题本或票拟钦定，或奉旨核签，下阁后，谕旨及奏折则传知各衙门抄录遵行。题本则发科由六科传抄。”②“凡记载纶音，分为三册。每日发科本章，满汉票签处当值中书，摘记事由详录圣旨为一册，曰丝纶簿。特将谕旨别为一册，曰上谕簿。中外臣工奏折，奉旨允行，及交部议覆者，别为一册，曰外纪簿，以备参考。”

第二，办理本章。

这是内阁的日常主要事务。题本分为部本和通本。凡各省将军、督抚、提镇、学政、盐政、顺天府尹、盛京五部本章，通过通政使司再送内阁，叫通本；在京六部及各院、府、寺、监衙门本章，叫部本。通本和部本由汉本房及满本房处理后，呈皇帝阅定后，交批本处，汉学士批汉字于正面，翰林满中书批满字于反面，至此成为“红本”。每日六科给事中到红本处承领红本，然后抄发各衙门执行；每年终，由六科回缴红本处，转交典籍厅入红本处保存。

第三，办理典礼祭祀。

凡是朝廷较隆重的典礼和祭祀，如皇帝登极、立后、祭天、祭祖等都由内阁办理：“凡大祀、中祀前期书祝版。奉神位于坛庙。制册宝亦如之。皇帝登极则奉诏，授受大典，奉宝亦如之。册立册封则授节。命将出世，授敕印亦如之。文武传胪则奉榜。凡大朝会，进表，则展表听

---

① 《光绪会典》，卷二。

② 《光绪会典事例》，卷十一。

宜焉。”①

第四，组织修书，存贮档籍。

纂修史籍，主要是翰林院的职掌，但由内阁大学士领衔任监修总裁官，学士则分兼副总裁总纂、纂修等职。内阁还负责部分档案典籍的保存。内阁主要收存红本。红本传抄于各衙门执行后，将原本交回红本处，贮于内阁大库，起居注也归内阁收藏。另外，用宝洗宝，也由内阁负责，“凡请用御宝，先期将用宝之数具奏，及期，学士率侍读学士、侍读、典籍等官赴乾清门接出，洗毕交内监恭收”。

清朝内阁是我国封建社会君主专制制度高度发展的产物。其地位虽列六部之上，有领袖百僚之责，但其权力是有限的。主要还是承皇帝意旨处理一些日常例行事务。军政大权总揽、裁决于皇帝。不惟如此，清朝还十分注意限制、削弱、防范内阁权力过大或膨胀。如在康熙年间，设立南书房，拣词臣优者入值，以撰拟谕旨和备顾问，这显然分解了内阁职权；雍正时，又设军机处，地近宫廷，便于宣召。皇帝将一些重大事务，或者说不便、不愿让内阁染指的军国大政，统由军机处处理，内阁向只备顾问咨询的方向发展。“自军机处设立后，大学士即不参与机务。内阁承办事件，以逐日票拟各部各省所进题本之批旨，及承发明谕、发钞奏折为大宗，然皆中书分任之，侍读管理之，大学士特受成而已。如无大典礼或大会议，大学士可终年不至内阁，故必兼一管部，方有趋公之地耳。其有兼差甚多者，则以位高望重，别予管领，于阁务无与也。”②

清末官制改革前夕，于光绪二十七年(1901 年)八月，宣布改题为奏，“查题本乃前朝旧制，既有副本，又有贴黄，兼须缮写宋字，繁杂迟

① 《光绪会典》，卷二。

② 朱彭寿：《安乐康平室随笔》，卷一，中华书局 1989 年 1 月版。

缓。我朝雍正年间谕旨令臣工将要事改为折奏，简速易览，远胜题本。五十年来，各省已多改题为奏之案。上年冬间，曾经行在部臣奏请将题本暂缓办理。此后拟请查核详议，永远省除，分别改为奏咨”[1]。改题为奏之后，内阁演变有类“闲曹”，权力分寄于军机处和其他各部门。至宣统三年(1911年)，新设宪政内阁，旧内阁连同军机处才被裁撤。

**2. 军机处**

1730年，清政府用兵西北，以内阁在太和门外，“恐暴值者泄露机密”，遂于隆宗门内靠北，乾清宫外侧之地设军机房，选派内阁中书之“谨密者入值缮写”。自军机房设立，“满洲大学士，尚书向例俱兼虚衔，并无应办之事，殊属有名无实”[2]。1732年4月，雍正帝颁谕改军机房为办理军机处，并颁关防一颗。任命特派王大臣等遵旨议奏办理军机处密行事件，并行知各省及西北军营。由此可知，军机处的设立，原本属于临时性质，并非正式的常设机构，所负责事务也只限于军事方面。

又按王钟翰先生的考证，“雍正初年，曾设议政处，命大学士、尚书入值，后乃改设军机处”[3]。

军机处设官无定制，其官员的品级，进退、出身也不受国家常典的限制。在嘉庆以前，军机处从不载入《清会典》，而后来修的《光绪会典》，仅把军机处称作“办理军机处”。乾隆年间，乾隆帝曾以“军务告竣”，一度将其改为总理事务处。但因其有利于集权，且设置简单，“地近宫廷，便于选召”[4]，办事较为密速，旋又恢复。嘉庆年间也曾有人奏

① 《光绪朝东华录》，总第4753页。

② 《清高宗实录》，乾隆五十六年上谕。

③ 王钟翰：《清史杂考》，人民出版社1957年版，第273页。

④ 赵翼：《檐曝日记》，中华书局1982年版，第11页。

请改军机处，遭嘉庆驳斥而罢。自清中叶以后，军务繁兴，内忧纷叠，外患频仍，军机处日显重要，"有凡军国大计，无不总揽"，"威命所寄，悉以赖之"。

军机处职掌是"掌书谕旨，综军国之要以赞上治机务，议大政，谳大狱，军旅则考其山川道里、兵马钱粮之数，以备顾问。……外藩之朝政者拟其颁赐"①。

军机处设官分职较为简单。成员为大臣、章京两级。军机大臣之首领俗称"大军机"、"揆首"、"枢臣"或"领袖"。由满、汉大学士、各部尚书、侍郎、总督等奉特旨应召入值，为兼差，无定额。军机大臣虽为兼职，仍保留原职实缺。军机大臣又称军机大臣上行走，资望较浅的称为军机大臣上学习行走。军机大臣需每天入值，以待皇帝召见，备询军国大政。军机大臣帮助皇帝批改的奏章，草拟的奏折，凡皇帝直接发交各部院衙门阅看的办理的，不需拟批，称"交片"，由内阁及各部院直接派员到军机处抄录。凡由军机处转发内阁和部院衙门以下的，叫"明发"。凡事属机密，不便发抄和经内阁的，由军机处直接密缄，交兵部加封驿递督抚的，叫"廷寄"。廷寄迟速快慢，或日行三四百里，最快的为日行六百里加急。若发交提镇，盐政关监，则叫"传谕"。清末，随着电报的使用，遇有紧急事务，军机处也往往用电报密寄，此即为"电旨"，或称"电寄"和"电谕"；同时，军机大臣还常奉旨会商国家大政方针、军事机宜。中央与地方重要官员的任免，如各部尚书、侍郎、各省总督、巡抚，以至道、府、学政、盐政，以及将军、都统等官员的补放，均由军机大臣负责开列应补人员名单，交皇帝择取任用；遇科考，亦由军机大臣开列主考、总裁名单及考试题目，奏请皇帝简用，复试或殿试，军机大臣负责核对试卷、检查笔迹或任阅卷官；军机大臣还可以会审皇帝特交的重大案

---

① 《光绪会典》，卷二。

件，军机大臣可在军机处提审，亦可使用刑讯；军机大臣得对官员的重要折件发表意见，可奉旨以钦差大臣的身份前往地方处理有关政务。换言之，文武大小官员之特旨简放者，皆可由军机大臣一手操纵。总之，军机处因其地位重要而特殊，故职掌广泛，又显得有些"超脱"，这与专制政体的特点是相适应的。

除极为缜密的折件由军机大臣亲自书写外，军机处的文件一般都由军机章京缮写。章京又称"小军机"或"枢曹"。汉军机章京由内阁中书、六部郎中、员外郎、主事、七品小京官兼充或由进士、举人出身者兼充；满军机章京以内阁中书、六部、理藩院郎中、员外郎、主事、笔帖式兼充。初由军机大臣自行挑选，后改由各部院堂官择优保送，再由军机处考试录用，但大员子弟不得保送，以示回避。凡军机章京一般为五六品，领班章京为从三或正四品。

军机章京办理军机处的日常工作，处理文书、记注档册、撰拟文稿、谕旨；跟随军机大臣或单独奉派往各省查办和处理政务等。"论军机处权能，章京位分虽低，隐握实权，势耀煊赫，仅稍次于军机大臣而已。然则谓清代政本在军机处，而军机处政本在章京，亦未为不可"；"清代章京由汉而为军机大臣者，凡三十三人之多，故志在升官者，莫不视章京为捷径也"①。

在清代，军机处曾标榜有高度的政治效率。第一，在于"勤"：皇帝和军机大臣终年除万寿节以及岁终数日外，几乎无一日不办事；第二，在于"速"：每日折奏多至五六十件，岁终多至百余件，全部当日办完，从无积压；第三，在于"密"：皇帝与军机大臣谋划机务，太监以及杂人不得在侧窥探。嘉庆时，曾"特命满、汉御史二员，每日轮流立军机处阶上，

① 王钟翰：《清史杂考》，人民出版社1957年版，第277—278页。

有阑入者，即时纠劾，然后人不敢私谒，纪纲始严肃焉”[①]。

但上述所谓的“效率”仅指一般的情况而言。王钟翰先生曾举一事例：“光绪十九年，军机礼王项上生疖，额勒和病目，孙毓汶病足，许庚身伤鼻，同时俱请假，只余张之万一人独对，张亦八十余衰翁也。”[②]如此的军机班子，病的病，伤的伤，老的老，“密”则密矣，但如何做到“勤”，又如何做到“速”？

也有人总结军机处的特点为四字，即“权”、“位”、“势”和“利”，谓：“恭王初议政，可称有权；迨罢后复起，及礼王入值，仅保位而已；荣禄善于迎势而不能阻拳乱，足见其难；至庆王（奕劻）惟知为利，愈趋愈下，更无论矣。”[③]

军机大臣办公处所称军机堂，因由五间房组成，又称五间公所，位于禁廷隆宗门内靠北、乾清门外西侧。另外，在圆明园、颐和园内也曾有军机处的办公处所。军机处内设机构有翻书房和方略馆。翻书房设管理大臣两名，由军机大臣兼任，负责翻译谕旨，御论和册祝文字（主要是汉、满文互译）。方略馆掌修方略，设总裁两名，由军机大臣兼任，其下设提调、总纂、协修各官，例由章京兼任[④]。

**3. 总理各国事务衙门**

总理各国事务衙门（也简称“总署”）设立于1861年。按照近代国家体制功能划分，总理各国事务衙门主要主持外交事务，属于国家行政序列，但事实上自成立始，它便发挥着多方面的作用和影响，而成为清朝的中枢机构之一。“总理衙门既设之后，职权綦重。除总理各国交涉

---

① 昭梿：《啸亭杂录》，卷七。

② 王钟翰：《清史杂考》，第277页。

③ 金梁：《光宣小记》，“军机处”，上海书店出版社1998年版。

④ 《光绪会典》，卷三。

事务外，同光间凡百业维新事业，皆归总理衙门总其成。直至光绪二十七年设农工商部及邮传部，始改隶之。”[①]《光绪会典》记述该衙门的职掌(也即总理大臣的职掌)是：“掌各国盟约，昭布朝廷德音，凡水陆出入之赋，舟车互市之制，书币聘飨之宜，中外疆域之限，文译传达之事，民教交涉之端。”[②]这里强调了外交和通商。之后，总理衙门的职能扩展到军事、通商、开矿、筑路、电业、运输、教育等诸方面，而且取代了清政府各个中央行政部门的部分职能。

总理衙门的机构设置和分工。

总理衙门成立时，机构分工比较简单，原则是“司员分办公事，以专责成”。首先设总帮办办理奏折、照会、文移等事，其次则按文件的类别分为机要密件、关税事件、台站驿递等，分派有关部院办理。不久即分股办事，当时仅设英、法、俄三股。继又添设美国股，增设海防股(甲午战争后改为日本股)。最初设收掌处负责日常杂务，继设司务厅以代之。以后，又陆续增设电报处、清档房和银库。这就是总理衙门的常设机构。据《光绪会典》的记载，它们各自的职掌如下：

英国股：负责与英国、奥地利二国的交涉往来，并主管与各国通商、各关税务和船钞事项。还兼理总署经费中的船钞部分。

法国股：负责与法国、荷兰、西班牙、巴西四国的交涉往来，并主管传教事务，华工出国，及中越边界事务。

俄国股：负责与俄国、日本二国的交涉往来，并主管陆路通商往来、边防疆界、接待外使、觐见礼仪等；还管理总署章京和供事人员的考核、选取、传补、迁转、甄录，以及出洋游历人员的考选，以及总署经费中由户部支领的部分。

---

① 王钟翰：《清史杂考》，第297页。

② 《光绪会典》，卷四。

美国股:负责与美国、德国、秘鲁、意大利、瑞典、挪威、比利时、丹麦、葡萄牙九国交涉往来,并主管华工保护及遣员参加国际会议等事务。

海防股:主管南北洋海防事务,如长江水师、沿海炮台、船厂、购造轮船、枪炮、弹药、机器、架设电线、修筑铁路以及各省开矿等。

司务厅:负责收发往来文牍、请送印绝、呈递折件、监视关防等。

清档房:负责编辑、整理校勘总署档案。

电报处:负责翻译电报。

银库:负责保存总署现金。

以上总署内部机构的设置和分工,具有一定的条理性和合理性。如按国别分股,开创了我国外交机构按国别设司的先河。各股以一国为主,兼理数国之事,与当时英、法、俄、美等国交涉事繁,而其余各国事务较简的现实情况是相符的。同时,各股所主管的公务,也与国别相联系。如英国股主管通商税务,是由于来华通商各国以英国为最多,它与我国的贸易额占全国外贸总额的大部分,并且各国通商约章和税则大多以英国为蓝本。近代来华传教士以法国为较早和较多,且法国以保护在华传教利益为己任,教案多与法国有关,因而法国股主管教务,可谓对症下药。俄国是当时清朝陆上的最大邻国,彼此边界绵延数万里,与我国有着长久的陆路通商关系,故俄国股主管陆路通商,也可谓有的放矢。美国股、法国股主管华工出洋、华工保护,是因为当时出洋的华工多前往美洲,在美国的西部及法国和西班牙殖民地做工。海防股的职掌十分广泛,几乎囊括了所有的洋务和海防事宜,是五股中唯一以业务命名的。司务厅类似现代的秘书厅或办公厅。清档房则是档案管理部门。从这种机构设置可以看出总署事繁政简的特点,与其司员较少是一致的。

同时,总理衙门的机构设置也有许多不合理的地方。如一股兼理数股之事,本来体现了精简和效率的原则,但在各股的数国中,有的地分东西,事无相连,如美国股所负责的九国,美、秘是美洲国家,而德、意、瑞、挪、比、丹、葡七国则地处欧洲,颇有风马牛不相及之意。巴西是美洲国家,却又归入法国股。这种划分,显然没有多少道理可言,而不同程度地表现了清当权者们当时世界地理知识的缺乏,以及他们对于国际外交的陌生。五股中,俄国股的事务最为繁杂,一些属于整个总署内部运行的事务,如人事、财务等,按道理应当归入司务厅办理,但却由俄国股经管。

以上是总理衙门的主要机构设置,它运行到 1901 年清政府举办新政时,改为外务部。

除上述内部工作机构外,总署还有总税务司和同文馆两个直属机构,对之进行一些简单的分析,也可以更深入地了解总署的性质。

首先看总税务司。

总税务司的设立源于 1854 年上海海关外国税务司,第一任总税务司是英国人李泰国(Horatio Nelson Lay,1832—1898)。1863 年李泰国被撤职,清政府以英国人赫德(Robert Hart,1835—1911)代之。赫德担任这一职务,掌握中国海关和税务大权长达 48 年之久。

总税务司的职权,是"掌各海关征收税课之事"①,以及"综理全国关税行政与关员任免事务"②。但在实际上,总税务司的职权和活动范围远远超出了这些规定。赫德既是中国海关税务的主持者,又频繁地将其活动渗透到中国的政治、经济、文化、军事等各个方面,还在中外交涉中穿针引线,因而总税务司在中国近代史上的影响不可低估。

总税务司署设总税务司一人,副总税务司一人(1910 年裁撤),税

---

① 《光绪会典》,卷四。

② 刘锦藻:《清朝续文献通考》,卷一一八,商务印书馆 1926 年版。

务司四人，副税务司六人[①]。其内部机构分五科三处如下：

五科

总务科：管理总务及常关。

机要科：管理重要文件。

统计科：管理海关会计，审查各关会计事务，兼管赔款。

汉文科：管理各关汉文报告，及总税务司与清政府往来文件。

铨叙科：管理人事。

三处

造册处：管理编制及印刷统计表册，供给纸张、文具，设于上海。

驻外办事处：办理采购海关用品，招徕"投效"人员，接洽偿付债款，以及支付官员来华路费等，设于伦敦。

内债基金处：专司清政府委办的内债基金，设于北京。

各部门的负责人均为洋员，华人只能充当供事、文案，最高不过帮办，机要科则从无华人与闻。

1901 年《辛丑条约》签定后，通商口岸 50 里以内的内地常关税收，也归海关税务司兼管。到 1907 年，清政府共设海关 46 个，各关共设税务司 59 人，副税务司 37 人，全由洋员担任。

上述总税务司的情况，表明了总税务司官制的买办性和复杂化。

再看同文馆。

同文馆的成立以 1862 年英文馆的开学为始，由总署章京满汉各一名，兼任该馆提调，经理所有馆务。当时仅有学生 10 名，都是满洲八旗子弟。为保证同文馆的正常运作，是年 8 月，总署制定了同文馆章程六条，内容包括"酌传学生以资练习"、"分设教习以专训课"、"设立提调以专责成"、"分期考试以稽勤惰"、"限年严试以定优劣"、"酌定俸饷以资

---

① 《清史稿》，卷一一九。

调济"等。1865 年又本着奖励学习，加强管理的精神，修订了同文馆章程①。

1863 年春，设立了俄文馆和法文馆。之后，同文馆的规模不断扩大，学科增加。为了外国语文教学，于 1871 年设德文馆，1897 年设日文馆。其中，英、法、俄、德四馆又各分为前馆和后馆②。

1866 年设立了天文算学馆（包括舆图之学），入学人员不分满汉，年龄放宽到 30 岁，但资格必须是正途出身者，包括翰林、进士、举人、贡生。总署还专门拟定了"学习天文算学六条"，主要内容是"专取正途人员以资肄习"、"饬各员长川住署以资讲习"、"按月考试以稽勤惰"、"限届三年大考以观成效"、"厚给薪水以期专致"、"优加奖叙以资鼓励"等③。

同文馆设总管大臣和提调。总管大臣由总署大臣充当，1867 年初设时，只徐继畬一人，后来则凡总署大臣皆为同文馆总管大臣。其执掌是"掌通五大洲之学，以佐朝廷一声教"④。具体包括拟定章程，考选学生，选聘教习等。提调、帮提调各两人，都由总署章京担任，负责管理同文馆各项日常事务。同文馆的教学人员有总教习一人，1869 年始设，由 1865 年到馆充英文翻译教习的丁韪良（William Alexander Parsons Martin，1827—1916）升任，丁氏任此职直至 1898 年改任京师大学堂西学总教习。总教习总揽全馆教学事务，相当于大学里的教务长。教习则分为洋教习、通西学之汉教习与汉文教习三类，其员额多少视学生人数及课程而定。

同文馆在其运作的过程中，逐渐建立了一套教学和为教学服务的

---

① 《筹办夷务始末》，同治朝，卷八，台湾文海出版社出版。

② 光绪朝《钦定大清会典事例》，卷一二二〇。

③ 《筹办夷务始末》，同治朝，卷四六。

④ 《光绪会典》，卷四。

部门机构。在教学方面，同文馆对各学馆、各科目、各课程的教学内容和进度都有明确的要求，遵循由浅入深、由简入繁、由分而合、循序渐进的教学原则，其课程设置安排也较为符合近代教育的原理和发展。另外，同文馆还设有书阁(即图书馆)、印书处、星台(即天文台)、翻译处、理化实验室、小博物馆等。其中的翻译处成立于 1888 年夏，由总署奏请添设，挑选曾随使出洋的同文馆学生任翻译官，有英、法、德、俄、日五种语言的翻译。他们除译书外，也为总署的外交活动服务。戊戌维新期间，清政府于 1898 年夏开办京师大学堂，派孙家鼐为管学大臣，把同文馆内的各种自然科学课程，连同师生都划归京师大学堂，同文馆本身则专门负责外语教学。1900 年，在义和团运动和八国联军侵占北京期间，同文馆师生星散。1902 年初，清政府已经开始着手改革官制，有意推行新政，准备设立学部，首先整顿京师大学堂，命张百熙为管学大臣，并谕命同文馆再次并入京师大学堂。

应当指出，同文馆的设立，为清政府及总理衙门培养和预储了一定的外交人才，一定程度上反映了清政府的某些开放性；同时，它在一定程度上也成为总理衙门的储才馆，一所培养专门人才的学校。在清末官制改革中，清政府新设各部都开设培养自己专门人才的学堂和学校，应当说这与同文馆有着相当的渊源。

总理衙门与清政府其他行政机构的关系。

总理衙门设立之后，职权逐渐扩展，与军机处、内阁以及各部院都必然发生很多关系，这对于官制研究，有着重要的价值。

总理衙门与军机处的关系，可以归纳如下：

第一，军机大臣兼领总署大臣。

总理衙门成立时，奕䜣申述请派军机大臣兼领总署的理由是：中俄《天津条约》规定，嗣后俄国致中国的照会等文件，要径行军机大臣或特派大学士。1858 年之后，俄国照会即专送军机处，其他国家或许会效仿俄国，如将来各国照会都递送军机处，必须有军机大臣才能接收，不致迟误和饶舌。同时，各国询知办理“抚局”的文祥身为军机大臣，均“尚以为重 ”。咸丰死后，奕䜣、桂良入值军机处，表明军机大臣兼领总署之事成为定例。以后历任总署大臣中，有不少身为军机大臣者。据统计，历届实任总理衙门大臣的60人中，同时又兼任军机大臣的有19人。这些人在总署中地位较高，发挥作用也较大。这使得军机处与总署在处理具体事务时，能够较好地协调各方面关系。

第二，军机处章京兼总署额外行走并在两个衙门同时当差。

《光绪会典》记述总署各级章京的人数和职掌如下：

“总办章京共四人，满汉各两人，掌承发庶务之总，综理文书与度支出入之数。”具体是：秉承总署王大臣的指示，督率章京认真办公；负责起草奏稿，文移照会则分任章京起草，各项稿件都要呈请王大臣阅定；督修清档；王大臣等与各国公使会晤，或议约换约谈判时，率领章京并随听记录；各国公使请觐，或总署宴请外使时，率章京随总署大臣后执行各项礼仪；稽核关税；计划并管理总署经费收支和银库。

帮办章京共两人，满汉各一人，“掌佐赞总办之职，兼领所司”，总办出缺则随时接替。

章京共20人，满汉各10人，额外章京共16人，满汉各8人，“掌各股之事以分日更代值宿”。

此外，还有额外行走8人，满汉各四人，由军机章京内挑取，专管交涉事件及检查文移，在军机处兼管其事，不常到总署，因此又称“军机处兼行”章京，其中每日派一员在方略馆住宿，看管总署取存要件①。

起初，总署调取8名军机处章京作为额外行走，但咸丰皇帝不许他们再在军机处同时任职。奕䜣认为为了保密起见，拟将总署机密文件

① 《光绪会典》，卷四。

存放军机处，如无军机章京兼行，遇有检查事件，“恐费周章，致无头绪”，“于关系事件，收存机密文移，毫无裨益，似觉赘设”。因此请准军机章京仍兼军机处行走，内阁部院司员，仍兼本衙门办事①。对此，咸丰朱批，兼领总署的军机大臣可饬令章京往返查核要件，但对军机章京两处行走，以及如何查核勤惰，保举参劾表示疑虑。后奕䜣再度上奏，除仍从保密角度申明总署需有军机处兼行章京外，又提出一个新方案，即是将总署定额司员16名，都从内阁部院司员中挑取，另外从军机处挑取满汉章京各四名，作为总署额外行走，专管交涉及检查机密文移，日常即在军机处兼管其事，不必常川到总署上班②。另外，还对军机处兼行章京的查核参举提出了切实可行的办法，并很快得到咸丰的批准。从此，8名军机章京作为总署额外行走，在两个衙门兼职，直到清末。

第三，总署取代军机处掌管外交事务。

军机处在清政府中的地位尊崇，实权在握，号称枢府，虽非具体的办事机构，但军机大臣对外交事务的影响不容忽视。总理衙门的设立，取代了原归军机处处理的部分外交事务和权力，“以专责成”。总署有专门衙门办公，负责接待外使，处理中外之间的往来照会，成为清政府正式的外交机构。在筹设总署之初，奕䜣等人曾设想以后外交事简，即裁总署，仍归军机处办理。但历史的发展却是，总署的事务日繁，机构日庞，职权日广，地位日崇，最终改组为外务部，位居六部之首。

第四，总署的组织原则仿照军机处。

总署的组织原则，“一切均仿照军机处办理”，这主要体现在用人方面。总署大臣与军机大臣一样，无定员，由皇帝从大学士、各部尚书、侍郎等大员中特简。按清旧制，亲王不能入军机，（但咸丰之后，先后有奕

---

① 《筹办夷务始末》，咸丰朝，卷七二。

② 同上。

䜣、礼亲王世铎和庆亲王奕劻正式入值军机，破旧例。）而总署则以王大臣主持其事；总署章京与军机章京一样，也由内阁和各部院推荐所属司员，然后经总署大臣考试择优录用；在组织及人员方面，总署分股办事，军机处则把章京满汉搭配分作两班，轮流值班；在办公方面，总署和军机处都力求办事迅速，提高效率。

总理衙门与内阁及各部院的关系。

总署大臣大多同时又是大学士、各部院尚书、侍郎；总署章京由内阁和各部院司员挑选，并且不停止其在原衙门的差使，在两处行走；各衙门堂官可与闻总署工作中与本衙门有关的事件；总署逐渐取代了原归内阁和各部院管辖的一部分外交、通商边界等方面的事务。

中美、中英《天津条约》分别规定，两国都以清政府的"内阁"、"内阁大学士"和"礼部"为交涉对象。总署设立之初，咸丰帝又提出各地对外交涉事件由礼部转咨总理衙门。因为礼部是传统上接待"向化外夷"的机构。但事与愿违，非但"礼部转咨"未能实现，而且连原属礼部管辖的与"藩属国"之间的外交事务，也逐渐归总署管理了。理藩院原来管理的与俄国及西北、西南几个"藩属国"和小邻国的关系，也成为总署的职掌之一。其余如户部所管的通商关税，兵部所管的边防界务，刑部所管的涉外刑事案件等，都归诸总署掌管。

应当指出，总署并没有取代军机处和内阁的主要职能及其地位。《清会典》载军机大臣职掌的是："掌书谕旨，综军国之要以赞上治机务，常日值禁廷，以待召见。""奏议大政，谳大狱，得旨则与，军旅则考其山川道里，与兵马钱粮之数以备顾问；文武官特简者，承旨则进其名单缺点，差特简者亦如之"，以及办理廷寄谕旨等[①]。正如前所述，军机处的职权是十分广泛，重大而机密的。它是一个备皇帝顾问，并参与最高决

---

① 《皇朝政典类纂》，卷二四〇，台湾文海出版社出版。

策的机构，是皇帝实行专制集权的工具。而从职权来看，总理衙门主要是一个行政执行机构。当然在外交和洋务领域，它也部分地参与了重要的顾问和决策。相比之下，清代军机处自设立始，到1911年改设责任内阁，历经雍、乾、嘉、道、咸、同、光、宣八朝，执清政府中央枢政180余年，其职能和地位并没有因总署的设立而失落。反之，总署大臣只有身兼军机大臣，才会位高权重，总署章京只有兼行军机处者才可查阅密折，总署所奉谕旨仍要军机处密寄，一些重要情报仍要军机处知照，总署所奉上谕、朱批奏折及一些重要文件，仍要交回军机处保存。这说明在清中央政权内，总署的地位不能与军机处并立，它主要还是体现行政职能。

## 二、行政机构

皇太极天聪五年(1631年)，议定按照明朝官制设立六部(即吏、户、礼、兵、刑、工六部)，每部设有承政、参政、启心郎等官，以满、蒙、汉族官员兼用。这就是清朝中央日常行政执行机构的起源。之后，逐渐演变为每部设尚书两名，满汉各一名，为从一品，综理部务；左、右侍郎四名，满汉各半，为从二品，协助尚书办事，另外还下设郎中、员外郎、主事。六部职掌各异，其内部机构设置也不尽相同。

### 1. 吏部

吏部为六部之首，"掌天下文职官吏之政令，以赞上治万民。凡品秩铨叙之制。考课黜陟之方，封授策赏之典，定籍终制之法，百司以达于部，尚书侍郎率其属以定议，大事上之，小事则行，以布邦畿"[①]。乍一看吏部有无上之权，实际关键在于"大事上之，小事则行"，真正的实

① 《光绪会典》，卷一。

权操自皇帝之手。吏部只是“司掣签之事，并无权衡之权”，重要官员的任免都由军机大臣秉承谕旨，直接安排，吏部只是奉命行事，真正负责的只是对中下级官员的任免稽察等事务。吏部内设机构有文选、考功、稽勋、验封四个清吏司。

文选清吏司“掌考文职官之品级，与其开列考授拣选升调之事，掌月选之政令”[①]。将全国文官分为九品（武官亦如此），每品又分正从两级，合计九品十八级，不及九品的为未入流。所有官缺的设定，所有官员的授官之班，也即官员的推升、降调、起复、改补、回避、告缺，均由该司负责。

考功清吏司“掌文职官之处分与其议叙，三岁京察及大计则掌其政令”[②]。也即考功清吏司掌文职官员的考绩，或如通常所说的“察典”。京官的察典称京察，京外的称大计，都是三年一次。上至督抚、尚书、侍郎；下至主事、笔帖式均无例外。京察主要从官员的守、政、才、年，即操守、政绩、才能和年龄四个方面考察，考察等级“一等曰称职，二等曰勤职，三等曰供职”。对于不及格者，则有“不谨、疲软、浮躁、才力不及、年老、有疾”的评语。大计主要从贪、酷、无为、不谨、年老、有疾、浮躁、才力不及等八个方面对地方官进行考核，然后对之优叙、推升、降革和休致有差。

稽勋清吏司“掌文职官守制终养之事。凡官出继者、入籍者、更名复姓者，皆掌其政令”。也就是说，稽勋清吏司主要负责办理文职官员的更名、改籍、守制、终养以及京官的俸廪等事宜。其内部设有籍俸厅，掌满汉文职京官之俸，“凡官之继任者、去任者、罚俸降俸停俸者、开复者、皆注于册。春秋支俸则复而咨于户部。岁终则详登于册而呈

---

① 《光绪会典》，卷一。

② 同上。

览焉”[1]。

验封清吏司“掌颁世爵及土官之世职。凡文官之封与其恤，文武官之恩荫皆掌之”。其内部设有司务厅，专门负责收发文移及吏部内部的日常事务。

有人曾形象地将吏部四司的职能表述为喜、怒、哀、乐：“吏部四司，世称喜怒哀乐。盖文选司掌升迁除授之籍，故曰喜司；考功司掌降革罚俸之籍，故曰怒司；稽勋司掌丁忧病故之籍，故曰哀司；验封司掌封赠荫袭之籍，故曰乐司。”[2]

吏部一直存在到清末。

**2. 户部**

清朝的户部，“掌天下之地政与其版籍，以赞上养万民。凡赋税征课之则，俸饷颁给之制，仓库出纳之数，川陆运转之宜，百司以达于部。尚书、侍郎率其属以定议。大事上之，小事则行，以足邦用。”[3]就是说，户部为掌管全国疆土、田地、钱粮、赋税出纳、俸饷发放的最高机关。此外，户部还综复天下之厘金。户部尚书一般由皇帝的亲信重臣担任。户部内设司务厅（相当于办公厅）、南挡房（掌守档案、稽八旗之丁数，还负责选秀女之事）、北档房（掌缮清字汉字之题本奏折，拨京省之饷）、督催所（掌催十四司所议之件而督以例限）、当月处（掌收在京衙门之文书以付于各司，送题本于内阁）、监印处（掌监堂印）、现审处（掌听旗民之讼事）、饭银处（掌稽饭银之出入）、捐纳房（掌捐纳之事）；同时，户部还兼管钱法堂（管钱币）和宝钱局（负责铸币事宜）。户部的主体是十四清吏司，即江南、浙江、江西、福建、湖广、山东、山西、河南、陕西、四川、广

---

① 《光绪会典》，卷一。

② 《郎潜纪闻初笔》，卷六，台湾文海出版社出版。

③ 《光绪会典》，卷一。

东、广西、云南、贵州十四个清吏司。每个清吏司都分掌一省或数省的田赋、盐课、税收,兼管军队饷需以及官员廪禄等事务。三库(银库、缎匹库、颜料库),仓场衙门也归户部兼管。

户部内部机构设置和职掌十分繁杂,1906年的官制改革,将其改为度支部。

**3. 礼部**

礼部,“掌考五礼之用,达于天下以赞上道万民。凡班制抡才之典,达诚致慎之经,会同职贡之政,燕饷饩廪之式,百司以达于部,尚书侍郎率其属以定议。大事上之,小事则行,以布邦教”[①]。

历代封建统治者都十分重视用礼乐教化,伦理道德来束缚和禁锢被统治者,清朝也不例外。清代,礼部主要掌管国家大典,学校教育以及科举等事务,其职掌和地位不谓不重。

礼部的内部机构设置也较繁杂,主要有:

清档房:掌守册档,缮清字汉字之奏折。

汉本房:掌清字汉字之题本。

司务厅:掌治吏役,收外省衙门之文书呈堂,书到记其号,以分于司,会试送试卷于贡院。

督催所:掌催四司题奏咨存之件,而督以例限。

当月处:掌监用堂印,收在京衙门之文书,送题本于内阁。内阁传抄清字则满洲司员抄焉;汉字则汉司员抄焉。

书籍库:掌库储书籍。

板片库:掌库储板片。

南库:掌库之存储。

---

① 《光绪会典》,卷二。

养廉处:掌支放养廉。

地租处:掌征收地租。

铸印局:掌监铸印(包括皇家所用各种玉玺、衙门关防、百官印信等)。

礼部还设四个清吏司,它们是:

仪制清吏司,“掌朝廷府属乡国之礼,稽天下之学校,凡科举掌其政令”[①]。仪制清吏司在四司中的职掌最为重要。它负责皇帝的登基大典,上皇帝、皇太后尊号,掌军礼,掌皇家婚典、皇家冠服;同时,负责简放学政,制定科场条例,乡试和会试开列考官,以候钦点;殿试则开列读卷官,以备钦点。

祠祭清吏司[②],“掌考祭祀之典以达诚敬。凡吏祝医巫之官则覆其除授,掌凡恤事”。这司主要负责皇家春秋的祭祀、祈年,选择先师功臣的配祀以及国家庆典、皇帝耕猎巡幸时的礼仪;另外,还掌“饰终之典”,即规定丧礼。

主客清吏司,“掌四裔职贡封赍之事,颁实录玉牒告成之赏”。鸦片战争前,清朝的藩属国来京朝贡,大多由礼部的主客清吏司或鸿胪寺官员接待。

精膳清吏司,“掌宴饷廪饩牲牢之事,凡本衙门之题销则汇而覆焉”。

另外,礼部还附设有乐部,设乐典大臣;和会同四译馆,掌为外国来华贡使的翻译。

自1861年总理衙门成立以后,礼部所负责外交事务转移到总理衙门办理。清末官制改革,设立学部,礼部所负责学校事务改归学部办

① 《光绪会典》,卷二。

② 有些论著中称其为“祭祀清吏司”,显有误。

理。1906年,太常寺、光禄寺和鸿胪寺并入礼部,机构和职掌有所变化;1911年,礼部更名为典礼院,作为专管朝廷坛庙陵寝礼仪和修明礼乐的机构。

**4. 兵部**

兵部名义上为全国的最高军事机关,“掌中外武职官之政令,以赞上卫万民。凡除授封荫之典,乘载邮传之制,甄覆简练之方,士籍军实之数,百司以达于部,尚书侍郎率其属以定议,大事上之,小事则行,以整邦枢”①。兵部实际军务活动由军机处秉承皇帝意旨来行事,到清中期和清末,清政府兵权下移,督抚坐大,兵部更显虚空。

兵部内设机构有:

档房清字堂:掌守档案。凡本部满洲蒙古官之升补差委皆掌焉。

本房汉字堂:掌缮清字汉字之题本。

司务厅:掌治吏役,收外省衙门之文书呈堂,书到记其号,一分于司,凡提塘之勤惰则稽焉。

督催所:掌催四司所议之件而督以例限。

当月处:掌监堂印,收在京衙门之文书,凡铺递之件,记其号以发于提塘;送题本于内阁,内阁传抄清字则满洲司员抄焉;汉字则汉司员抄焉。凡城门之早启者、迟闭者,则定其晷刻以行于步军统领衙门。

武选清吏司:掌考武职官之品级,而覆其铨选封授仪式之事。凡营制掌焉;掌土司之政令。就是说,武选清吏司负责制定营制、土司政令、武职的品级、武职的出身、武职的升补除授等。

职方清吏司:掌武职官议处、议叙、议恤与其甄别、考察、简阅、巡防

① 《光绪会典》,卷二。

之事；掌凡关禁海禁[①]。

车驾清吏司：掌颁天下之马政，以裕戎备；凡邮驿皆掌之；选銮仪卫司吏者。

武库清吏司：掌稽天下之兵籍；凡军器掌其政令；掌武科之事。

在近代中国，尤其到了清末，兵部已极不适应社会的发展变化，不得不做调整和改革。1906 年，兵部和太仆寺及练兵处合并，改称陆军部（内含军咨府和海军部），1911 年又做了进一步的调整。

**5. 刑部**

刑部，“掌天下刑罚之政令，以赞上正万民。凡路例轻重之适，听断出入之孚，决宥缓速之宜，赃罚追贷之宜数，各司以达于部，尚书侍郎率其属以定议，大事上之，小事则行，以肃邦纪”[②]。

清朝刑部与都察院、大理寺合称三法司。下设 18 个清吏司，除督捕司掌管八旗及各省逃亡人犯外，其余 17 个清吏司分掌各省刑名。除 18 司之外，刑部还设有以下部门：

清档房：掌守册档，缮清字汉字之奏折；凡各司已结未结之案，三月而一奏；凡各衙门旗员之升补皆掌焉。

汉档房：掌缮清字汉字之题本。

司务厅：掌治吏役，收外省衙门之文书，记其号而分于司。

督催所：掌催 18 司题咨现审之件而督以例限；凡各司现审之案，月终则汇奏；凡各省命盗之案则汇题；现审赃罚之数亦如之；烟瘴充军者，窃蒙古牲畜者则定其应发之地。

当月处：掌监用堂印，收在京衙门之文书，以付与各司；现审则呈堂

---

① 有些论著将职方清吏司的职掌描述为“掌军用图书档册”，这是望文生义，明显有误。

② 《光绪会典》，卷二。

而分司焉；凡旗人命案应部验者，则往验之；送题本于内阁，内阁传抄清字则满洲司员抄焉；汉字则汉司员抄焉。

秋审处：掌覆秋审朝审之案。

律例馆：掌修条例。五年则汇辑，十年则重编，皆予以限；既成，恭候钦定。

提牢厅：掌管狱卒，稽查南北所之罪囚，支衣粮药物而散给之。

赃罚库：掌收储现审赃款及其支放之事。

饭银处：掌收储饭银及其支放之事。

清末，以所谓的三权分立原则改革官制，刑部改为法部。

**6. 工部**

工部在六部中排最后一位，“掌天下造作之政令与其经费，以赞上奠万民。凡土木兴建之制，器物利用之式，渠堰疏障之法，陵寝供亿之典，百司以达于部，尚书侍郎率其属以定议，大事上之，小事则行，以饬邦事”①。

工部掌管全国的工程建筑、器械制造、皇帝陵寝与宫殿庙宇的修建，负责各种物料的仓储，河道沟渠的疏浚，另外还负责一部分军事后勤供应的职能。于此可见，工部的职掌十分繁杂和凌乱。其内部的机构设置主要有：

清档房清字堂：掌守档案，凡咨送堂衔与满洲司员升补差委之事皆掌焉。

汉档房汉字堂：掌缮清字汉字之题本与其黄册。

黄档房：掌覆帑藏岁支之数与其财物；仲冬则汇而上之，以待会计。

司务厅：掌治吏役，收外省衙门之文书呈堂，书到记其号，以分

① 《光绪会典》，卷三。

于司。

督催所：掌催四司所议之件而督以例限，有工作亦如之。

当月处：掌监堂印，收在京衙门之文书，以付与四司；送题本于内阁，内阁传抄清字则满司员抄焉；汉字则汉司员抄焉。

钱法堂：掌宝源局鼓铸之政令。

管理火药局：掌存储火药与其领给之数。

直年河道沟渠处：掌京师五城河道沟渠之事。

督理街道衙门处：掌外城街道之事。

料估所：掌估工料之数。

饭银处：掌收支饭银。

工部设四个清吏司，它们是：

营缮清吏司：掌营建之本，凡木税苇税皆覆焉。凡皇家城禁，皇家坛庙的规划、建设、修葺都归此司。

虞衡清吏司：掌制器用，凡军装军火皆覆焉。此清吏司有两个主要的职能，一在制定度量衡标准，二在负责军火军装的制造供应。

都水清吏司：掌天下河渠关梁川涂之政令，凡殿廷之供皆掌焉。这里的"殿廷之供"指为宫廷和皇陵供应热季用冰。

屯田清吏司：掌陵寝修缮之事；凡供薪炭皆覆焉；掌本衙门汉官之升补，治其匠役。

除上述之外，工部还设一些部门监督，计有：

皇木厂监督（掌监收木材）、木仓监督（掌储木材）、军需库监督（掌收发旗纛帐房）、司库监督（掌收发驼屉与其器用）、炮子库监督（掌收储废铁炮子）、官车处监督（掌设官车以备用）、惜薪厂监督（掌收发苇席竿绳）、冰窖监督（掌藏冰颁冰）和铅子库员外郎（掌收发枪炮铅子）等。

清末官制改革中，工部并入新设的农工商部。

除六部之外，清代中央政府还设有其他若干一些行政色彩的机构，它们主要是:理藩院、都察院、大理寺、通政使司、翰林院、国子监、钦天监和詹事府。

清朝是一个少数民族入主中原而建立的政权,同时,中国又是一个多民族组成的国家,为适应此一特点,为加强对各民族的争取和联络以及控制,清朝专门设立了负责少数民族事务的机构——理藩院。

理藩院原名蒙古衙门,设于 1636 年,"掌外藩之政令,制其爵禄,定其朝会,正其刑罚,尚书侍郎率其属以定议,大事上之,小事则行,以布国之威德"①。具体综理蒙古及察哈尔、青海、西藏、新疆及西南少数民族事务。理藩院官员全部由满蒙官员担任,为从一品至正二品。额外侍郎一名,由蒙古官员担任。

理藩院内设机构有:满档房,掌本衙门题缺出差之政令;汉档房,掌缮题本,译其档案而藏之;司务厅,掌治吏役、收外衙门之文书;当月处,掌监堂印,收在京衙门之文书;银库司,掌库藏出纳。理藩院的主要设置有六个清吏司,它们是:

旗籍清吏司:掌考内札萨克之疆理,叙其封爵与谱系,凡官属部众会盟军旅邮传之事,皆掌之;掌游牧之内属者。

王会清吏司:掌颁禄于内札萨克而治其朝贡燕飨赍予之事。

典属清吏司:掌覆外札萨克部旗之事,治其邮驿,互市则颁其禁令;凡内外喇嘛皆掌之;掌游牧之内属者。

柔远清吏司:掌外札萨克喇嘛禄廪朝贡之事。

来远清吏司:掌回部札萨克之政令;凡回番之年班皆掌之;掌外裔之朝贡。

理刑清吏司:掌外藩各部刑罚之事。

在总理衙门成立前,理藩院还和礼部共同分掌部分对外通商交涉

① 《光绪会典》,卷三。

事务，有关蒙古地区与俄罗斯的通商贸易、交涉均由其负责。清末官制改革中，理藩院改为理藩部。

都察院，系改沿明代之御史台，“掌司风纪，察中外百司之职，辨其治之得失与其人之邪正，率科道官而各矢其言责以饬官常，以秉国宪；率京畿道以治其考察处分辨诉之事；大政事下九卿议者则与焉；凡重辟则会刑部、大理寺以定谳；与秋审、朝审。大祭祀则侍仪，朝会亦如之”①。

就理论上讲，都察院职司社会风宪，谏言得失，访求利弊，专司弹劾，对于吏治的隆吁、风气的好坏、政权的安危，都至关重要。

都察院设有六科，即吏科、户科、礼科、兵科、刑科和工科，每科设掌印给事中满汉各一员。可以看出，给事中针对六部而设，负责监督稽查六部政事的执行情况。

都察院同时设15道掌印监察御史（简称监察御史）。15道是：京畿道、河南道、江南道、浙江道、山西道、山东道、陕西道、湖广道、江西道、福建道、四川道、广东道、广西道、云南道和贵州道。监察御史的职责是，“掌稽察在京各衙门之政事，而注销其限；分覆各省之刑名，秋审朝审各题以例；公决皆任以言事”。

给事中与监察御史权限较为独特，理论上他们可以“风闻以言事”而不受追究。

除此之外，都察院还设五城（中城、东城、南城、西城和北城）巡城御史，各设巡城御史满汉各一人，兵马司指挥一人，副指挥一人，吏目一人。“掌分辖京师五城十坊之境而平其狱讼；诘其奸匿，弥其盗窃；月吉各率其乡约宣条教；掌凡振恤之政令；凡五城街道沟渠栅栏房舍则会街道厅稽查。”

---

① 《光绪会典》，卷三。

大理寺,“掌天下之刑名,凡重辟则率其属而会勘;大政事下九卿议者则与焉;与秋审朝审”[①]。具体职掌是参加由三法司(即刑部、都察院和大理寺)会勘的斩绞等重大案件;参加每年的秋审、朝审和由九卿议办的朝廷大政等。设卿、少卿满汉各一名,为正三品至正四品;其下设左、右寺丞、档房堂评事、司务厅司务等,分掌京城及各省刑名。三法司的关系是:凡属三方会审复核的事件,先由刑部审讯,然后交都察院复核,再由大理寺按照律例裁决,最后三方联衔会奏,由皇帝审批。如三方有意见分歧,可单衔入奏,请旨定夺。大理寺在戊戌变法中曾并入刑部,旋又恢复。

通政使司,“掌纳各省之题本以达于内阁;凡大政事下九卿议者则与焉”[②]。设通政使,通政副使满汉各一名,参议满汉各一名。该司在改题本为奏折之后,已形同虚设。1898年戊戌变法中,曾将其裁撤,但变法失败后又恢复,清末官制改革中又裁。

翰林院掌论撰文史之事,为国家储才之所,系沿袭明朝所设。其职掌原为负责替皇帝起草制诰,进讲文史,带有顾问性质而显清贵。但自军机处设立和清中后期之后,翰林院已逐渐失去其清贵之地位。常被抨击为位置闲员、虚糜廪禄之冗衙。翰林院设掌院学士满汉各一名,侍读满二汉三,侍讲满二汉三,修撰、编修和检讨若干。其内设日常机构有典簿厅(掌章奏文移和藏书)、待诏厅(掌缮写校勘之事)、庶常馆(掌教庶吉士)、起居注馆(掌记注皇帝言行之事)、国史馆(掌修国史)。

詹事府本是太子的官署,但清朝自康熙之后,实行秘密建储,不明立太子,詹事府于是变为掌理“文学侍从”,词臣迁转的闲衙。其事务主要为纂修史书,撰拟经史文章,与翰林院职掌没有多少区别。设詹事、

---

① 《光绪会典》,卷三。

② 同上。

少詹事满汉各一人，由翰林院侍读和侍讲兼任。詹事和少詹事可以随侍皇帝左右，可以参与秋审和朝审。内部机构有左、右春坊、司经局和主簿厅等。

关于翰林院与詹事府的职能地位，时人曾评翰林院的讲、读学士："无事日有事，有事日无事"，詹事府衙门则是"开印日封印，封印日开印"[①]。

国子监，"掌国学之政令"，即掌管全国学校教育事务，凡贡生、监生、举人、八旗官学生以及输银捐纳的监生都可以入监学习。设管理监事大臣一人，祭酒满洲一人，汉一人；司业满洲一人，蒙古一人，汉一人。国子监的内部管理机构有：绳愆厅（掌颁肄业之规制考稽学生之勤惰，然后汇送于吏部）、典籍厅（掌守书籍碑板之藏）、六堂（修道堂、诚心堂、正义堂、助教堂、崇志堂和广业堂，掌分教肄业之士）、档子房（掌清字奏折文移）等。清末官制改革新设学部，裁国子监。

钦天监，"掌册候推步之政令，以协天纪，以授人时，凡观象占验选择等候时之事皆掌之"，即钦天监主要职掌观测天文气象、编制历书等。设管理监事大臣一人，监正和监副满汉各一人。办事机构设有主簿厅（掌管吏役）、时宪科（掌制时宪书，为皇家事务选择吉日等）、天文科（掌观天象）和漏刻科（掌侯时诹日择地之事）[②]。

### 三、其他机构

清朝为适应封建专制统治的需要，还设立了一些其他的机构，计有：内务府、宗人府、太医院、侍卫处、奏事处、銮仪卫、八旗都统、前锋营、护军营、步军营、神机营、火器营、圆明园护军营、健锐营、太常寺、太

---

① 《郎潜纪闻初笔》，卷六。

② 《光绪会典》，卷三一四。

仆寺、光禄寺和鸿胪寺等。因清朝的统治以封建家天下为特色,因而这些机构既有为皇室服务的浓厚色彩,又兼有国家行政的性质。这里只简述一下内务府、宗人府、太医院、太常寺、太仆寺、光禄寺以及鸿胪寺的情况。

内务府源于满族社会的包衣制度,创设于顺治初年,是掌管宫廷事务、皇帝及其家族生活的机构。内务府内设机构繁复众多,计有:

库储司,掌库藏出纳之政令,设六个仓库储备皇上之用。这六个仓库是:银库、皮库、瓷库、缎库、衣库、茶库;各库均设员外郎、司库、副司库、司匠、库使若干。

都虞司,掌府属武职官之铨选,负责官兵之俸饷赏恤;凡山泽采捕之事皆掌之。

掌仪司,掌内廷礼乐之事,考太监之品级;凡果园之赋覆焉。有赞礼郎、司俎官、神房司祝官若干人。

会计司,掌征三旗庄赋园赋而稽其出纳;凡选宫女太监,则掌其政令。

营造司,掌宫禁之修缮,率六库三作以供令。六库指木库、铁库、房库、器库、薪库、炭库;三作指铁作、漆作、爆作。各库和各作分别设库掌、副库掌、库守、司匠、委署司匠若干人。

庆丰司,掌牧牛羊之政令。

慎刑司,掌谳三旗之狱。凡谳狱笞杖者可自行决定,但徒流以上需会咨刑部确定。

生平署,掌学艺人之承应。

管辖番役处,掌缉捕之事。

上驷院,掌御马之政令。

武备院,掌备器械以供御用,掌工作之禁令。内设四库以各理其事,各库设员外郎、库掌、委署库掌,无品级库掌,库守若干人。

奉宸苑，掌园囿之禁令。这里的园囿凡指西苑、南苑、天坛、圆明园、畅春园、颐和园、静明园、静宜园等皇家园林宫禁。

御茶膳房，掌供大内之食饮膳馐。

御药房，掌合和药散。

武英殿修书处，掌监刊书籍。

御书处，掌镌摹御书，造朱墨等。

养心殿造办处，掌制造器用。

督催房，掌督催工作。

汇稿处，掌档房文移。

御鸟枪处，掌御枪之承应。

内火药处，掌火药铅砂。

内务府设总管内务府大臣一名，正二品，由满洲王公，领侍卫内大臣和满洲尚书侍郎简任，另外还设有管理事务大臣，值年大臣多名。内务府的人员，除兵丁、工匠、太监外，多达3000人以上，俨然是朝廷中的朝廷，家国中的家国，反映了封建统治的专制性、落后性和腐朽性，因而在晚清官制改革中，内务府的存废问题一直是众矢之的之一。

宗人府掌管皇族事务，负责皇族属籍、王公、将军及一般宗室、觉罗的爵位议叙和犯罪处分，审理皇族内部的诉讼纠纷，纂修皇室族谱——玉牒。设宗令一名，由亲，郡王担任；左右宗正、宗人各一名，由宗室王公、将军、贝勒、贝子兼任；府丞一名，由汉族官员担任。宗人府凌越于内阁和六部之上，内部设有经历司、左右司、银库、黄册档、空房（用于圈禁宗室犯人）、左右翼宗学、八旗觉罗学以及玉牒馆、则例馆、律例馆和庆典处等办事机构。

太医院“掌考九科之术，率其属以供医事”①，主要负责为皇族治病

① 《光绪会典》，卷四。

侍药。九科指大方脉科、小方脉科、伤寒科、妇人科、疮伤科、针灸科、眼科、口齿科和正骨科；常设御医 13 人，吏目 26 人，医士 20 人，医生 30 人。

太常寺，“掌相祭祀之仪，辨其器数与其品物，大祀中祀群祀各率其属以共事”①，是主管坛庙和祭祀礼仪的机构。设兼管事务大臣一人，寺卿满汉各一人，少卿满汉各一人。

太常寺内设机构和人员十分庞杂而臃肿，反映了封建机构的惰性。其人员设置如下：

寺丞满洲两人，掌本衙门拣选考察保送之政令；赞礼郎宗室两人，满洲 26 人；学习赞礼郎宗室六人，满洲八人；读祝官宗室一人，满洲 10 人；学习读祝官宗室三人，满洲八人，学习趋将诏号之仪，祭祀则各充其职事；博士满洲一人，汉军一人，汉一人，掌考祝文礼节之用而著于籍以为式，凡题奏咨移之事皆具稿以呈于堂；笔帖式满洲九人，汉军一人，掌翻译；典簿厅典簿满洲一人，汉一人，掌治吏役；寺库司库满洲一人，库使满洲二人，掌守库藏；坛庙官，天坛五品官满洲一人，六品官满洲七人；地坛五品官满洲一人，六品官满洲七人；太庙四品官满洲二人，五品官满洲二人；社稷坛五品官满洲二人，六品官满洲四人，掌守坛庙；太庙首领内监一人，副首领内监二人，内监 28 人，掌洁蠲之事，展后殿中殿之常供，守其祭器；寺丞汉二人，掌稽祠祭署神乐署之事；协律郎五人，赞礼郎 14 人，司乐 23 人，掌供祠祭之事；祠祭署，天坛奉祀一人，祀丞一人，执事生一人；地坛奉祀一人，祀丞一人，执事生一人；日坛奉祀一人，祀丞一人，执事生一人；月坛奉祀一人，祀丞一人，执事生一人；先农坛奉祀一人，祀丞一人，执事生一人；历代帝王庙执事生一人，关帝庙执事生一人，文昌庙执事生一人，火神庙执事生一人，东岳庙执事生一

① 《光绪会典》，卷三。

人，都城隍庙执事生一人，贤良祠执事生一人，昭忠祠执事生一人，奖忠祠执事生一人，双忠祠执事生一人，旌勇祠执事生一人，褒忠祠执事生一人；神乐署署正一人，署丞二人，乐生 180 人，舞生 300 人，执事生 90 人；西陵读祝官二人，赞礼郎四人，孝陵读祝官二人，赞礼郎四人；孝东陵读祝官二人，赞礼郎四人；景陵读祝官二人，赞礼郎四人；景陵皇贵妃园寝读祝官二人，赞礼郎三人，景陵妃园寝读祝官二人，赞礼郎三人；泰陵读祝官二人，赞礼郎四人；泰东陵读祝官二人，赞礼郎四人，泰陵妃园寝读祝官二人，赞礼郎三人；裕陵读祝官二人，赞礼郎四人；裕陵皇贵妃园寝读祝官二人，赞礼郎四人；端慧皇太子园寝读祝官二人，赞礼郎三人；昌陵读祝官二人，赞礼郎四人，昌西陵读祝官二人，赞礼郎四人；昌陵妃园寝读祝官二人，赞礼郎三人；慕陵读祝官二人，赞礼郎四人；慕东陵读祝官二人，赞礼郎四人；慕陵妃园寝读祝官二人，赞礼郎三人；定陵读祝官二人，赞礼郎四人；定东陵读祝官二人，赞礼郎四人；定陵妃园寝读祝官二人，赞礼郎三人；惠陵读祝官二人，赞礼郎四人；醇贤亲王园寝读祝官二人，赞礼郎三人，掌陵寝园寝祭奠之仪，供其执事。

以上太常寺各色官员人物编制的总数是 915 人。

太仆寺，“掌牧马之政令”，主要负责御马的饲养和管理，同时会同兵部负责军马的饲养和选调。设卿满洲一人，汉一人；少卿满洲一人，汉一人；左司员外郎满洲一人，蒙古一人，主事满洲一人，蒙古一人；右司员外郎满洲一人，蒙古一人，主事满洲一人，蒙古一人；主簿厅主簿满洲一人；笔帖式 16 人(掌翻译)。

光禄寺，“掌燕劳荐飨之政令，辨其品式，稽其经费，凡治具则戒其属以供事”[①]，是一个掌管朝廷酒醴牲馔，筵宴祭飨的机构。光禄寺看似不大，但设置不少，计有：典簿厅(掌章奏文移)、督催所(掌催理档

① 《光绪会典》，卷三。

案)、当月处(掌收支监印)、大官署(掌供豕物,征菜地之赋而致诸库,备其器用,稽其市值)、珍馐署(掌供禽兔及其鱼物,大祭祀供其龙壶龙爵)、银库司(掌银库之藏与其尊壶盘碟)等。

鸿胪寺职掌朝会燕飨之礼仪。具体包括赞襄皇帝接受庆贺谢恩之礼仪,掌科考贡士行礼之礼仪,群臣百官之礼仪,序百官之班次等;设兼管事务大臣一人,卿满洲一人,汉一人;少卿满洲一人,汉一人。鸿胪寺在1898年的戊戌变法中曾被裁撤,但旋又恢复,清末再裁。

## 第二节　近代以来清朝传统官制面临的挑战

近代以来,伴随着鸦片战争的隆隆炮声,整个天朝上国的稳固封闭体系受到严重冲击,并逐渐被打破,而失去了原有的平衡。老大帝国遇到了严重的新问题。传统没落的统治体系,亦即官制系统,已无法应付日益变化的复杂国内外形势。"清王朝的声威一遇到不列颠的枪炮就扫地以尽,天朝帝国万世长存的迷信受到了致命的打击,野蛮的、闭关自守的、与'文明世界'隔绝的状态被打破了,开始建立起联系。"[①]"与外界完全隔绝曾是保存旧中国的首要条件,而当这种隔绝状态在英国的努力之下被暴力所打破的时候,接踵而来的必然是解体的过程,正如小心保存在密闭棺木里的木乃伊一接触新鲜空气必然要解体一样。"[②]马克思在这里所称的"解体的过程",自然指中国社会的各个方面和各个层次,当然也包括中国官制的解体与变革。这种解体与变革曲折漫长,蹒跚跌宕。

---

① "中国革命和欧洲革命",《马克思恩格斯选集》,第二卷,人民出版社1972年版,第2页。在原文中,"文明世界"是带讽刺和批判意味的,特此说明。

② "中国革命和欧洲革命",《马克思恩格斯选集》,第二卷,人民出版社1972年版,第3页。

较早地认识到中国传统官制已不适应世界大势的发展，应加以裁革并设计出具体方案的，是眼光敏锐、走在时代之前的思想家。鸦片战争之后、戊戌维新之前，这些思想家以冯桂芬、王韬、郑观应、宋恕、何启、胡礼垣等人为代表，他们或者亲自参与并举办新式洋务事业，或者生活创业于香港，或者亲身到西方耳濡目染其政治文化情况，因而他们能够得风气之先，在中西制度的对比中，得出自己的结论。戊戌变法时期，官制改革思想则主要以康有为、梁启超的主张为代表。下面对上述两个时期的思想家们关于官制改革的设计、特点及其影响，做一概括的分析。

## 一、早期维新思想家对于官制改革的认识及其方案设计

早期维新思想家于官制改革的主张和设计，可总结为以下几个方面的内容：

1. 指陈吏治腐败，闲官冗员泛滥。

冗官闲吏是历代封建王朝，特别是到了其后期都不同程度存在的问题，并往往导致一个政权迅速走向自己的反面，清朝末年也是如此。

冯桂芬(1809—1874)指出："今之冗员多矣，不冗于小冗于大，不冗于闲冗于要，不冗与一二冗于十百"，"国家多一冗员不特多一糜廪禄之人，即多一捐民膏之人，甚且多一偾国事之人，亦何苦设此累民累国之一位哉"[①]？不仅如此，冯桂芬还将闲官冗员视为"虎狼"："后世流品莫贱于吏，至今日而等于奴隶矣；后世权势又莫贵于吏，至今日而驾于公卿矣……(吏胥)权势之盛则又莫盛于今日。州县曰可，吏曰不可，斯不可矣，犹其小者也；天子曰可，部吏曰不可，其不可者犹半焉，于是乎其权力遂出于宰相大臣之上，其贵也，又如此。今天下之乱谁为之，亦

---

① 冯桂芬：《校邠庐抗议·汰冗员议》。1982年敏德堂潘校刊。

官与吏耳。而吏视官为甚。顾氏炎武谓之养百万虎狼与于民间是也。虎狼何知，但知搏噬；噬民不已，继以噬国，无足怪，独怪国家必养此虎狼。”①

王韬(1828—1897年)痛斥清朝贪官污吏的无耻，认为各级衙门胥吏“惟知耗民财、殚民力，敲骨吸髓，无所不至，囊中既饱，飞而扬去”②。

宋恕(1862—1910年)对当时清朝从地方到中央官场的黑暗和吏治的腐败，进行了深刻的剖析和揭露。他描述地方州县的情况是：

“今州县之役有明有暗，多者数千，少亦数百。此辈情性，本鲜良善，一来作役，濡染益非，朝得官票，侪偶相望；暮宿村店，威焰便张。”③

各省的情况是：

“外省吏权，稍轻于部。然督抚之吏，奴视镇、协；布、按之吏，踞见守、令；提学之使，阴操黜复，知县之吏，半握赋讼。凡诸公署，大抵若斯，并为一气，以乱政治。”④

中央行政机关的情况是：

“修撰、编修，其名甚贵，然尺寸之柄，不以相假。公署胥吏，其名甚贱，然威福之权，乃与之共。就其权重，莫如部办：舞文弄法，父子传家，曲出深入，黑白变色。司员多矣，每仰河润，润既及矣，势难持正。其廉公者，又多愚直，疏于例案，昧于情弊，欲驳不能，受欺不觉。尚分寺郎，养尊成习，画诺惟命，不问何事。官反为吏，吏反为官。名实相戾。一致于此！”⑤

在《政本章》中，宋恕特别指出六部的弊端是“六部书、侍，部各六

---

① 冯桂芬：《校邠庐抗议·易吏胥议》。

② 王韬：《弢园文录外编·除弊》。光绪丁酉夏时务学社仿香港本重刊。

③ 胡珠生编：《宋恕集》，“六字课斋卑议·衙役章第六”，中华书局1993年版。

④ 《六字课斋卑议·胥吏章第七》。

⑤ 同上。

人，又加管理，敌体互掣，纵擅大略，难展才长。况多兼差，署所悬隔，昼夜弛走，何暇问政。”①

2. 主张以传统方式在传统体制内，对原有官制加以改革的人物，以冯桂芬和宋恕为代表。

冯桂芬主张裁撤冗官闲员和詹事府：他设想应裁撤的官员包括：漕督以下一切官弁员丁，监督织造全裁，盐务中的运同运副酌加裁量，督抚或裁或并，由大省督兼抚，小省抚兼督，督抚司道以下各官酌加量裁，京官当中科道之官减半，内务府，内外武职王公将军和理藩院各官均酌裁量。同时，由于詹事府本是太子的官属，清朝不明立太子，詹事府于是成为词臣迁转的闲衙。冯桂芬提出，“詹事府可归并翰林院，以副名实。”②

宋恕对改革清朝官制的设计比较具体，内容主要是：

第一，将军机处改为总理处，官员设实缺，大臣四人，参议 30 人，主事 100 人，均不兼差，以专责成；

第二，裁掉吏部，户部改为理财部，礼部一分为二：礼乐部和文学部，兵部分为陆军部和海军部，刑部和工部依旧，增设医部，这样形成八个行政部；

第三，改变各部尚书、侍郎名不副实的现状，每部各设正卿二员，副卿四员，卿以下设大夫、士，各分为上、中、下三级。部卿由下士中逐次选拔，不出本部，但可内改总理处，以及改总督以下官员；

第四，吏部裁撤后，朝廷官员的铨选任用之权归总理处，部卿、大学士等的兼差一律裁去；

第五，内阁专备顾问，设实缺太师、太傅、太保各一员，大学士 10

---

① 《六字课斋卑议·政本章》。

② 冯桂芬：《校邠庐抗议·汰冗员议》。

员，学士50员，中书100员；

第六，宗人府改名为宗务院，总理各国事务衙门改为交邻院，与理藩院、都察院并称四院；

第七，除上述八部、一阁、四院外，其余衙门、院、寺等全部裁掉，分属于八部；①

第八，在京师设局，博征天下通人，令与京官讨论《六部则例》，详加改定。"其余之例案，均作废纸，不许援引，则民易知而鲜犯，法易行而鲜碍矣。"②

3. 主张以西方的政体模式来改造中国的封建官制体制。以王韬、郑观应、何启和胡礼垣等人为代表。

王韬较早地向国人介绍了西方议会政治："泰西之国有三：一曰君主之国，一曰民主之国，一曰君民共主之国。……一人主治于上而百执事万姓奔走于下，令出而必行，言出而莫违，此君主也；国家有事，下之议院，众以为可则行，不可则止，统领但总其大成而已，此民主也；朝廷有兵刑礼乐赏罚诸大政，必集众于上下议院，君可而民否，不能行；民可而君否，亦不能行。必君民意见相同，而后可颁之于远近，此君民共主也。"③王韬得出的结论是："循西洋之法以求日进于富强。"而西洋之法指的是"惟君民共治，上下相通。民隐得以上达，君惠以得以下逮"，并由此"内可以无乱，外可以无侮，而国有若苞桑磐石焉"。很显然，王韬要求以君主立宪模式来改造中国政体和官制。

早期维新思想家何启（1828—1897）和胡礼垣（1847—1916）在1895年3月印行的《新政真铨》中，针对清政府官制的弊病和"新政既行"（实指当时的洋务新政）的现实，提出改革官制的全面设想，主张将

---

① 《六字课斋卑议·阁院章第九》。

② 《六字课斋卑议·信必篇》。

③ 王韬：《弢园文录外编·重民下》，光绪丁酉夏时务学社仿香港本重刊。

无用人实权的吏部与权限功能逐渐缩减的礼部合并为内部,"而添商部、学部、外部,合兵、刑、户、工而为八部。论其次序,则以商部为第一,学部为第二,户部为第三,兵部为第四,刑部为第五,工部为第六,内部为第七,外部为第八。……以一人为宰相,而八部之长使宰相自择其人"。同传统官制相比,这一方案裁掉了吏部,而新设了商部、学部和外务部三部。设此新部的理由是:"商务不兴,则不能与敌国并立,故加立商部且进之为第一者,欲中国以商务称雄也。学部不设,则国内无堪用之才,故加立学部而进之为第二者,欲中国以贤才为宝也。外部为钦差领事等官起见,中国之人出洋经营者为天下之至众,故钦差领事等官比天下各国更宜加隆。"①

可以看出,上述方案在中国传统官制的基础上,嫁接和杂糅了近代西方国家行政体制的模式,同时又立足于中国的实际,代表了时代的潮流和趋势。何启与胡礼垣长期生活在香港,对西方的制度和文化有较深切的理解,因而他们的设计更切合中国实际一些。清末官制改革中,首先改设了外务部、商部、学部,于此可见何启和胡礼垣主张的先见之明及影响。

郑观应(1842—1922)也深刻地认识到清朝体制必须汰冗员、裁书吏,但他更侧重于在中西政治制度的对比中得出自己的结论,反映了一种历史的必然和进步。郑观应改革官制的思想主要有下述几方面:

第一,主张仿效西方的政治制度,来改造中国的封建官制。

郑观应将西方的资本主义国家政体,分为君主之国、民主之国和君民共主之国,认为君主国权偏于上,民主国权偏于下,君民共主之国权得其平。对照中国吏治"畏葸"、"琐屑"、"颟顸"的弊端,郑观应认为中国"是非设议院不为功","果能设立议院,联络众情","如身使臂,如臂

---

① 何启、胡礼垣:《新政真铨》,香港书局光绪乙亥二十五年印。

使指，合四万万之众如一人，虽以并吞四海无难也”[①]。

郑观应将中西行政官制进行了比较。他认为泰西官制与中国名异实同，但也有很大的区别。他介绍西方诸国户部之外有农部，外部之外有商部，工部之外有邮政部等。还特别介绍西方各行政部门人员均专责成，不兼职，即“爵可宠，俸可增，而官不迁移，故职既专而事无旷废，任愈久而识更精深”。因而西方“富强之源，实基于此”[②]。

第二，郑观应介绍了西方的内阁官制，并主张中国应派王公大臣出洋考查政治，以变法自强：

“按泰西民主之国，君民共主之国，各部长归宰相自择其人。如宰相一换，各部长虽然才德素优，与宰相不情投意合者亦必解组赋闲。”[③]

按照西方的宪政体制，责任内阁如果得不到国会的信任或者遭到弹劾，则或者内阁全体辞职，或者国会解散，这是其政治制度和组织原则所决定的，以资产阶级的政治理论为指导。对此郑观应不可能有深刻的了解，但他主张朝廷应简派亲王贝勒出洋游历，认真考察西方的政治制度，是十分有远见的。清末官制改革中仿行西方宪政，就是以“五大臣”出洋考察政治为开端的。

当然，除上述人物之外，早期在改革官制方面提出一系列条陈、建议、主张者还不乏其人，我们在此只选取了几位代表性思想家的代表性思想，并加以论述，其他则不再一一涉及。

综上所述，戊戌维新之前，早期思想家对于传统官制的认识，以及他们对之加以改革的要求，表现出如下的特点：

首先，经世致用，救时济弊。

早期维新思想家们继承和发扬了魏源等人“师夷长技以制夷的思

① 夏东元编：《郑官应集》，“盛世危言・议院上”，上海人民出版社 1988 年版。

② 《盛世危言・吏治上》。

③ 同上。

想”,对于鸦片战争之后中国面临的“千古未有之局,”奋起作出反应和思考。他们渐渐从西方的坚船利炮背后看到和悟出了西方近代资本主义制度的某些优越性,然后再反观中国的官僚体制,并对之提出改革的设想和方案。这说明,早期维新思想家们的思想开放而非保守,借鉴而非因循。或者说,他们的思想是经世致用、救时济弊的产物,具有时代的先进性,反映了历史的要求。

第二,表现在较强的前瞻性和预见性。

早期维新思想家们对清末官制的弊端有深刻的认识,他们提出对之改革的办法首先在于清仕途、汰冗员、停捐纳、专责成。然后在此基础上,对原有的行政各部门再进行裁撤、归并;同时,根据需要设立新部门。如上述宋恕提出设一阁 、四院、八部;何启、胡礼垣主张设八个行政部门等。难能可贵的是,早期维新思想家们关于改革官制的主张,大多是在中西政体的比较对照中得出的。他们不仅介绍了西方的议会、议院和内阁制度,而且程度不同地要求中国加以仿行,以改造中国传统的官僚体制。这些多为后来的思想家们以及政治改革人物所继承和发扬。

第三,欠缺理论依据和实际操作性,尚处于酝酿、探索和萌芽阶段。很显然,早期维新思想家们还没有从理论上,去分析封建制度与资本主义制度的区别。他们虽然看到了西方议会、内阁、选举的一些优越性,但还不能去分析和寻找西方政体后面的指导思想、理论原则,更不了解西方政体的形成过程和其具体的历史文化背景;更不了解“三权分立”、“主权在民”、“天赋人权”,或者“自由平等”等资产阶级政治理论的真谛;另一方面,早期维新思想家们的官制改革思想和主张,仅停留在口头纸面上,鼓吹呐喊上。换言之,早期维新思想家们基本上没有人进入主流统治者阶层,不可能参与政治决策,至多是通过间接渠道对政治施加一些影响而已,因而他们无法在现时政治生活中有所作为。当然，也不能据此而否认其价值。思想的酝酿及其成果，是行动与实践的前提，只要有了合适的土壤，思想就会生根发芽，开花结果。

## 二、戊戌时期对官制改革的认识及清政府的某些变革

甲午之役，中国创巨痛深。要救亡图存，就要变法更新；要变法更新，其内容之一便是改革中国传统的官僚体制，这是维新志士们自上而下改良政治的必然逻辑，同时也是许多朝野人士的共识，并致力探讨的问题。这些人物当中以康有为和梁启超为突出代表。

戊戌变法之后，在 1902—1904 年之间，康有为根据其戊戌变法的实践和思考，陆续写成《康南海官制议》一书，十分系统地总结了中国传统官制的弊端，并提出系统的改革办法。

《康南海官制议》除序言外，共分十四个部分，分别是：官制原理第一，中国古官制第二，中国汉后官制第三，宋官制最善第四，各国官制第五，中国今官制大弊宜改第六，开议院第七，公民自治第八，析疆增吏第九，存旧官第十，增司集权第十一，供奉省置第十二，改差为官以官为位第十三，俸禄第十四。康有为认为，中国的根本问题在于改革官制。他在《官制议》一书的序言中，开宗明义便讲：

"政治之源起于民，纪纲之设成于国，设官分职以任庶事，此万国古今之公理也。然较其得失约有四端，一曰设官之为人君与为国民，一曰分职之多与寡，一曰中央集权与外藩分权，一曰一统之所自由与立国之主干涉。……则设官以奉民事，非以奉君也。……万事之治，纲举目张，皆在官制。则大大更张，小小补苴，损益从时，斟酌合势。"①

在《中国今官制大弊宜改》部分中，康有为进一步强调了改革官制的重要性和紧迫性：

---

① 康有为：《康南海官制议》，"序"，广智书局印。

“变政之事，下手必从官制始。官制有三：一曰为民，一曰为国，一曰国与民之交关。不从民起，则国无基，无基者虽高必覆；不从国民交关处变，则脉不通，不通者虽美而不行；不从国之全局整顿，则体不备，体不备谓之不成人，国制不备谓之不成国也。为民制者莫如公民自治，为国与民交关制者莫如析疆增吏，为国制者莫若多设分职，中央集权。”

康有为改革官制的各种设想就是以此为基础而演绎出来的。主要内容有：

第一，指陈清朝官制的家天下，家事与国事不分，导致行政效率低下，进而导致民贫国弱。他列举清朝宫廷凡设的太常司、光禄司、通政司等 14 个司中，真正为国事服务者只有四个，其余则全供内廷使唤而已。康有为指出：“夫治国民之职多而治供事之官少者，其国强，欧美是也；治供奉之官多而治国民之官少者，其国弱，突厥、波斯及吾国是也。”①

第二，康有为重新总结了清朝官制的弊端。他认为清朝官职的设立大都疏阔冗闲，各部“只见纸册千言，皆同闲人，疆吏则督抚兼辖，数千里有同一国”，再加上“司道府层累冗隔之侈，乡官裁撤之害，资格年劳抽签之滞，捐纳杂途之众，科举空疏之甚”，使得“国朝尽收历朝之弊”。同时，“中国虽有百司千官，实不过军机数人，督抚二十余人而已”②。

第三，主张公民自治，这是针对中国官制的弊端而提出的。康有为认为中国有大官而无小官，有国官而无乡官，有国政而无民政，有代治而无自治，故政事粗疏荒芜，并进一步导致人才不兴、地利不辟、财用匮乏。其原因，中国立法之本意，但以为国，非以为民，但求不乱，而非以

---

① 《康南海官制议》，“官制原理第一”。

② 同上书，“中国今官制大弊宜改”。

求治。同欧美诸国相比，康有为认为欧美各国法至美密而势至富强者，“皆以民为国故也”，“人人有议政之权，人人有忧国之责，故命之曰公民”。“故昔者之国争在一君一相一将之才，今者之国争在举国之民之才气之心识，与其举国之政学及其技艺器械。”可以看出，康有为关于公民自治的动机与出发点，在于按照西方的政治理论和国家概念，培养具有现代意识的国家公民。这就接触了现代化进程中一个带有根本性的问题，即提高人的素质和人的现代化。实际上，制度的现代化与人的现代化具有同等的地位和重要性。制度由人来创设和制定，有什么样的人便会创设出什么样的制度；而适合某种经济发展和社会状况的制度，则会提升人的素质，促进发展。否则，如果没有相应的人的素质为基础，某种超前的或者先进的制度，只能是空中楼阁，甚至会产生恰恰相反的社会结局。康有为认为，公民自治可以“举国四万万之民进于公益，进于自重，进于好施，进于学识，踊跃磨濯，如大海之鼓潮，如飓风之振山，其孰能御之”。同时，公民自治还可以使“人人有言事执政之权，人人有爱国爱家之意，诱其同心，长其神气，开其知识，发其志意”①。

第四，提出官职与爵位的问题。官职即某一官员的实际职位设置，而爵位则指积年劳资格或家世荣典所得到的荣誉。康有为认为清朝的官制实际采用官爵合一的做法，造成勋旧年劳者高高在上，而英才俊杰沉沦下位的局面。他仅就上书言事举例说，清朝达官有权者只有尚侍督抚40余人，其能以言上达者只有御史京卿数10人，全国的军政民事都寄托在这几个人身上，其他如三品卿大理、太常太仆、光禄等在清代以前极为宠隆的官员，都不能与闻国事。而所谓的大学士尚侍督抚等官，高高在上，不可望攀，难以做到上下情通。另外，官爵合一也使得官职的迁转辗转跌宕，曲折反复，徒耗人才资源。康有为列举如工部右侍

① 《康南海官制议》，“公民自治”。

郎与吏部左侍郎虽同为侍郎，但需要转十次才能达到；而自五品员外郎升到四品卿，也需要转九次方可；自主事中书而至御史，必须经历十几年才能补缺；内阁中书欲达尚书侍郎或督抚之位，不经数十转也绝对不可能。如此，康有为说"即使弱冠通籍，顺风直上，绝无左降，未尝病卧，亦必年已耆耄矣，精神衰耗矣，血气销缩矣，阅历疲倦矣。……皆在孔子所定致仕悬车之年，李靖所笑尸居余气之日"，要求这样的人去有所作为，无异于南辕北辙[①]。针对这些弊端，康有为指出，官制与爵位，同用而不可或缺。官职用于经世致用，用于治世，因而应当惟才是用，不论资格；而爵位则是用来褒誉勋旧年德之人，使之尊显，注重荣誉地位，不在于实际任职。基于此，康有为提出，"有治世之才者不拘资格，可以任官，然未有积累之功不必加尊显之爵位也；久著年劳之有爵位者，任事不必其能称职也，故不必用之当官，二者各有所宜，当并行之而不可合一。"官职与爵位平行并用，可以做到人尽其才，不拘一格，而年劳者也不会有所嗟怨。反之，官爵合一则必然产生有爵位者方能任官，难以做到称职能事，而真正有才能者则会沉沦下位，不得施展抱负。综合上述内容，康有为主张"任事论才不论爵"，"凡当差者只以差事相统属，不问本官之大小"。同时，将差事官分为四等，上等称大臣（包括宰相，长官和从官），有独立行事之权，由钦命；中等称高等差官，分上、中、下三级，为请简官；下等为庶僚官，分上、中、下三级，为委任官；第四等为流外官，皆由长官外补。总之，康有为主张官职与爵位平行的目的，在于"任官惟才"，以"扫尽资格拘牵之积弊"，或者说是为了清除官场之陋习。

第五，改革俸禄制度。康有为说："举大地古今俸禄，未有若今中国之薄者也，殆不可形诸简牍矣。"他举例说大学士位极人臣，俸银仅有

---

① 《康南海官制议》，"改差为官改官为位"。

250两，自此逐级递减，每品减25两，至五六品以下，仅数十两。相比之下，“中国门阍上隶岁入亦多有十数倍于大学士之俸者”，未免颠倒措置。康有为列举其师朱九江（朱次琦）曾以进士身份任山西某一地即用知县，三年中署二缺，从赴官到告归，三年中赔了三千金，回家后授学于乡里，30年才将债务还清。官吏俸薄的直接弊端在于“得第之始，则丧廉寡耻，罗掘于乡里，抽半于外官；任官之后，则隳丧名节，奔走于一差，钻营于一缺”。忙于此类事务的官吏们，哪还有什么心思去为民做主做事？康有为提出改革俸禄制度之后，“尽收一切规费一归之公”，乃“量品之高下，地之繁简，厚予私禄，优给公费，俾小大有序，繁简有仪；内足以备仰事附蓄之资，出足以供舆马仆从之费，外足以应宾客宴游之用，而后可以责以洁己奉公爱民忧国矣”①。

除上述内容之外，《官制议》中还有裁撤旧衙门和增设新部门的主张，是康有为自戊戌变法以来思想的进一步发展，与前此许多人的看法没有太大的区别，不再详述；另外康有为在此书中还有关于调整中央与地方关系的论述，主要是督抚与中央的权限划分，以及地方的行政层级问题，但较为简略，我们在以后将有所论及。

概括来看，康有为的《官制议》是他改革官制思想的全面总结和阐述，内容虽显庞杂，但不乏可取之处。如他提出的公民自治，提高民众素质，将官爵和俸禄平行并用，改革俸禄制度等，都是前人很少论及或者提到而言之不详的。正因如此，《官制议》对于清末清政府的全面改革官制，有一定影响。著名的御史胡思敬曾写到：“康有为逃逸外洋，日翘首以盼东方之乱。所著《官制考》一书，谓六部为刘歆伪制；谓户部无措置之权，当名金部；谓刑部惨刻无恩，当名大理部；谓吏、礼、兵、工当听其略存闲曹，如古寺监。邪说奋兴，大有死灰复燃之势。三五少年拾

---

① 《康南海官制议》，“俸禄”。

其齿牙余慧,斧柯在手,专以斩丧为才。"①

同时,康有为关于官制改革的内容,还包含在其上清帝的第一至第七书中。

康有为首先批判清朝官制的无责成、冗滥、权限不清和效率低下的症结。在其《上清帝第六书》,即"应诏统筹全局折"中,提出了全面系统地改革中央行政官制的蓝图,主要包括:设制度局作为总理新政的机构,其下设十二分局,即法律局、度支局、学校局、农局、工局、商局、铁路局、邮政局、矿务局、游会局、陆军局、海军局。"十二局设,庶政可得而举矣。"②

康有为的设计,实际截取了西方行政体制分权定限,各专责成的原则,并以此来改革中国的封建体制,反映了维新派推行资本主义性质改革的愿望,并对清末的官制改革有相当影响。

梁启超也是戊戌时期的风云人物,他对清朝腐败的吏治同样有深刻的认识,因而把官制改革视作变法的中心内容之一。他指出:

"官制不善,习非所用,用非所习。委权胥吏,百弊蔚起。一官数人,一人数官,牵制推诿,一事不举。保奖蒙混,鬻爵充塞。朝为市侩,夕登显秩。宦途壅滞,候补窘悴。非钻营奔竞,不能疗饥;俸廉微薄,供亿浩繁,非贪污恶鄙,无以自给。限年绳格,虽有奇才不能特达。必俟其筋力既衰,暮气将沉,始任以事。故肉食盈廷,而乏才为患。"③

"……要而论之,法者天下之公器也,变者天下之公理也。……变亦变,不变亦变。变而变者,变之权操诸己,可以保国,可以保种,可以保教;不变而变者,变之权操诸人,束缚之,驰骤之。呜呼,则非吾之所

---

① 胡思敬:《退庐全书》,"丙午厘定官制",上。

② "上清帝第六书",《戊戌变法》第二册,神州国光社 1953 年版。

③ 梁启超:《论不变法之害》,中国史学会编:《戊戌变法》,第三册。

敢言矣。”①

梁启超不但认为官制要变，而且认为它是根本之图：

“吾今为一言以蔽之曰：变法之本在育人才，人才之兴在开学校，学校之立，变科举，而一切要其大成，在变官制。”②

梁启超关于变革官制的主张是：

首先，保留预将裁撤官员的原有爵位。京官自四品以上，外官自三品以上，全部列为贵族，议院设立之后，使之充上议院议员，其目的，在于使旧官员恩荣依旧，富贵不失，有才能者，仍然可以身与国事，这样也减小了改革的阻力。

第二，适当增加官员的俸禄，使其不与政事之后，不致有饥寒之忧。

梁启超改革官制的设计有许多可取之处，但并不系统。

事实上，主要由康有为参与“导演”的戊戌变法，在百日维新中试图对中国传统官制体制做一番大手术，但由于顽固保守者强大的势力，改革归于失败。

戊戌时期的官制改革，具有如下的特点：

第一，在继承前此早期维新思想家思想成果的基础上，人们对官制改革的认识又上升到新的高度。康梁等人不仅大谈议会、选举，而且逐渐认识到西方政体的分权制度，并试图以之来指导和规划中国的官制改革。

第二，因光绪皇帝试图有所振作，认识到改革旧有官制对于他自身利益有着至关重要的关系，因而支持维新变法，这样使得官制改革取得了合法的地位（当然只是在一定时期和一定程度上），官制改革也曾有某些实践，但很快变成封建落后、顽固守旧的牺牲品；变法没有强大的

---

① 《戊戌变法》第三册，《论不变法之害》。

② 同上书，《论变法不知本源之害》。

权威支持和社会支持，因而轻而易举地被扼杀，整个官僚体制并没有发生本质的变化。

第三，可以说，戊戌官制改革，是对鸦片战争以来思想界关于改革官制种种设计的一次初步实验。改革的失败，不能证明思想不正确或者不合理，相反，它足以说明了改革的艰难，传统守旧势力的强大，反映了历史发展的曲折性；同时，也说明了改革的时机还有待于成熟，矛盾的积累还有待于发展。另外，就清政权来讲，它丧失了一次革故鼎新、与民更始、自强中兴的关键机遇，迨至清末清政府再幡然悔悟时，历史的滚滚洪流就要将其淹没了。

## 三、清朝传统官制的特点

概括而言，清朝的传统官制具有如下特点：

第一，在继承明代封建体制的基础上，充分体现少数民族为主体的统治特色。清朝政权建立之后，为保证其在政治上的优势和特殊权益，规定在国家机关中实行按民族分配官缺的办法，把全国的重要官缺官职分别定为宗室缺、满洲缺、蒙古缺、汉缺等多种，其中又以满缺和汉缺为主，按缺授官。这样的规定，一方面是为了在国家机关对统治阶级内部的各个利益集团作适当的调整和安排，另一方面更是为了使满族的统治地位合法化，使其民族在国家统治机构中占主导地位。清初议政王大臣会议的成员全部是满族，各部尚书也不用汉人，地方督抚也大半由满人或迎降和杀伐有功的汉员担任。只是到中叶之后，由于清王朝统治权威的严重危机，才不得不较多地依靠汉族官员（尤其是地方督抚），但这是不得已而为之。皇族机关宗人府和内务府委任官员完全不允许吏部与闻，凌驾于其他衙门之上；管理民族事务及藩属国事务的理藩院堂官，始终不得委用汉官；盛京五部自侍郎以下俱为满缺；不但如此，还明文规定满人任官的最低标准，即旗员不得做驿丞、典史等杂职。

在中央的重要部门，清末官制改革之前，一般都规定了满汉复职的制度，以及内阁大学士、协办大学士等满汉各半，各部尚书满汉各一，侍郎满汉各二，等等。但在同一职务的官吏中，待遇（包括品级和俸禄等）也是不平等的，如清初曾规定，同是内阁大学士，满员一品，汉员二品；学士，满员二品，汉员三品；六部尚书，满员一品，汉员二品；侍郎，满员和汉军二品，汉员三品。这一制度后来有所改变，逐渐划归一律。这是统治形势发生变化、统治力量此消彼长的结果。但在事实上，同一衙门之中，重要政事都要由满官决定，实权操在满官之手。在军队中，八旗官员的待遇优于蒙古旗、汉军旗，更远远高于由汉族人员组成的绿营军队。满人驻防各地，自辟旗营旗城居住，依赖官俸兵饷和旗地租息为生，不许从事农工商等职业，也不许与汉人通婚。同时，在另外一个重要的问题，即法律的适用上，旗人犯罪与汉人犯罪也有明显的区别。按照《大清律例》的规定，旗人如犯有军流徒罪可免于流放，惩罚的办法是"分别枷号、徒一年者枷号二十日，每等递加五日，总徒准徒亦递加五日，流二千里者，枷号五十日，每等亦递加五日。充军附近者枷号七十日、近边者七十五日、边远者八十日、极边烟瘴者九十日"。汉人如犯同样的罪刑，则不得减免。

这样，无论在政治或是社会结构方面，清王朝都有意识地将满族置于特殊而优越的位置之上。

上述特点，有着复杂的历史原因，在清代一直带来严重的政治、社会问题和民族矛盾，特别是满、汉矛盾。尤其到近代乃至清末，这些矛盾因形势的演变更为突出，成为革命者的有力理论支撑，从而加剧了清朝的统治危机。及至清朝最高统治者"认识"到这些矛盾（例如平满汉畛域，允许满汉通婚等），并试图加以解决和纠正时，已经错过了历史时机。

第二，就清朝的统治方式而言，近代来华的美国著名学者和外交官何天爵说:“在西方学者看来,中国的政治体制是一个彼此纠缠不清,互相渗透、互相冲突的权力集合体”,“这种体制实际是简单纯粹的家长制统治……家长制是中国社会政治和政府体制的理论基础。而家长制又建立在那种古老的对一家之长的地位和权威的绝对服从尊崇之上”①。这一结论有相当的道理。在中国封建社会,以血缘家族为本位的宗法思想渗透到社会的各个领域,成为包括立法和司法活动在内的一切社会生活必须遵循的基本原则。清朝不但采取封建家长式的专制统治,而且以儒家封建伦理道德为主流统治思想,标榜“惟以一人治天下,岂为天下奉一人”。不过前一句话是真,后一句话则是言不由衷了。封建家长式统治也即家天下的统治,这一体制的中心人物是皇帝,“天子作民父母而为天下主”,正所谓“四海之内,莫非王土;率土之滨,莫非王臣”,并不是以天下国家为己任的天下为公精神。这种“家天下”的统治的实质,在于为部分人,或者说少数人服务,高高在上者是“大家长”——皇帝。皇帝或者皇帝的代言者,掌握着生杀予夺的最后裁决权。既然清政权以儒家伦理道德为主流统治思想,它必然会形成以血缘道统、地域家族为主体的统治网络,然后扩而大之,再形成以皇帝为中心的同心圆。这种同心圆结构一圈一圈向外无限扩大,具有极强的排他性、极强的排外性、极强的封闭性和惰性。实际这正是儒家思想的本质特点。儒家的伦理道德思想对于维系家庭、家族、村社乃至一个社会和一个政权的稳定,都会发挥不可替代的积极作用,保守性有余但创新性不足。但是,每当社会处于大的转型期或变动期之时,儒家思想往往显得苍白无力,或者被抛弃,或者被打碎,或者被剪裁改造。就是说,以儒家思想为主流统治思想的社会,往往保守和惰性有余,而开放进取

① 〔美〕何天爵著:《真正的中国佬》,鞠方安译,光明日报出版社 1998 年版,第 20—24 页。

不足，“如果不彻底改变自己的自然天赋性格，中国人将不是也永远不会成为踏遍世界的殖民者”①。这样的封建政权一般只会形成建立—巩固—稳固—惰性—腐朽—灭亡—另一政权再建立的循环往复。

第三，以家长式为中心特征的清朝中央官制，机构庞大，职掌重叠，人员臃肿，人浮于事，效率低下。最明显的特点和弊端，是家事、国事、天下事，混为一团。国家体制应以中枢和行政六部为重心，但仅就人员的设置而言，一个内务府人员竟多达 3000 以上，是任何一个行政部人员总和的数倍；而一个仅仅负责坛庙祭祀礼仪的太常寺（且其职掌与礼部、内务府等机构多所重叠冲突），人员竟达近千人。清朝官制除上述特点之外，还有一个十分奇特的现象，这就是，虽然统治机构中充斥着大量的闲官冗员，在高层官员中却存在着很普遍的兼差。对此，某些外国学者都有相当敏锐的观察和描述。如何大爵在中国时，曾请一位内阁成员谈谈自己一天的工作情况。何天爵作了这样的记载：“他说自己每天清晨两点便要动身，因为他从三点到下午六点的这段时间都在朝中或部里当班；如果皇帝有政事与闻于他，那么总是在黎明之前召见；作为军机处的一名成员，从六点到九点他要在那里处理政务；他还身兼兵部尚书一职，因此从九点到十一点必须到兵部去理事；同时他还是都察院的官员，因而必须在每天的十一点到下午两点在那里出头露面；另外他还在总理衙门身兼要职，每天下午两点到五点他又必须在那里报到。”②兼差现象的根源，仍然在于家长式的专制统治。它决定了皇帝事必躬亲而又力难胜任的情况下，不得不分权和依畀于极少数的所谓“心腹股闳”。清初的议政王会议，乃至内阁权力的转移军机处，及至最后朝廷坐视督抚的拥权自重（这当然不是朝廷的初衷），都是这种体制

① 〔美〕何天爵著：《真正的中国佬》，鞠方安译，光明日报出版社 1998 年版，第 62 页。

② 同上书，第 71—72 页。

的产物。在封建专制社会，权之所在，即利之所归。兼差的直接利益，便意味着掌握了更大范围内生杀予夺的权和利。故而官员一旦有了某种兼差，它决不会轻易放弃；兼差，造成部门权限不清，职掌混乱，矛盾纷纭。对于具体人而言，既是一种权力和资本，又无异于一种摧残；对于一个精明的最高统治者而言，他可能会巧妙地利用这些矛盾，把权力牢牢地抓在手中（慈禧太后可归此类）；而对于一些糟糕的专制统治者，则会适得其反。

# 第二章　中央官制改革模式的初步探索

## 第一节　改革的合法化和改革模式的初步探索

### 一、清政府宣布变法

中央官制改革始于1901年。在此之前，清王朝经庚子之变，统治权威扫地以尽，面临穷途末日之虞。这一局面的出现，反映了中国自鸦片战争以来现代化道路探索的失败，以及以传统方式应对西方挑战的终结。关于这一点，著名美国学者罗兹曼曾指出："1900年的义和团造反就可标志着以坚决排除现代思想和现代技术的途径来解决中国问题最后一次努力，当国际救援部队一路打到北京时，这场排外救国的努力即被证明是失败了，结果各国公使馆被救，朝廷出逃。……《庚子协定》也使顽固保守派中最排外的人士深信，中国迫切需要推行彻底的制度性变革计划，因此它标志着一系列政府改革的开端。"[①]这里的"制度性变革计划"，便包括清政府的中央官制改革。实际上，在《辛丑条约》签定之后，改革清朝传统的封建统治体系，已经成为朝野上下心照不宣的

① 〔美〕吉尔伯特·罗兹曼：《中国的现代化》，国家社会科学基金"比较现代化"课题组译，沈宗美校，江苏人民出版社1995年版，第288—289页。

共识，但还有两个问题需要解决：一个是程序性问题或者说如何使改革合法化；第二个，即如何改和怎样改的问题，即确定什么样的改革模式，这是问题的关键。

如何使改革合法化，主要指清政府形成改革的共识后，怎样“体面”地打出变法改革的旗号。自辛丑以来，通过善后问题的处理，面对严酷的现实，顽固守旧势力已经大大削弱，暂时退居幕后。相比之下，社会各阶层要求改革的呼声，以及革命派的活动潜滋暗流，日渐显露。作为清朝最高实权掌握者的西太后，一方面不会无视这些呼声和要求，另一方面，也是更重要的，她明了形势与自己的处境，知道再也无法敷衍下去，必须与民更始。时人曾这样记述西太后当时的心态：“我总是当家负责的人，现在闹到如此，总是我的错，上对不起祖宗，下对不起人民，满腔心事，更向何处谁诉呢？”①慈禧素以顽固守旧、玩弄权术而著称，而且她扼杀摧残戊戌维新的血迹未干，需要调和与光绪的关系，需要“重塑”自己的形象，需要重树自己的威信。还在西安行在时，光绪便对慈禧在义和团问题上的处置乖戾，最终导致签定《辛丑条约》的奇耻大辱，隐隐有幸灾乐祸之表露，慈禧太后对此亦心中有数，恒语侍臣云：“吾不意乃为帝笑。”②

其实，还在逃亡途中时，西太后便以朝廷的名义，迭次颁布了一系列切实进行各方面整顿的谕旨。这些上谕虽然没有明确表示要改弦易辙，但已隐隐然表露了改革的意图。实际上，老于世故权术的西太后是在吹风打招呼，同时也有推脱责任、自寻台阶的意图。

例如，光绪二十五年（1899 年）四月的一份上谕称：“近因时事艰难，朝廷宵旰焦劳，孜孜求治。迭经谕令各直省督抚将地方应办事宜先

---

① 吴永：《庚子西狩丛谈》，中国近代史资料丛刊：《义和团》第三册（上），神州国光社版，第 438 页。

② 萧一山：《清代通史》（四），中华书局 1985 年版，第 2251 页。

后覆奏。详加披览，该督抚所陈各节，虽不致尽托空言，亦未能确收实效。……若再因循观望，不能仰体忧勤惕厉之心，振作之机，当在何日？用特再加申谕，著各督抚于奉到此旨后，将现在筹办之事，速即认真举办，仍将有无成效情形，先行据实具奏，倘有不屑州县玩视民瘼，阳奉阴违，该督抚即严行参劾，从重治罪。"[①]这是清政府责备臣工，准备整治吏治的信号。

光绪二十六年(1900年)七月，清政府发布谕旨，表示要在用人、行政、筹饷、练兵等方面进行切实整顿。谕旨指出："自今以往，斡旋危局，我君臣责无旁贷。……卧薪尝胆，勿托空言。于一切用人行政，筹饷，练兵，在在出以精心，视国事如家事，勿怙非而贻误公家，勿专己而轻排众议，涤滤洗心，匡予不逮。朕虽薄德，庶几不远而复。"[②]

光绪二十六年八月，清政府再颁上谕，要求中外臣工，"随时献替，直陈无隐"，"自来图治之源，必以名目达聪为要。此次内讧外侮，仓卒交乘，频年所全力经营者毁于一旦，能不寒心。自今以往，凡有奏事之责者，当于朕躬之过误，政事之缺失，民生之休戚，务当随时献替，直陈无隐。当此创重痛深之时，如犹恶闻诤论，喜近谄谀，朕虽薄德，自问当不至此。"

这是清政府要改革以往封闭固拒的传统，准备广采群言，博求众议。

光绪二十六年闰八月，清政府的另一份上谕说：

"为政首在得人，近年来各督抚保举人才，不免瞻徇情面，汲引私人；是以上以实求者，下不以实应，大负朝廷求贤若渴之意。现在时局艰危，需才尤亟，各封疆大吏均有以臣奉君之责，务各激发

---

① 《光绪朝东华录》，总第4364页。

② 《义和团档案史料》(二)，第489页。

天良，虚衷延访，如有才猷卓著，克济艰难，无论官阶大小，出具切实考语，迅速保荐，以备录用。……将此通谕知之。”①

这是清政府准备进行全面整顿，并要求封疆大吏们忠于朝廷和职守，广求人才以备录用，准备改革的信号。

及至大局稍定，光绪二十六年十二月（1901 年 1 月），清政府以光绪的名义，发布了一道痛定思痛、百感交集、难以言喻的谕旨：

“惟各省平时无不以自强为词，究之临时张皇，一无可恃，又不悉朝廷事处万难，但执一偏之词责难君父。试思乘舆出走，风鹤惊心，昌平宣化间，朕侍奉皇太后，素衣将敝，豆粥难求，困苦饥寒不如氓庶，不知为人臣者亦尝念及忧辱之意否？总之，臣民有罪，罪在朕躬。……近二十年来，每有一次衅端，必申一番诰诫，卧薪尝胆，徒托空言，理财自强，几成习套；事过之后，徇情面如故，用私人如故，敷衍公事如故，欺饰朝廷如故。大小臣工，清夜自思，即无拳匪之变，我中国能自强也？”②

这道谕旨一反往日的冰冷生硬面孔，多了一些人情味。总结并承认了近 20 年来所谓自强新政的彻底失败，也指出和批评了统治体制的痼疾与弊端，表明了朝廷改弦更张的意图。

同年十二月（1901 年 1 月 29 日），清政府正式发布了变法上谕，指出：

“世有万祀不易之常经，无一成不变之治法。穷变通久，著于大易，损益可知，著于论语；盖不易者三纲五常，昭然如日星之照世；而可变者令甲令乙，不妨如琴瑟之改弦。伊古以来，代有兴革，我朝列宗列祖因时立制，屡有异同。……大抵法积则弊，法弊则

---

① 《光绪朝东华录》，总第 4549—4550 页。

② 同上书，总第 4615 页。

更，归于强国利民而已。自播迁以来，皇太后宵旰焦劳，朕尤痛自刻责。深念近数十年积弊相仍，因循粉饰，以至酿成大衅，……懿训以为取外国之长，乃可去中国之短；惩前事之失，乃可作后世之师。……皇太后何尝不许更新，朕何尝概行除旧。酌中以御，择善而从；母子一心，臣民共睹。近者恭承慈命，一意振兴。严祛新旧之名，混融中外之迹。中国之弱在于习气太深，文法太密，庸俗之吏多，豪杰之士少。文法庸人籍为藏身之因，胥吏恃为谋利之符，公私以文牍相往来，而毫无实际；人才以资格相限制，而日见消磨；误国家者在一私字，祸天下者在一例字。晚近之学西法者，语言文字制造器械而已，此西艺之皮毛，而非西学之本源也。居上宽，临下简；言必信，行必果。服往圣之遗训，即西人富强之基，中国不此之务，徒学其一言一语一技一能，而佐以瞻徇情面，肥利身家之积习，舍其本源而不学，学其皮毛而又不精，天下安得富强也？总之，法令不更，痼习不破；欲求振作，须议更张。著军机大臣、大学士、六部九卿、出使各国大臣、各省督抚，各就现在情弊，参酌中西政治，举凡朝章国故，吏治民生，学校科举，军制财政，当因当革，当省当并，如何而国势始兴，如何而人才始盛，如何而度支始裕，如何而武备始精，各举所知，各抒所见。通限两个月内，悉条议以闻，斟酌尽善，切实施行……”①

清政府的这一道谕旨，既标志着清末现代化改革（包括官制改革）的正式启动，也表述了清政府在一段时间内的改革总方针，这样至少从理论上讲，改革所需的重要条件，即合法化问题，得到了满足，因为：

第一，谕旨承认与时推移，适时变法的合理性，从而否定了长期以来封闭固拒，盲目排外的传统政策和做法，这对清政府而言，应当是一

① 《光绪朝东华录》，总第4601—4602页。

种认识上的提升，这是以极为惨重的代价而换来较为的理性认识。在这种认识指导下，清政府不得不对刚刚过去的戊戌变法，重新进行检讨，先是表白"皇太后何尝不许更新，损益科条；朕何尝概行除旧，酌中以御"，继而指责"康逆之谈新法，乃乱法也，非变法也"。显而易见，这是慈禧太后尽力保持自己的一点体面而已。实际整个谕旨的指导思想，部分地等于为戊戌变法正名或一定程度的平反。

第二，谕旨对鸦片战争以来中国现代化道路的探索，应对西方挑战的实践，新政自强的追求，都做了第一次较为客观的结论，也是较为深刻的反省与总结。认为中国的失败在于"积弊相仍，因循粉饰"；在于文法太密，人才太少，实际等于承认统治体制也即传统官制存在严重弊端，不利于人才的培养；尤其指出在学习西方的问题上，"舍其本源而不学，学其皮毛又不精"，接触到了问题的实质，但是谕旨并没有继续深入探讨造成这种现象的根源究竟何在？之所以不再探讨深究下去，无非怕引火烧身，延及封建体制本身和统治者头上，不愿公开承担责任。

第三，谕旨在对前此现代化探索过程作出结论的基础上，提出了全面改革中国社会的概要大纲，或者说总的指导方针。要求朝廷内外大臣"各就现在情弊，参酌中西政治"，针对朝章国故，吏治民生，学校科举，军制财政等方面，做到兴国势，盛人才，裕度支，精武备。但所有这一切的总前提是"不易者三纲五常，昭然如日星之照世；而可变者令甲令乙，不妨如琴瑟之改弦。"谕旨说来说去一大堆，还是要以封建的纲常伦理为基础，进行浑化中外，融合东西的改革，基本上没有脱出"中学为体，西学为用"的旧有模式，对改革的力度和范围作了很大的规定限制，也就是说预先定下了一个调子。

但是无论如何，上述谕旨的颁布，表明了清政府最高当权者的决策，改革传统体制已不再是一个讳莫如深的话题，不再是一个噤若寒蝉的禁区。现在人们可以议论它，探讨它以及改革它。就是说，清政府在改革的问题上已经开放了言论权和参与权，改革取得了合法化地位。这是至关重要的一环，因为：在一个政权还合法化存在的前提下，任何制度性的变革或改革（哪怕是在很小的幅度与范围内）要取得成功，最佳和最理想的选择，是以政府的权威（统治者阶层取得一致或基本一致的共识），实行自上而下的改革；否则，缺乏政府权威的改革（没有或不能取得一致性的改革），一般只能招致失败的结局。当然，没有政府权威的改革也大有取得成功的事例，但是改革的另一种形式（自下而上），即革命，就中国历史来看，它的结局往往是政权的垮台，王朝的鼎革。就清政府而言，自同治、光绪朝以来，在政治、军事、外交等各方面的一系列重大政策和举措，无不伴随着宫廷内部的斧声烛影，王权争斗，如戊戌变法，如庚子之变，很大程度上都变成了王权争夺、权力倾轧的工具。统治者自身的矛盾斗争是一种最大的内耗，这种内耗可以将国家、民族的利益完全置之度外，同时又可能会打着维护国家民族利益的旗号去进行，其恶劣遗毒之影响，在中国历史上实在非文字所能表述。上述谕旨的颁布，表明了清朝政府内部的权力实体在改革问题上的共识，这至少在理论上为下一步的改革铺平了道路，保证了一段时间内政府政策的一致性和连续性。

## 二、官制改革模式的初步探索

### 1.《江楚会奏变法三折》

清政府的变法上谕颁布之后，中外臣工和封疆大吏们的反映应当说还比较积极，纷纷条陈奏议，各抒己见。为了对这些条陈奏议进行归纳整理，同时也为了有一个推行新政的总机关，光绪二十七年（1901年）三月，清政府成立了督办政务处。谕旨说：

> “上年十二月初十日，因变通政治，力图自强，通饬京外各大臣各抒所见，剀切敷陈，以待甄择。近来陆续条奏，已复不少。惟各

疆臣，使臣多未奏到。此举事体重大，条件繁多，奏牍纷繁，务在体察时势，抉择精当，分别可行与不可行，并考察其行之力不力。非有统汇之区，不足以专责成而挈纲领，著设立督办政务处。派庆亲王奕劻、大学士李鸿章、荣禄、昆岗、王文韶、户部尚书鹿传霖为督办政务大臣；刘坤一、张之洞著为遥参，与各该王大臣等于一切因革事宜务当和衷商榷，悉心详议，次第奏闻。"①

督办政务大臣和参与政务大臣的人选囊括了几乎所有朝中朝外的大臣要员，可见清政府事先经过了一番精心的酝酿和考虑。政务处的人员组成，督办大臣以下，设提调二员，章京八至十名。规定朝官自京堂以下，外官自监司以下。迄于布衣，只要心术纯正，兼具才望，都可以充选。从督办政务处的设立开始，清政府的用人显示出打破常规，不拘一格的端倪。

改革官制的条陈，以张之洞、刘坤一的《江楚会奏变法三折》最为有名。刘、张是清朝中后期以来深孚名望，浮游宦海中的佼佼者，最能"号"准清政府最高权力中心的脉搏。他们在洋洋洒洒四万多言的《三折》中，较为全面地提出了改革中国旧有体制的一套方案。就《三折》的指导思想，则公开宣称"我朝所以立国者，不过二帝三王之心法，周公孔子之学术"、"看似无事非新，实则无事不旧"，就改革的目的，则是要达到"治"、"富"和"强"。可以说，《三折》无非调和中西，折中新旧的翻版而已，正是清政府变法上谕的展开、延伸或者说阐释，这就是为什么《三折》名噪一时，且基本成为清政府一段时间内改革指导思想的根本原因。

《三折》的主要内容有：

第一，改革教育制度，建立新育人机制。提出设立文武学堂，将学

---

① 《光绪朝东华录》，总第4655页。

堂分为小学、中学和大学三类，学堂合格毕业生授予廪生、举人、进士称号，可以入仕为官；学堂兴起后，逐步废除科举，相应废除武科考试制度；鼓励并奖励出洋留学，以满足人才需要。

第二，改变传统抑商观念，发展近代工商业。主要措施有大力引进利用国外的先进技术，设立工艺学堂，设立博览会，制定一系列的工商法律法规，规范经济行为，保护中国利权等。

第三，有关政治制度方面的改革，下面将具体论述。

《三折》中关于变革官制的内容有：

停捐纳，课官重禄，去书吏，去差役，改选法，简文法。

捐纳是花钱买官的代名词，清朝自实行以来，造成吏治的冗滥，官场的黑暗和腐败，早已为近代以来的思想家们，统治者阶层和民间的有识之士们所指责痛斥，戊戌维新期间曾宣布将其废除，但旋又恢复。

课官重禄的内容分两个方面，一在课官，二在重禄。课官指的是制定并颁行各种官制官规，使各级官吏有法可循，有章可依，以规范约束官吏的行为，籍此来肃清吏治，惩肃官方；重禄的内容在于增加各级官吏的俸禄，改变清朝长期以来官吏待遇偏低，而不得不依靠各种陋规，依靠搜刮民间讨生活的现象，籍此高薪养廉，达到清明吏治，这与课官的内容相辅相成。

关于去书吏和去差役。书吏和差役自清中后期以来，充斥了各级统治机构。“师徒相承，专习为恶之事，良由换官不换差役，故根株蟠结，党羽繁滋，旋革旋复。”书吏和差役一方面造成官僚体制的腐烂臃肿，一方面导致行政效率的极为低下，早已成为痼疾和人们的众矢之的。戊戌时期对此有所动作，但未果。

改选法，就是改革传统的选拔人才制度，建立高效率的人才新陈代谢机制，以适应国家体制近代化的要求。“盖非育才不能图存，非兴学不能育才，非变通文武两科不能兴学，非游学不能助兴学之所不足，揆之今日时势，悖无可悖，缓无可缓。”基于这样的目的，必须改革传统的科举制，也就是旧有的选官任官制度。对此我们在后面将专章论述。

关于简文法，也就是简化清朝各级机关办事中的繁文缛节，打破书吏差役们籍以舞文弄墨，鱼肉百姓，腐蚀体制的弊病。《江楚会奏变法三折》进一步阐述简文法的内容应包括“省虚文，省题本，以及宽例处”。

上述内容包括在《三折》关于整顿“中法”的十二条中。除此之外，《三折》还总结了采用“西法”的十一条内容。这十一条是：广派游历，练外国操，广军实，修农政，劝工艺，定矿律、路律、商律、交涉律，用银元，行印花税，推行邮政，官收洋药，多译东西各国书籍等，这些内容与官制改革的措施相辅相成，成为有机的整体。

我们似乎不能说张之洞、刘坤一二人没有先进或者激进一些的思想，也不能说《三折》不是一个比较全面的改革方案。但是我们可以说，《三折》完全是清政府宣布变法上谕的翻版，并没有逾越变法上谕的宗旨和范围，因而不应当对它过分拔高。有的论者将《三折》定性为清末的“改革总方案”和“指导清末变革的指导思想”，显然有失偏颇。试问，对于清末的改革，如果已经有了《三折》作为既定的改革方案和指导思想，后来的五大臣出洋考察政治还有什么必要？又有何必要探讨什么立宪，什么国会？

另外，也不可否认《三折》形成了一个庞大的体系，内容几乎面面俱到，又显十分庞杂。但就其可行性和清政府的改革承受能力而言，值得怀疑。从后来的改革实践看，情况复杂变幻，清政府不可能也没有对《三折》照本宣科。

**2. 载振等人的主张**

此一时期，清朝皇族内部有一个人的改革主张，应当引起我们研究的重视。这个人就是清末政坛“赫赫有名”的奕劻的儿子——贝子载振

(1876—1947年)。载振在晚清由于轰动一时的“杨翠喜案”,而“名声大噪”。其实,载振在清末的官制改革中,思想尚属于较为先进和开明的一类。清末颇具现代化气息的商部的建立及其运作,载振是创始者,这与其思想主张是分不开的。在清末中央官制改革初期,他的思想代表了清王朝权力中心的意图,故有加以研究的必要。

载振于光绪二十八年三月(1902年2月)奉命任专使,为头等大臣赴英国,祝贺英王加冕。随行的人员有:直隶候补道梁诚,四品衔外务部员外郎即补郎中汪大燮,二品衔记名道杨来昭,二品衔候补道黄开甲,四品衔外务部主事即补员外郎唐文治等。

从时间上看,载振出访英国是在清政府正式颁布变法上谕之后,因而笔者推断载振此行还负有随带考察沿途各国政治体制的使命,以备清政府日后的采择,证据便是载振的《英轺日记》(有学者认为此书内容主要由唐文治代笔)。

《英轺日记》是载振沿途的考察所记,大部分内容叙述和评论西方各国的政体制度、行政设置。以皇族亲贵的身份而大谈特谈西方的政治体制,如果没有特殊的背景和允诺,谁人敢冒此之大不韪?这是载振赴英负有特殊使命的根据之一;更有甚者,这部日记在载振赴英归来后不到一年的时间内便公开刊布出版,这是根据之二。下面就《英轺日记》记述各国政治体制的内容作一概括评述:

第一,介绍英国的议院和行政运作以及公务员制度。

> “考英议院之制,其权极重。盖英虽称君民共主之国,然实民权为重,君权为轻。凡一切用人行政,赋税出入,法制禁令,营建工作及与列邦会盟战守之事,其事皆出于议院,君主签字画诺而已。其上议院曰劳尔德士(即 lords),一名比尔;下议院曰高门士(即 commons),议员凡三百余人,各分党与视民举之多寡以为胜负。某党胜则某党出而为相,其六部大臣即由宰相拟派,名为君简,实

则民举也。某党负则退,然常钳制胜党之事。……至六部诸事,议院亦有稽察之责。如议事关涉某部者,由议院先行知会该部,届期派侍郎一人入院面议。遇大事则请宰相入议。宰相曰可议院曰否,宰相曰不然议院曰然,则宰相所以可否之意向,必须明白宣示,不得稍有循隐。”①

“考英京各衙门,其权约分三等,一行政,一理事,一稽察,三者大纲厘然,庶务自理。行政衙门者何?枢密院、户部、海部、兵部、邮部、藩部、印度部是也;理事衙门者何?商部、农部、工部、文部及本省政务处是也。稽查衙门者何,议院是也;枢密院之制为各衙门领袖,首相专主其事,首相所设施必秉承于君主也,院自首相而外,有政务参议大臣一员,掌印大臣一员。凡议政事,首相,参议大臣及户海兵三部大臣咸与其列,……此所谓行政衙门;至理事衙门则承行政署之意旨,奉行厥事,无主宰号令之权;若稽查衙门则有阻止政令之权。”②

载振还通过描述英国各部的设官分职,谈到其公务员制度:

“考英外务部之制,有上侍郎二人,一则久任不易(这就是英国的公务员中立制度),一则视公党所举,复有下侍郎二人帮办各事。

考英兵部之制,凡简派兵官须由君主发给文凭,君主并无养兵之权。

考英海部之制,有领袖大臣一人,又有副大臣数人统称大臣;以下分股各司其事,曰造船股,曰验船股,曰造样股,曰机器股,曰验机器股,曰炮股,曰银钱支销股,曰测算股,曰书记股。”

第二,重点介绍法国的行政设置和公务员薪金情况。

---

① 载振:《英轺日记》卷六,见《近代中国史料丛刊》七十四辑,台湾文海出版社出版。

② 《英轺日记》,卷六。

> “按法国自一千八百七十一年设立总统以后，设官分职，屡有沿革。而现立之部计有：一曰内部，兼教务；曰刑部，曰外部，曰户部，曰兵部，曰海部，曰文部，兼艺科；曰工部，曰农部，曰商部兼工艺电邮；曰藩部，均以大臣一人总之。各部职事共分三等，除大臣之内文案外，有司有股，司与股同等。惟事之繁简有别。司分数房，股亦然。房有房官，长副各一人；此外在官人员有主稿随员，书库档房等名目。”①

在原书内容中，载振非常重视对法国公务员的年薪、考录、职掌升迁等方面规定的考察。为此他专门以法国外务部的情况作了说明。他说法国外务部设大臣一人，每年给俸六万法郎；外务部公务员的考取，必须是专门学习法律、公法以及国际关系专业的合格毕业生，凭毕业文凭参加资格考试，被录取后要先经过试用（不给俸），合格后才能“或补各司员缺，或升使馆领署参随或外派或内用，皆需计工计资以为行赏之地”。载振特别指出外交部公务员除公开招考外，不允许从其他部调入，也不许本部人员调改他部之官，其原因是：“盖西国最重专家，谓必使其人一生精力尽萃于此，而后服事有功且令人不能视官如传舍，则于事亦无遗虑之处。是以无论何项政事皆有专精之人，固不仅外交为然也。”②

第三，侧重介绍美国的行政体制。

> “美国行政分八部，曰国务部即外部，曰兵部即陆军部，曰海军部，曰律部，曰邮政部，曰内政部，曰农务部，近来议设商务部，其规制尚未备。此外又设六局以理庶务，曰通商局，曰劳工局，曰胥吏局，曰国家刊印局，曰渔务局，曰地舆局。”③

---

① 《英轺日记》，卷八。

② 同上书，卷八。

③ 同上书，卷十。

接着介绍美国行政各部的官员设置。如国务部的设置是：

“国务部正卿一人，次卿一人，二等次卿一人，三等次卿一人，参谋律师副律师各一人。总办一人，外交股长一人，领事股长一人，清档股长一人，会计股长一人，图书股长一人，通商股长一人，委任股长一人，翻译无定员，又有国务正卿秘书官一人，邮政分局长兼文报委员共三人。”①

美国中央行政各部与下设六局的关系是：“要而言之，各部以总揽宏纲，各局以分理庶务，所谓如川之流，脉络分明，是以任官惟其能而国无废事也。”②上述关于美国政治体制的介绍情况未免过于简略，但作者能够总结并指出美国设官分职“任官惟能”的根本原则，当不是无的放矢。

第四，介绍日本的内阁和行政体制。

“考日本政治以国务各大臣组织内阁。内阁总理大臣班在各大臣之首，奏宣机务，承旨以统一行政各部，开阁议以决重要事项；内阁各大臣曰内阁总理大臣，曰内务大臣，曰外务大臣，曰大藏大臣，曰陆军大臣，曰海军大臣，曰司法大臣，曰文部大臣，曰农商务大臣，曰递信大臣；内阁中置书记官长，承总理大臣之命。赏勋局、法制局、恩给局、统计局，印刷局五局均隶于内阁。又有枢密院，日皇亲临以咨询重要国务之所也。以议长一人，副议长一人，顾问官二十五人，书记官长一人，书记官三人组织之。帝国议会合贵族院众议院两院而成。”③

载振赴英国祝贺英王的加冕之行，以及其《英轺日记》所表露出的思想，对于他后来在清政府官制改革中所扮演的角色，有十分重要的影

① 《英轺日记》卷十。

② 同上书，卷十一。

③ 同上书，卷十二。

响。例证如下：

光绪三十一年九月（1905 年 10 月），也就是清政府酝酿派遣大臣出洋考察政治的前后，载振以商部尚书的名义，上了一份奏折，提出全面改革中央官制的建议，原奏称：

> “我朝设官分职，大都沿明代旧制，故有旧政既废，官位尚存，寖至名实不符，俸糈虚縻。迄于近世，闲官愈多，而办事益形阻滞，推言其弊，约有两端：一曰推诿，一曰牵掣。……由是政令歧出，中央之于各省声气隔绝呼应不灵，政府有所措施，地方官或多所窒碍。深宫焦劳于上，而诸臣相与束手于下，驯至内政外交，动多为难。”①

就是说，中央官制的弊病不仅使新政难于推行，而且已经直接威胁了封建统治。因此，奏折提出，“为今之计，亟宜仿各国专任之制，将中央官制改弦而更张之，庶有以植新政之初基，而可自立于竞争之世。”载振认为要想有效地实行新政，维持风雨飘摇的统治，必须改革中央官制。

载振所提出的具体方案主要是“变通各部旧制”，即首先改革中央行政系统。具体办法是：刑部改为法部，大理寺改为大审院并隶属于法部；学务处改为学部专管学校教育事宜，裁撤太常寺、鸿胪寺和光禄寺。财政处与户部合并，练兵处与兵部合并，这样总计有外务部、商部、法部、学部、吏部、巡警部、户部、兵部、礼部和工部 10 个部。至于各部的官员设置原则，提出每部应设尚书侍郎共三四人，其事务繁重之部，设左、右丞，左、右参议各一人，事务较简之部丞一人，参议一人，所有冗滥不得力的司员，一概酌量裁撤；各部官员一律不分满汉，实官一律杜绝

---

①　中国第一历史档案馆：《军机处录副档》，光绪三十一年第一号，又见《茹经堂奏疏》，卷三。此折为唐文治所拟。

兼差；各部权限职责划分明确，不准一事同时归两部兼办；另外，内廷事务全部归内务府，政务处归内阁；保留翰林院、都察院和理藩院，太仆寺并入兵部，国子监并入学部。[①] 这份奏折的最后，又反复强调："深知当今之世，非推行新政不足以图存，而新政则断宜先改官制，务使尽人知责任之所在，斯办事乃有入手之处"。[②] 更有意思的是，载振上此奏折仅仅过了一个月（1905 年 11 月），接着便奏请立宪，并拟订了立宪大纲办法四条：

第一，预定立宪政体。拟请饬下政务处各省督臣议奏，如蒙准行，应请明降谕旨，改定立宪政体。

第二，请由政务处参考各国宪法，详细编定以期妥善。

第三，预定立宪政体，应请仿行议院之法，以除壅弊而通下情。

第四，请饬下内外大臣，保荐品学兼优通达治体之员，以备录用[③]。我们对照一下清朝后来的立宪改制，可以发现基本按上述思路和步骤进行。

从上面的论述中，可见载振是清朝皇族中有一定眼光和远见的人物（尤其在官制改革方面），并对清末的改革有一定的作为。更重要的是，他的主张一定程度地代表了清朝核心统治者的想法。

同一时期，有一位名叫黄昌年的御史也提出改革官制的类似主张。他"谨以泰西之可采者，参酌言之"，建议清理各部职掌，划定职权范围，从而使各衙门适应新政的需要，但"宜通盘筹划，非可枝节为之也"。但是，黄昌年的目的，更明显地出于维护清朝统治并预防革命的动机。他写道："民权之邪说，政党之流弊，泰西学人且渐非之，而近日新学家尚

---

① 中国第一历史档案馆：《军机处录副档》，光绪三十一年第一号，又见《茹经堂奏疏》，卷三。

② 同上。

③ 《茹经堂奏疏》卷三。

断断于此，吁，可畏也。”“天下四民之数，农民则由地方官上于农部，商民上于商部，工民上于工部，学民上于学部，兵民上于兵部，外国流寓之民，由使臣上于外务部，闲民著别籍，妇孺随家长。如是，分国锱铢，无忧不理矣。”[①]黄昌年同载振一样，认为枝节的官制改革无济于事，必须从根本和全体上着手。在这一时期，对于官制改革的内容和方案，也有人主张实行君主立宪。如翰林院编修赵炳麟在其进呈的“防乱策”中主张：“欲固国本，必达下情；欲达下情，必行宪法。”“民主、联邦宪法断不可行于中国。惟君主宪法，其君执一切主权，其民有一切公例，参酌行之，有利无害。”“宪法既行，一切用舍举废兵刑财赋皆秉公约，君以民为心，民以君为心，安有革命之说摇惑众志哉！”[②]两广总督陶模奏请设立议院，认为政治不善，在于上下隔阂，言路不通，欲除此弊，必须设立议院。“议院议政，而行政之权仍在政府，交相为用，两不相侵，而政府得由议员以周知民间之好恶，最为除壅弊良法。”[③]这实际也在间接地主张君主立宪，因为，如果没有君主（或者总统），没有宪法，哪来的议院？近代西方资产阶级的宪政体制中，君主（总统）、议院、宪法三者是一体而不可分割的，没有第三条道路。

我们不妨将上述张之洞、刘坤一、载振、黄昌年等人探讨改革模式的方案和主张，称为体制内（即统治者内部）的代表性意见。值得注意的是，同一时期，体制外（即游离于统治者阶层之外）也不乏“自告奋勇”，以天下国家为己任来研究改革模式的人。这些人有康有为、梁启超、张謇、汤寿潜、沈增植等人。其中后三位都曾参加《江楚会奏变法三折》的起草润色工作，因此他们的改革主张基本体现在《三折》之中。这里重点选择介绍一下梁启超的改革主张。

---

① 中国第一历史档案馆：《军机处录副档》，光绪三十二年（1906年）第一号。

② 赵炳麟：《防乱论》，见《赵伯俨集》，“文存”卷一，台湾文海出版社出版。

③ 陶模：《变通政治宜务本原折》，《陶勤肃公奏议遗稿》，卷十一。

梁启超对当时中国社会思考与认识的一个基本的结论，是中国正处于过渡时代，他指出：

“今日之中国，过渡时代之中国也。多少民族由死而生，由剥而复，由奴而主，由瘠而肥，所必由之路也；过渡时代，国民可生可死，可剥可复，可奴可主，可瘠可肥之界线，而所争者，不容发者也；故今日中国之现状，实如驾一扁舟，初所谓离海岸线，而放于中流，即俗谓两头不到岸之时也。”[①]

梁启超所谓的过渡时代，实即指中国正处在由传统向近代的转型时期。如何实现这种转型，以及采取何种转型模式，对于政权的存亡兴衰，对于社会的治乱荣枯，都是至关重要的。基于此，梁启超提出，在社会问题方面，应“维新吾国，当先维新吾民”，即提高国民的基本素质；“吾国言新法，数十年而未见效者，何也？则与新民之意，未有留意焉者也。”[②]在官制改革方面，梁启超虽然认为在民主共和、君主立宪和君主专制三个政体中，君主立宪最适合中国，但又认为当时的中国并不具备实施的条件，最速亦需十年至十五年。他说：“君主立宪者，政体之最良者也；民主立宪政体，其施政之方略，变易太数，选举总统时，竞争太烈，于国家幸福，未尝不有阻力。……是故君主立宪者，政体之最良者也。地球各国即行之而有效，而按之中国历史之风俗与今日时势，又采之而无弊者也。盖今日实行立宪之时机已到矣！然则今日中国遂可行立宪政体乎？曰：是不能立宪政体者，必民智稍开而后能行之。日本维新在明治初元，而宪法实施在二十年之后，此其证也。中国最速亦需十年或十五年，始可以于此。”[③]中国既然不能实行君主立宪，更谈不上民主共和，因而梁启超便很自然地选择了开明专制。开明专制包括三个方面，

① 李华兴、吴嘉勋编：《梁启超选集》，上海人民出版社 1984 年版，第 166—168 页。

② 同上书，第 206—207 页。

③ 同上书，第 148—154 页。

一是承认满清政权的合法性，主张以政府的合法权威，去实行渐进的改革；二是要求清政府开放部分权力，保障人民的适当权利，适应新形势的需要；三是提高国民素质，最终达到建立民主政治的目的。可以看出，梁启超的主张与第一章所述康有为关于公民自治的思想，不谋而合。

梁启超的思想有合理之处，触及了近代化过程中一个在当时被忽视，或者说没有被重视的问题，这就是国民素质的近代化（还不是现代化）。思想与现实之间往往存在着极大的反差和距离。按照孙中山的说法，人有先知先觉、后知后觉、不知不觉三种类别。思想者及其思想，当属第一类别或第二类别，以第一类别或第二类别去改造第三类别，是一个长期曲折的过程。就制度而言，它是由人来制定，由人去执行，由人去规范的，可以说制度与人的素质水乳交融，有什么样的人便会有与之相对应的制度；同时，制度往往又具一定的超前性，它要求人们必须适应其特点，具备一定的素质；当某一制度与人的素质或者说整个的社会状况相适应时，便是社会的和谐发展，否则，便是旧制度的被推翻和另一制度的再建立，而这另一制度可能更超前于旧制度，也可能是旧制度的翻版甚至倒退而已。中国清末以来的政治实践，可以证明这一点。

上述刘坤一、张之洞、载振、梁启超等人关于官制改革的探讨和设计，可以说为清政府提供了较宽广的选择空间，以及不乏切实可行的方案。但最终选择什么样的改革模式，完全取决于清政府最高当权者，而不在鼓吹呐喊者一边。清政府在这一时期的改革实践，虽然并没有公开宣布采用何种模式，但可以明显看出它还是遵循了一定的章法，这就是：小心翼翼，循序渐进，先试点，再铺开。就是说，清政府对上述无论皇族亲贵、封疆大吏、还是在野人士的方案设计，有吸收、有保留，然后渐次实施。

## 第二节　改革中央官制的前期预备工作

自发布官制改革上谕到光绪三十二年(1906 年)丙午改制，清政府为改革中央官制做了两方面的准备工作：一是着手整顿吏治，二是根据需要裁撤和增设新衙门，下面分别述之。

### 一、整顿吏治

光绪二十七年(1901 年)四月，陈璧上奏说："国家定制，以六曹总理庶务，若网在纲，天下大政咸受成于是，立法非不尽善，然行之既久而百弊丛生者，何也？官不亲其事而吏乃攘臂纵横而出于其间也。……以吏为之，铨选可疾可滞，处分可轻可重，财赋可侵可蚀，典礼可举可废，人命可出可入，狱讼可上可下，工程可增可减。"[①]陈璧提出裁撤书吏，司员亲手经理部务，处理案卷文移。

对陈璧的奏请，清政府认为，"有裨治理，殊甚嘉许，亟宜切实施行。著京师行在六部各衙门堂官按照所陈办法，均责成各司员将现行各律例删繁就简，弃案就例，悉心筹度。"[②]以此为契机，同年四月，清政府发布上谕，全面整理行政六部事务："京师为天下根本，六部为天下政事之根本。六部则例本极详明，行之既久，书吏窟穴其中，渔财舞文，往往舍例引案，上下其手，当今变通政治之初，亟应首先整顿部务为正本清源之道，非尽去蠹吏，扫除案卷，专用司员办公不可。"[③]清政府在整顿中央行政六部，裁撤书吏的同时，认识到地方也必须一并整顿。因为地方书吏与六部书吏互相勾结，有着千丝万缕的关系，仅整顿中央难以做到

---

① 《光绪朝东华录》，总第 4662 页。

② 《光绪政要》，卷二十七，第 17 页。

③ 《光绪朝东华录》，总第 4666 页。

吏治的澄清。也是在光绪二十七年四月，清政府专门谕令说："近因整顿部务，特谕各部院堂官督饬司员清理案卷，躬亲办事，将从前蠹吏尽行裁汰，以除积弊。惟闻各省院司书吏亦多与部吏勾通，其各府州县衙门书吏又往往交通省吏，舞文弄法，朋比为奸，若非大加整顿，不能弊绝风清。……著各该督抚通饬所属，将例行文籍一并清理，妥定章程，仿照部章，删繁就简。嗣后无论大小衙门，事必躬亲，书吏专供缮写，不准假以事权，严禁把持积压，串通牟利。其各衙门额设书吏，均分别裁汰；差役尤当痛加裁革，以期除弊安民。勿得因循徇庇。仍由该督抚将整顿章程咨明政务处大臣，汇敷具奏，其认真与敷衍，不难按牍而知也。"①

此一时期，清政府还对宗室事务进行了整顿。清朝自入关定鼎之后，宗室八旗，王公子弟，皆作为特殊阶层而不与汉人同处，不与汉人通婚，完全靠朝廷供养生活。迨至清末，满洲子弟大多变成不学无术、胸无大志、游手好闲之辈，甚至沦为所谓的"盗匪"和信奉"邪教"之人。而专门负责宗室事务的宗人府，也变得疏于管理，不能发挥应有的作用。对此一问题的严重性，清政府最高统治者还是有着较为清醒的认识。光绪二十七年五月，清政府发布上谕说："我朝开国以来，宗室人才蔚起，超越前古。凡属宗支应如何谨守家法，增辉瑶牒，乃近来风气日趋浮靡。其已登仕版者，每多沾染习气，不思上进。著宗人府宗令等传谕各宗室，务当力除积习，争自琢磨，勉成大器；其闲散宗室，往往有不务正业，日事游荡，甚至为匪徒邪教诱惑，肆意妄行者，实属有玷天潢，殊堪痛恨。并著该宗令等严加约束，随时察究，如有自甘暴弃，信邪为匪者，即著从严惩办，勿稍姑容。"②与上述措施相辅相成的有，清政府于

① 《光绪朝东华录》，总第 4669 页。

② 《光绪朝东华录》，总第 4676 页。

光绪二十七年五月，宣布废除捐纳，指出“近来捐输益滥，流弊滋多；人员混淆，仕路冗杂，实为吏治民生之害。……嗣后无论何项事例，均著不准报捐实官，自降旨之日起，即行永远停止。”[①]光绪二十七年七月，清政府谕令废除武举，认为武举“本因前明旧制，相沿既久，流弊滋多，而所习硬弓、刀石、及马步皆与兵事无涉，施之今日一无所用，自应设法变通，力求实用。”[②]光绪二十八年正月，谕令将詹事府裁撤，归并于翰林院；同时由于改题为奏，通政司已无实际存在的必要，也一并裁撤[③]。光绪二十八年三月，裁撤所有河东河道总督，一切事宜改归巡抚兼办[④]。光绪三十四年（1908 年）八月，清政府发布上谕，宣布从明年开始，“所有乡会试一律停止。各省岁科考试亦即停止，其以前之举贡生员分别量予出路”[⑤]。

如何评价清政府上述的种种努力？应当说，整顿吏治，肃清官场，乃至废除捐纳，停罢科举，裁撤一些冗散旧衙门等，对于清政府的改革来讲，都是题中应有之义。这些问题和积弊，自鸦片战争以来，朝野有识之士们便注重探讨，并要求及时、认真地加以解决革除，对此我们在前面第一章已有充分的论述。清政府关于整顿和澄清吏治的上谕，基本是在一个月内连续发布的，督责严厉而措辞恳切，但取得的实效相当有限。以书吏的裁撤为例，清政府虽然宣布“所有各部裁退之书吏，朝廷格外加恩，予以出路”[⑥]。但所遇阻力相当大，对社会的冲击不啻于一次强烈地震。即以行政六部为例，反对者咸以“司官不能办公事”或“书吏有因失业自尽”加以阻挠，“谣言蜂起”，“无识者或反从而附和之，

① 《光绪朝东华录》，总第 4718 页。

② 《光绪朝东华录》，总第 4698 页。

③ 《光绪朝东华录》，总第 4830 页。

④ 《光绪朝东华录》，总第 4845 页。

⑤ 《光绪朝东华录》，总第 5360 页。

⑥ 《光绪朝东华录》，总第 4667 页。

俾反对之人，得藉为口实”[①]。如此使得清政府的举措举步维艰，举棋不定。例如赵尔巽曾抱怨指责说：“盖新旧不能并行，是非不能两立。京外官民之趋向，全视朝廷为转移，近如裁汰官缺，裁革书吏，皆系奉旨饬办，多以人言，或格或行。”[②]清政府这种徘徊犹豫、举棋不定的态度，直接影响着各级官员和各级部门的态度，并进一步影响了澄清吏治的效果。一位当时驻华的英国记者莫里循曾对此评论说：“一个腐败的国家——腐败透顶了。”[③]说明清政府的举措并没有达到预期目的。笔者在中国第一历史档案馆查阅有关资料时发现，有些地方督抚直到 1910 年，即宣统年间，才将裁撤整顿书吏的情况汇奏上报朝廷。可见督抚对于朝廷政令的敷衍玩泄，以及清政府统治权威的式微。但是，中央六部中也有对朝廷的谕令认真贯彻、执行较为得力者，如兵部；地方督抚也有积极配合、探索路子者，如直隶的袁世凯。光绪二十九年（1903 年）二月，袁世凯上奏陈述整顿吏治的情况，举天津县的例子说，其县署家丁，书吏差役之众，为全省之冠，总数不下三千余人。整顿的办法是，首先裁去门丁不用，书吏则详加考验分别去留，只用一百名；差役人员则全部革除；所用勇役皆改穿号衣，悬挂腰牌，使百姓便于识别；上述人员的工食银两，以收取讼费的方式加以解决。收取标准按照贫富差别而定，上户限交钱一万，中户交钱八千，下户六千。这些做法自实行以来，民间“交口称便”，“官无废事，役无贪索，民无旷业，已卓有成效”[④]。

## 二、增设新部门

清政府自 1901 年宣布实行新政改革以来，一方面整顿吏治，调整

---

① 《东方杂志》，第一卷，第十期，“兵部裁撤书吏”。

② 《光绪政要》，第二十六卷，第 40 页。

③ 骆惠敏编：《清末民初政情内幕》上册，知识出版社 1986 年版，第 763 页。

④ 《光绪朝东华录》，总第 5005 页。

各方面关系，一方面为适应新形势的需要，增设新的行政部门。至1906年丙午改制之前，清政府共增设了外务部、商部、巡警部和学部。这些行政部门的设立，增加了许多新内容，对传统的清朝中央官制形成极大的冲击；同时，也为清朝进一步的改革探索了路子，积累了经验，打下了基础。下面对上述四部的设官分职情况，分别加以概述。

**1. 外务部**

外务部是清政府举行新政以来设立的第一个新行政部。它是清政府为适应自辛丑以来形势的变化，为了改革旧有的总理衙门，也是在列强的要求和压力之下而设立的。光绪二十七年(1901年)五月，参与《辛丑条约》议定和签署事宜的奕劻、李鸿章向朝廷报告说："兹据领衔日使葛络干照会，以各使公商，拟请将总理各国事务衙门改为外务部，冠于六部之首。管部大臣以近支王公充之。另设尚书二人，侍郎二人，尚书中必须有一人兼军机大臣，侍郎中必须有一人通西文西语。均作为额缺，予以厚禄。"[①]这说明外务部的设立，与列强的干预有密切的关系。光绪二十七年七月，清政府正式谕令将总理衙门改为外务部，原谕旨说：

"从来设官分职，惟在因时制宜，……从前设立总理各国事务衙门办理交涉，虽历有年，惟所派王大臣等多系兼差，恐未能殚心职守，自应特设员缺以专责成。总理各国事务衙门，着改为外务部，班列六部之前。简派和硕庆亲王奕劻总理外务部事务，体仁阁大学士王文韶着授为会办外务大臣，工部尚书瞿鸿禨着调补外务部尚书，授为会办大臣，太仆寺卿徐寿朋、候补品京堂联芳著补授外务部左右侍郎。"[②]外务部

① 《光绪朝东华录》，总第4665页。

② 《清朝续文献通考》，卷一一八，"职官四"。

内部机构分设四司：和会司、考工司、榷算司和庶务司。

和会司，“专司各国使臣、觐见会晤、请赏宝星、奏派使臣、更换领事、文武学堂、本部员司升调、各项保奖”。

考工司，“专司铁路矿务电线，机器制造，军火船政，聘用洋将、洋员，招工出洋学生”。

榷算司，“专司关税、商务、行船、华洋借款、材币邮政、本部经费、使臣支销经费”。

庶务司，“专司界务防务，传教游历，保护偿恤，禁令，警巡词讼”。

各司的人员设置，每司设郎中、员外郎、主事各二员，均作为题缺，毋庸咨选，每司各定额外行走六员；设左右丞各一员，正三品；左右参议各一员，正四品，充总办职掌；上述官员的升迁办法，以左右参议开列奏请简放；参议缺先尽郎中，次用员外郎，由该部堂官保送请旨录用，均备出使大臣之选；侍郎缺出（即出现空缺）先尽左右丞开列递补；上述官员的职业去向，明确规定如下：左右丞和左右参议，备出使人员之选，郎中、员外郎、主事即补参赞、领事、随员之选，承参奉使，请旨派员署理，勿用开缺；郎中以下奏调出洋，即应开缺回署，三年期满，准由出使大臣保奖该部升阶，但不得保至参议。……郎中准保道员，员外郎准保知府，主事准保直隶州。司员的来源，仍采取保送考试的办法，“必须慎选人品端正，学识通达，并年富力强者，方得保送。”每司设掌印一员，帮掌印二员。同文馆设提调一员，以各司帮掌印拣员兼充，帮提调二员，以七品翻译员选充。

外务部除四司之外，还设司务厅，有司务二员，以翻译官拣补。外务部还有储才之地——同文馆，设提调一员，以各司帮掌印拣员兼充；帮提调二员，以七品翻译官选充。[①] 四司和司务厅是外务部的行政主

① 《清朝续文献通考》，卷一一八，“职官四”。

体，主体之外，又设五股，实际上只负责翻译事务。初为俄、德、法、英、日本五处，每处设七、八、九品翻译官各一缺。1909年2月，俄、德两股合并为德俄股，同时增设秘书股。1909年9月，外务部奏准增设机要股，因而到清亡时，外务部共有六股：秘书、机要、英、法、德俄、日本。每股又改设股长一人，一等股员，二等股员，三等股员及股上行走若干人。

从上述的内容，可以看出外务部的官制有如下特点：

第一，从组织制度上，体现精简与效率的精神，使外务部更接近于行政外交部门，一改总理衙门事事仿效军机处的做法。这种做法符合当时的实际情况，因为外务部应当以履行行政职能为主，而不是政治议事机关，它需要明确的分工和专官实缺。

第二，从人事制度来看，外务部的用人打破了长期以来满汉复职的制度，具有重要的意义。至少从理论上讲，它是一种人力资源的节约，又对于化解满汉矛盾起着推动作用。

第三，外务部的用人，体现了知识化和专业化的精神，特别强调专责成，明权限，避兼差，且升降有序。如除管理王大臣，会办大臣，尚书等官职由皇帝钦命特简外，明确规定侍郎缺出，先尽左右丞开列递补；左右丞出缺，必须由左右参议开列奏请；参议出缺，则必须先由郎中、员外郎经堂官保送请旨录用等。

第四，外务部设置了丞和参议两个官职，这在清朝的官制史上是一显著的变革，并对以后的官制改革所采纳。左右丞和左右参议分别为正三品和正四品，从品级上来说承上启下，理顺了关系。

第五，外务部的职掌也有不尽合理之处。如四司所负责的铁路、矿务、电线、机器制造、军火、船政、关税、商务、行船、华洋借款、财币、邮政、防务等，与近代意义的外交事务相去甚远，是特定时代的产物，有待于进一步调整和改革。

### 2. 商部

商部的设立与载振、奕劻有着密切的关系。1902 年载振参加英王加冕典礼，在五个多月的时间里游历了英、法、美、加拿大、日本等国家，从他归来所著《英轺日记》可以看出，载振不仅注重考察西方的政治制度，而且十分留意中外商务。载振回国后，便向朝廷奏请设立商部，有御史曾明确指出："臣闻上年振贝子出洋以来，是时前大学士荣禄，庆亲王即屡次为振贝子请立商部，荣禄不敢以闻。"①实际上，光绪二十九年(1903 年)三月，清政府在批准设立商部的上谕中，将此说得很清楚："通商惠工，为古今经国之要政，自积习相沿，视工商为末务。国计民生日益贫弱，未始不因乎此。亟应变通尽利，加意讲求，兹据政务处王大臣议覆载振奏请设商部，业经降旨允准。"②《清朝续文献通考》也直截了当地说："商部之设，从贝子载振请也。"③

商部成立之后，首先接管了铁路矿务总局，逐步成为一个统管农工商路矿各项要政的机构。它的设立，直接借鉴了西方近代商务机构的运作模式：

"臣部之设，在中国原属创举，然其规则实系仿照英美各国之商务部与日本之农商务省。又因从前路矿总局奉旨归并臣部管辖，实兼日本递信省事宜。……诚以臣部定名系指商而言，至于内容所包举，凡各项新创实业，均为臣部专责，较之各国定制大致无甚出入。"④

载振本人未必对中外政治和商务有很深的造诣，但他"手下"有几名很通中外时政的得力"干将"，如从外务部调来的唐文治、邹嘉来等人，可以为他出谋划策。唐文治由外务部郎中很快便提升为商部右丞。

① 第一历史档案馆：《军机处录副档》，光绪二十九年(1903 年)第一号。

② 《光绪朝东华录》，总第 5013 页。

③ 《清朝续文献通考》，卷一二六，"职官十二"。

④ 唐文治：《茹经堂奏疏》，卷二。

正是这些人负责了商部章程的制定，并规划一切。商部的设官分职情况如下：

尚书一人，左右侍郎各一人；左右丞各一人，正三品；左右参议各一人，正四品；内部机构分设司务厅和四司：保惠司，专司商务局所学堂招商一切保护事宜；平均司，专司开垦农务蚕桑山利水利树艺畜牧一切生殖之事；通艺司，专司工艺机器，制造铁路街道行轮，设电开采矿务，聘请矿师，招工诸事；会计司，专司税务银行货币各业，赛会禁令，会审词讼，考取律师校正权度量衡以及本部报销经费等。司务厅专司收发文件、缮译电报等。每司设郎中、员外郎、主事各二员，司务厅司务二员，额外司员每司限设二员。

商部还设有律学馆，有总纂官二员，纂修官二员；商报馆设提调官一员，均以本部司员兼充①。综合来看，商部官制有如下突出特点：

第一，商部官制几全部仿行外务部，不沿用旧有行政六部制度。"我朝设官分职，具有成规。近来若外务部，分司设缺，升转不出一途，立法尽善，亟宜仿行。""臣部总理商政，所有承上启下一切事宜，职掌綦繁，拟请仿照外务部体制"，"臣部员缺既照外务部定章，不能不慎重其选，以期一人得数人之用"，"所有京察，保送各项章程，亦均照外务部章程办理"。甚至连部务的日常办理，也规定"各司员自应照外务部例，逐日到署，亲手办稿，呈堂阅定核发，并轮流住班，期无旷误。"

第二，商部官制进一步明确废除了堂官满汉各一的旧制。外务部只设一尚书二侍郎，但在尚书之上还有总理大臣和会办大臣各一人，领导层次似嫌重叠。清政府在简任商部堂官时，只授载振为尚书，伍廷芳和陈璧为左右侍郎，改变了相沿二百余年堂官满汉复职的祖制。

---

①　商部章程，载《清朝续文献通考》，卷一二六，但不全；全文见唐文治：《茹经堂奏疏》，卷二。

第三，商部章程规定商人可以充任官员。“嗣后如有在中外商埠充当商董之人，因事到京，委系行谊诚实，熟习商务，拟即派充臣部委员，遇有考察华洋各项商务事宜，酌量委用，毋庸支薪。倘有异常劳绩，准保奖臣部郎中，员外朗，主事各职。如商董中已经得有官职，品望较著者，应作为顾问官，自四等至头等为止，由臣部奏明派充，不必在部当差，亦不支给廉俸。至外部商董、子弟捐纳京外各官者，经臣部奏调差遣，毋庸考试，亦不拘以文牍之事，借示鼓舞，且收因材器使之效。”这种规定有重要的意义。中国是一个传统重农抑商的国家，士为四民之首，商为四民之末。商部的做法无疑提高了商人的社会地位，符合当时社会经济发展的潮流。以后官制改革中各部设立的咨议官、顾问官，及艺师、艺士等官职，就是这种做法的进一步推广，说明了其生命力。

第四，商部章程还明确提出更改旧有六部的衙门作风，“六部衙门积弊，在一切档案稿件皆归吏胥经理，遂得上下其手。今臣部使司官亲手办事，一人可抵数人之用。”为此，“现拟设日记表、月计表各一册，将每日所办何事，随时登记，各司员名缮列于后，即督饬逐日标注，考其功课，既已察其才能。至于信文，一切宜概从简便，以除壅弊。”

第五，商部章程规定对各司人员严格考成，以激扬人才。“延搁公事为一等，宣泄密件为一等，招摇撞骗舞弊营私为一等，违者轻则记过罚俸，重则咨回原衙门原候补省份；商务委员则撤消职衔，如有招摇舞弊等情事，一律严参照律严办。”

此外，商部还实行一种会议制度。“查各部向章，司员上堂回事，立而不坐，堂官亦起立答话，即有商酌，每苦不能尽言。臣部拟于堂上另备长桌，多设座位，遇有重要事件，即同丞参及各司员环坐一堂，从容讨论，务使各抒所见，各尽所言。”

上述五条说明，商部官制的制定是清末中央官制改革过程中一次标志性改革。由于商部之设立无外来因素之影响，反而直接借取了西方模式，这样各种新规定的意义也就更大。可以说，清末十年改革中央各机构官制的基本措施萌芽于外务部的设立，及其章程之中，既而成型于商部设立之时，以后推广于各部院衙门。有人总结说："自商部兴，别为一种风气。所用之人，吏部不敢过问；所筹之款，户部不得与知。抵掌谈时务者，相继效尤，未及而立警部，未及而立学部。"①这种看法，符合实际。

**3. 巡警部**

巡警部为适应近代国家治安保卫的形势而设立。早在戊戌变法期间，便有办理警政的实践，如湖南的保卫局，但随变法的失败而归于沉寂。清末新政兴起，要求办理警政的呼声随之高涨。光绪二十八年(1902年)十月，署四川总督广东巡抚岑春煊率先倡议设立一个中央警察统管机构："况以中国之大，待兴警察之急，欲求通行速举而无统属稽核之者，恐终于因循，或名立而实不至。可否饬下政务处详议，于京师特立警务部，于各省特立警署，或如何附属，并特定警官等级，职任之处，伏候圣裁。"②光绪三十一年(1905年)八月，袁世凯在一份奏折中也谈到警政问题："查外国警察之制，上通政府，下达穷乡。"③而直接推动清政府下决心建立警政的，则是考察政治"五大臣"的被炸事件。事件发生后，西太后十分惊恐，她一面责令步军统领衙门、顺天府、工巡局等单位"严切查拿"，同时又下令议处外城工巡局委员等④。同年九月二日，清政府传谕指出："辇毂重地，竟有匪人在火车上掷放炸弹之事，此等凶顽不法，难保无党与混迹京城，暗图生事。巡警关系重要，亟应认

① 胡思敬：《退庐全书·审国病书》。

② 《岑春煊奏折》，中国第一历史档案馆馆藏档案。

③ 《光绪朝东华录》，总第5393页。

④ 《大清德宗实录》，卷五四八。

真办理，以销隐患而靖人心。”[①]九月十日，清政府发布上谕，正式成立巡警部，作为管理全国警政的最高机构，任命“署兵部侍郎徐世昌著补授该部尚书，内阁学士毓朗著补授该部左侍郎，直隶候补道赵秉钧著赏给三品京堂署理该部右侍郎。所有京城内外工巡事务均归管理，以专责成。其各省巡警并著该部督饬办理。该尚书等务即悉心统筹，力任劳怨，严定章程，随时切实稽核，期于内外清谧，黎民义安，用副委任。一切未尽事宜，即由该部妥议具奏。”[②]巡警部的官制主要由徐世昌负责制定。他说：“臣部奉旨设立，统率各省警务，自应统筹全局，先求合于现在中国政俗之宜，以渐规夫东西各邦公安之制。当今创办伊始，设官分职最为重要，必使大小相维，事权相属，乃能各专责成，徐图美备。”基于此，徐世昌提出具体的官制方案是“参酌外商两部官制章程，并考求各国警察规则，挈纲要以综其成，析科目以副其实”[③]。

巡警部设尚书一人，左右侍郎各一人，由皇帝特简，为该部最高首长；左右丞各一人，正三品，负责该部具体事务，统率各司，辅佐尚书侍郎“整理全国警政，筹议警察制度。”左右参议各一人，为正四品，“分判各司事务，稽核司员以下功过，所有京外警章均归丞参详审复核，呈由臣等（尚书、侍郎）奏咨。”设郎中五人为各司长官，“总理司事”。员外郎16人，协助管理科务，七品小京官四人，一二三等书记官每司限十人，秩比七八九品笔帖式，司书生若干人，无定额。此外，还仿照商部顾问官之例，在各省和各埠设一二三等采访官，如有“深通警务之员，灼知其品行端谨，办事认真及著有成绩者，无论官绅，由臣部分别派为一二三四等采访官，以便侦访要务，俾消息灵通，且可随时考核各省警务以时报告”。

① 《大清德宗实录》，卷五四九。
② 《清朝续文献通考》，卷一一九，“职官五”。
③ 徐世昌：《退耕堂政书》，卷三，台湾文海出版社出版。

巡警部章程还规定："无论部员、厅员补缺后，皆不得兼充各衙门差使，以专责成。"[①]

巡警部内部机构设有五司 16 科，其职掌分别是：

警政司，下设四科：行政科，"掌凡关于警卫、保安、风俗交通，及一切行政警察事项。须饬传内外各厅及各省遵办者均归办理，并会同编辑科商订一切行政警察章程。"考绩科，"掌考核各省警官之能，及举劾之事，并各省警官选用，记名及奏补事项，又管理部厅各员一切升转事宜"。统计科，"掌各省警务款项之考核，部厅各处支发俸饷，购办物件及预决算列表之事，其各司各科所办警政分类统计每年编成总册刊布"。户籍科，"掌审定稽查户口章程，管理各省地方户籍，报告户口统计，凡各省寺院僧道人数、教民人数、外国人入籍皆隶之"。

警法司，下设四科：司法科，"掌审定司法警察办事章程，凡司法警察官之配置及参核成绩，调查罪犯种类等事均归核办"。国际科，"掌审定国际警察事务规则，调查各省租界警政情形，一切交涉及翻译事件。"检阅科，"掌查阅报章书籍，如有违报律，出版律者随时检举，并管京外各报馆书坊一切事宜，会同商部、学部分别办理"。调查科，"掌调查各省政法，民情及地方习惯风尚，会同各科审定一切警章"。

警保司，下设四科：保安科，"掌预防危害，保持公安，宣布应行告诫禁止之一切命令，并查禁奸民，棍徒结会拜盟，扶占等事"。卫生科，"掌考核医学堂之设置，卫生之考验，给凭，并洁道、检疫、计划及审定一切卫生保健章程"。工筑科，"掌京城内外道路工程，均归计划，调查各省都会及商埠修路工程，并审订京外各警厅房屋式样与工厂，戏馆建筑之检查，凡公私营建皆隶之"。营业科，"掌市中一切营业开张申报存案并

---

① 巡警部章程，见《退耕堂政书》，卷三，《清朝续文献通考》，卷一一九，《民政部官制章程》以及《徐世昌奏稿》等。

审定铺捐，车捐各项捐章及市场、绅董、公所办事章程，将来京城内外所设电灯、自来水、市街、铁路均归核准保护”。

警学司，下设二科：课程科，“掌审定各省巡警学堂章程，考核警官学业之成绩及给凭，注册等事”。编辑科，“章翻译各国警察法规及各种警学专书”。

警务司，下设二科。文牍科，“掌办紧要奏稿，及关涉全部事体之文件，并电报、电话及报告机要事项，其各司专件仍归各该司办理”。庶务科，“掌理部中一切杂项事务稽核部员功过簿册，并考查司书生侵惰及约束夫役人等，以时报告稽凭考核”。

巡警部还设有机务所，“凡开用印信、收发文件、接洽电话、值日、值宿、递折等事皆隶之”。设七品小京官四人，轮流值日管理。

巡警部的附属机构有：京师内、外城巡警总厅，京师内、外城预审厅，高等巡警学堂，京师习艺所、路工局、消防队、协巡营（又称协巡队）、探访队、稽查处等。

巡警部官制有如下特点：

第一，借鉴西方近代警政制度，同时以外务部、商部官制为蓝本。

第二，机构设置和人员十分庞大，充分体现巡警部作为专制统治工具的特色。

第三，巡警部内部许多职掌，如负责市政中的卫生、自来水、路灯、街市等事宜，都与近代警政无多大关系，而属于民政事务，说明巡警部还属过渡阶段，职掌有待进一步调整。

**4. 学部**

1905 年，清政府宣布废除科举，建立近代新的人才培养机制和选官制度，这样自然要求一个行政总汇，以管理相应事宜，因而便有了学部的诞生。1905 年 12 月，清政府颁布上谕，确认振兴学务“必须有总汇之区，以资董率而专责成，著即设立学部”①。调荣庆为尚书，熙瑛、严修为左右侍郎，国子监同时归并学部。

学部官制职守如下：

设左右丞各一员，秩正三品，佐尚书侍郎整理全部事宜，并分别各司事务，稽核五品以下各职员功过；左右参议各一员，秩正四品，佐尚书侍郎敷订法令章程，审议各司重要事宜；设参事官四员，秩正五品，视郎中，佐左右参议核审事务。

学部设五司和一个司务厅。五司是总务司、专门司、普通司、实业司、会计司。每司下面设科共12科。

总务司设郎中一员，总理司务。机要科，设员外郎一员，主事二员，掌理机密文书，撰拟紧要章奏及关涉全部事体之文件函电，各司专件仍归各司办理，稽核京外学务职官功过及其任用升黜更调，并检定教员，掌理佣聘外国人及高等教育，会议学堂卫生等事务，可暂聘精通学校卫生之医士为顾问；案牍科，设员外郎一员，主事一员，掌收储各种公文函电，案卷册籍编类编号，又编纂统计报告，兼掌管各省学务报告等事；审定科，设员外郎一员，主事一员，掌审查教科图书，凡编译局之已经编辑者详加审核颁行，并收管本部应用参考图书，编录各种学艺报章等事，除常置员司外，可酌派本部它司人员或各学堂教员之熟悉科学者助理之。

专门司，设郎中一员，总理司务。专门教务科，员外郎一员，主事一员，掌核办大学堂，高等学堂及凡属文学、政法、学艺、技艺、音乐、各种专门学堂一切事务，并稽核私立专门学堂教课设备是否合度，及应否允准与官立学堂享有一切权利，或颁公款补助等事；专门庶务科，员外郎一员，主事一员，掌保护奖励各种学术技艺，考察专门学会，考察耆德硕

---

① 《光绪朝东华录》，总第5445页。

学研精专门者应否赐予学位，及学堂与地方行政财政之关系，又凡关于图书馆、博物馆、天文台、气象台等事均归办理，并掌海外游学生功课程度及派遣奖励等事。

普通司，设郎中一员，总理司务。师范教育科，员外郎一员，主事二员，掌优级师范学堂、初级师范学堂、盲哑学堂、女子师范学堂教科规程、设备规则、及关于管理教员、学生、并学堂与地方行政财政有关系之一切事务；又凡通俗教育、家庭教育、及博物馆等事务均隶之；中等教育科，员外郎一员，主事一员，掌中学堂、女子中学堂教课规程、设备规则，及关于管理员、教员、学生，并学堂与地方行政财政有关系之一切事务；又凡与中学堂相类之学堂事务均隶之；小学教育科，员外郎一员，主事二员，掌小学堂之设立，维持教课规程、设备规则，及关于管理员、教员、学生并地方劝学所、教育会、学堂与地方有关系之一切事务；又凡蒙养院及与小学堂相类之学堂事务均隶之。

实业司，设郎中一员，总理司务。实业教务科，员外郎一员，主事一员，掌农业学堂、工业学堂、商业学堂、实业教员讲习所、实业补习普通学堂、艺徒学堂及各种实业学堂之设立，维持教科规程、设备规则、及关于管理员、教员、学生等一切事务；实业庶务科，员外郎一员，主事一员，掌调查各省实业情形，及实业教育与地方行政财政之关系，并筹划实业教育补助费等事。

会计司，设郎中一员，总理司务。度支科，员外郎一员，主事一员，掌本部经费之收支报销，及本部岁出岁入之预算、决算及教育恩给事，管理本部所有财产、器物，核算各省教育费用；建筑科，员外郎一员，主事一员，掌本部直辖各学堂图书馆、博物馆之建造营缮，并考核全国学堂图书馆等之经营建造是否合度，可暂聘精通建筑之技师为顾问。

司务厅，司务二员，掌开用印信，收发文件值日值宿，递折传抄折件，并管辖本部各项人役，及不属于各科杂项事件皆隶之，兼派本司员督理其事；每司及司务厅设一二三等书记官，秩七八九品，按司之繁简酌设，不定额缺；学部不用书吏，酌设书记生若干员，考选士人充补；设视学官约12人，秩正五品，视郎中，专任巡视京外学务；设咨议官，无定员，不作为实缺，不限定常川在部，仿商部顾问官之例，分为四等，一等视丞，二等视参议，均由学部奏派，三等视郎中员外郎，四等视主事，均由学部委派；凡学部有重要筹议之件，随时咨询该员，于教育有所建议，均得随时分别函呈以备采择。

学部设立之后，国子监并入学部。但仍设国子丞一员，秩正四品，负责文庙辟雍殿一切礼仪事务，其体制视同参议，由学部奏请简任，设典簿四人，秩正八品，分掌庙内祭器、乐器、碑刻、殿内御用宝器、及一切品物，设文庙七品、八品、九品奉祀官各二人，掌预备祭器一切事宜，设文庙正通赞官二人，秩从七品；副通赞官二人，秩从八品，掌行礼引赞事宜；拟设二等书记官三人，秩正八品；三等书记官三人，秩正九品。

光绪三十二年（1906年）五月，学部和礼部会奏划分权限："从前之贡士、举人、恩拔副岁优贡并廪增附生、例贡监生考试引见，解卷行文以及改卷改籍更名，就职报捐一应事宜，通由礼部仍照例章分别核办。至由学堂出身之进士、举人、优拔岁副贡、廪增附生，暨出洋游学毕业生，并国子监归并学部后，在学部领照之监生考试引见，解卷行文以及改籍更名，就职报捐一应事宜，通由学部照查新章，分别核办。"①

学部的设立，在借鉴前此外务部、商部、巡警部官制的基础上，体现了近代教育机构的特点和功能，适应废科举、兴学校、育人才的需要，有其积极意义。

综上所述，外务部、商部、巡警部和学部的设立，以及清政府的其他辅助改革措施，如整顿吏治、裁革书吏、裁撤冗闲衙门等，打破了自近代

① 《清朝续文献通考》，卷一二二，"职官八"。

尤其戊戌以来改革传统官制的坚冰，而且有的内容是前所未有的，表现在借鉴西方行政模式，满汉复职的被否定，满汉界限的不同程度消除，用人方面的一定开放性，各部门之间的划清权限，禁兼职，专责成，等等。所有这些，一方面说明清政府改革和振作的力度相当之大，另一方面也促使清政府必须作进一步的改革，进一步调整中央官制关系，改革一旦启幕，不容因循停顿。

## 第三节 丙午改制

在晚清历史上，光绪三十二年(即 1906 年，旧历丙午年)是一个官制改革年。这次改制，起源于立宪，虽最终妥协于有条件、有限度的中央官制调整，但其内容丰富，涉及面广，影响很大。

### 一、丙午改制的缘起与酝酿

推动丙午改制的因素，主要有三个方面。第一，在于清政府内部的改革意向，以及前此部分改革的推动；第二，在于国内立宪派的日趋活跃，他们或品评清政府的改革，或积极提出具体的建议，这对于清政府来讲，既是很大的促动，也是极大的压力；第三，清政府改革的目的，当然也为了消弭日益高涨的革命形势，而最终是为了挽救、巩固统治。正是由于这些因素，促成了清政府 1905 年的派遣"五大臣"出洋考察政治。光绪三十一年(1905 年)七月，考察政治大臣端方、戴鸿慈一行回国抵达天津，当天就与直隶总督兼北洋大臣袁世凯"谈及立宪准备及官制"①，以后又几次会谈。袁世凯的亲信幕僚张一麐后来说："编纂官制发起于项城与端午桥"，又说："北洋与考察诸大臣会衔奏请预备立宪

① 戴鸿慈：《出使九国日记》，湖南人民出版社 1982 年版。

稿，即余等所拟，未易一字。”[1]可见改革官制的建议由考察政治大臣提出，幕后直接操纵策划者却是袁世凯。七月二十五日，端方、戴鸿慈入觐两宫，“详言立宪利国利民，可造国祚之灵长，无损君上之权柄，及立宪预备必以厘定官制为入手”[2]。载泽更向西太后密陈立宪可使“皇位永固，外患较轻，内乱可弭”[3]。这三条可以说正中慈禧的心病所系，打消了她的重重疑虑。

在端方等人要求改革官制的奏折中，其中有关中央官制的改革措施，归纳起来有四点：

第一，设立责任内阁，统一中央行政。

第二，规定中央机构与地方各衙门的权限范围；在这条建议中，端方明确反对中央集权，主张地方自治。他说：“中国各省疆臣其权力较各立宪国之地方长官为大，此土地过广，交通不便，若行中央集权之制，则中央统治之力终不能及，而国事反将坐是不理。故欲一切之权集于中央，实非中国今日之所能行。”同时，端方还主张中国在实行立宪之前，先行地方自治，这一点与梁启超的主张有些相似。

第三，中央各部的主任官事权统一。

第四，中央各部门应当增置裁并，包括“明宫府之体制，”建议把掌管宫廷事务的内务府等衙门和为一署，宫廷费用与国家预决算分开等[4]。上述内容，主要是借鉴西方各国，尤其日本的政体模式特点，在中国历史上第一次正式提出设立近代责任内阁，因而在整个官制改革过程中有重要地位。这份比较完整的改革计划，成为丙午年间厘定官制的依据。

---

① 张一麐：《心太平室集》，卷八，台湾文海出版社出版。

② 戴鸿慈：《出使九国日记》。

③ 中国史学会主编：《辛亥革命》（四），上海人民出版社，第28—29页。

④ 《端忠敏公奏稿》，卷六，“请定国事以安大计折”，台湾文海出版社出版。

另外，考察政治大臣戴鸿慈《奏请改定全国官制以为立宪基础折》的内容，也颇值得一提，折中说："中央各官宜酌量增置，裁撤，归并也。……中国旧有六部，惟户、刑、兵三部最为切要，近日新设外、商、警、学四部体制较备于昔，然尚有阙而未举，冗而无当，与职权不分明，名称宜斟酌者。增置、裁并试举其略：内务部为民治事，职要而任繁，各国大率举教育、农工商及交通诸行政别区为部，中国必应仿行。其留存于内部范围者，尚有警察、卫生、土木、赈恤、并监督地方行政诸大端。中国地方太广，监督行政一层断不适于措理，自以警察为一部最要之图，惟内务可以赅警察，而警察不能尽内务。今中国已设警部，复设内部，不独迹近骈枝，亦且无事可办。然考各国之制，以警部独称者甚希，而内部不立者竟无有。臣等以为不若改巡警部为内务部，凡户部、工部之关于丁口、工程者，皆并隶之。"①戴鸿慈讲话十分谨慎，对于改革行政体制，清政府虽没有完全采纳他的意见，但有相当的参考。

## 二、丙午改制原则的设定

经过一番复杂的权衡比较，会议讨论，清政府于光绪三十二年七月(1906 年 9 月 1 日)以光绪的名义，颁布上谕(也称仿行宪政上谕)：

"朕钦奉慈禧……皇太后懿旨，我朝自开国以来，列圣相承，谟烈昭垂，无不因时损益，著为宪典。现在各国交通，政治法度，皆有彼此相因之势，而我国政令积习相仍，日处阽险，忧患迫切，非广求知识，更定法律，上无以承祖宗缔造之心，下无以慰臣庶治平之理，是以前派大臣赴各国考察政治。现载泽等回国陈奏，皆以国势不振，实由于上下相睽，官不知所以保民，民不知所以卫国。而各国之所以富强者，实由于实行

① 故宫博物院明清档案部编：《清末筹备立宪档案史料》(以下简称《宪档》)，(上)，第371—383 页。

宪法，取决公论，军民一体，呼吸相通，博采众长，明定权限，以及筹备材用，经划政务，无不公之于黎庶；又兼各国相师，交通尽利，政通民和，有由来矣。时处今日，惟有及时详晰甄核，仿行宪政，大权统于朝廷，庶政公诸舆论，以立国家万年有道之基。但目前规制未备，民智未开，若操切从事，涂饰空文，何以对国民而昭大信。故廓清积弊，明定责成，必从官制入手，亟应先将官制分别议定，次第更张，并将各项法律详细厘定，而又广兴教育，清理财政，整饬武备，普设巡警，使绅民明悉国政，以预备立宪基础。……"[①]清政府上述谕旨的核心意思有两层：第一，立宪的根本原则，在于"大权统于朝廷，庶政公诸舆论"，就是无论怎样改革，权力必须集于中央；第二，立宪的基础，首在改革官制，尤其是中央行政官制。从清政府后来的动作看，其立宪是一个高悬的目标，较为实质性的内容，在于官制的改革。

清政府发布此上谕的第二天，便立即任命了负责编纂新官制的臣僚："著派载泽、世续、那桐、荣庆、载振、奎俊、铁良、张百熙、戴鸿慈、葛宝华、徐世昌、陆润庠、寿耆、袁世凯公同编纂。该大臣等务当共矢公忠，屏除成见，悉心妥订。并著端方、张之洞、升允、锡良、周馥、岑春煊选派司道大员，来京随同参议。并著派庆亲王奕劻、孙家鼐、瞿鸿禨总司核定，候旨遵行，以昭郑重。"[②]

与此同时，清政府还设立了官制编制馆于恭王府之朗润园。[③] 编制馆设提调二人，由孙宝琦、杨士琦充任，下设起草、评议、考定、审定四科。各科设委员数人，主要成员：起草科有金邦平、张一麐、曹汝霖、汪荣宝；评议科有陆宗舆、邓邦述、熙彦；考定科有吴廷燮、郭曾忻、黄瑞祖；审定科有周树模、钱能训。京师各部、处亦派员参与议论，京外各总

① 《光绪朝东华录》，总第 5563—5564 页。

② 《大清德宗景皇帝实录》，卷五六二。

③ "立宪纪闻"，《辛亥革命》(四)。

督亦遵旨派司道大员来京随同参议。

对于制定官制，编纂大臣最初拟订了五条基本原则：第一，“参仿君主立宪国官制厘定”，此次只改行政、司法，其余一律照旧；第二，改革要做到“官无尸位，事有专司，以期各副责成，尽心职守”；第三，实行三权分立，议院一时难于成立，先从行政司法厘定；第四，钦差官、阁部院大臣、京卿以上各官作为特简官，部院所属三四品作为请简官，五至七品为奏补官，八九品为委用官；第五，另设集贤院、资政院安置改革后的多余人员①。编纂官制大臣于光绪三十二年(1906 年)九月十六日，将厘定中央各衙门官制的清单进呈。这份清单，首先指出中国官制存在三大弊端：第一，在于权限之不分。表现在行政官兼有立法权，行政官兼有司法权，司法官兼有立法权；第二，在于职任之不明：表现在一堂设六官，数人共一职，同时又有一人兼数差的现象；第三，在于名实之不符：名为吏部，但司掣签之事，并无权衡之权；名为户部，但司出纳之事，并无统计之权；名为礼部，但司典礼之事，并无礼教之权；名为兵部，但司绿营兵籍，武职生转之事，并无统御之权。

针对上述三点，编纂官制大臣们在最初拟订五条原则的基础上，重新确立厘定官制的宗旨是“首分权以定限，次分职以专任，次正名以副实”。

“分权以定限”，是根据三权分立原则，立法权归于议院(暂设资政院为预备)，行政之事专归于内阁各部大臣，内阁设总理大臣一人，左右副大臣各一人，辅弼总理大臣；各部尚书均为内阁政务大臣；司法权专属于法部，大理院任审判，都察院任纠弹，审计院任审计。

“正名以副实”，指重新调整中央行政各部。巡警为民政之一端，拟正名为民政部；户部拟正名为度支部，以财政处、税务处并入；兵部徒拥

① 《东方杂志》临时增刊《宪政初纲》，光绪三十二年(1906 年)十二月。

虚名，拟正名为陆军部，以练兵处、太仆寺并入，而海军部暂隶焉；军令司正名为军咨府，握全国之军政要枢；刑部为司法行政之衙门，拟正名为法部；商部拟正名为农工商部；理藩院拟正名为理藩部；太常、光禄和鸿胪三寺并入礼部；工部除所分出职掌外，以轮路邮电并入，拟改为邮传部。

"分职以专任"，指各行政部的排名列序以及官员的设置。各行政部的顺序依次为：外务部、吏部、民政部、度支部、礼部、学部、陆军部、法部、农工商部、邮传部、理藩部。各部官员的设置以"责有专归，官无滥设"为原则，除外务部外，不得兼差。各部均设尚书一人，侍郎二人；设承政厅，使左右丞任一部总汇之事；设参议厅使左右参议任一部谋议之事；其他郎中员外郎主事以下各缺，根据具体需要而定[①]。

## 三、第一个内阁官制——《内阁官制初议草案》

编纂官制大臣制定了上述官制改革原则后，有没有继续起草或制定内阁官制？笔者在第一历史档案馆《宫中档案朱批奏折》中，发现了由宪政编查馆编纂官制大臣们所拟订的《内阁官制初议草案》，这是中国历史上第一个具有西方意义的内阁官制。研究它，对于我们了解清末的整个官制改革，尤其它与宣统三年(1911 年)内阁官制的关系，必不可少。

《内阁官制初议草案》全文如下：

"内阁以内阁(显然指旧内阁)、军机处、政务处改并入阁，大臣共十数人，均辅弼君上代负责任。总理大臣一人秉承圣谟，羽赞机务，平章内外政事。凡用人行政一切重要事宜，均由该大臣承旨施行。除立法、司法各官外，所有行政各官该大臣均有督率之责，并有督饬纠查之权。

副大臣协同总理大臣平章内外政事。现当整饬纪纲之始，应视事

① 《宪档》(上)，第 462—465 页，第 469—470 页。

务繁简，恭候钦定副大臣人数以资佐理。

民政部、外务部、财政部、陆军部、海军部、法部、学部、农工商部、交通部、理藩部、吏部等大臣十一人，分任本部事宜，与总理大臣及副大臣均为内阁政务大臣，参知政事。

内阁以总理大臣、副大臣及各部大臣会合而成。各大臣总称阁臣，均有参与国政之权，总理大臣仍逐日入对请旨。

各部大臣均各有专责，事务殷繁，未便逐日到阁。按五日入阁会议一次，遇有本部重要事件即日呈递膳牌，随同总理大臣、副大臣入对详细面奏，并得随时请开阁议。各部大臣如有紧急事件，亦可随时自请入对。内阁诸大臣恭奉谕旨，皆有署名之责。其机密紧急事件，总理大臣、副大臣署名；其关涉法律及行政全体者，由总理大臣、副大臣署名及各部大臣联衔署名；其专涉一部之行政事务者，由总理大臣、副大臣会同该本部大臣署名。此与各国内阁大臣代君主负责任者相同，即历来寄信谕旨皆先军机大臣字寄，隐用前代宰相署敕之法。”①

解读上述《内阁官制初议草案》有重要意义。

第一，试图参照西方的政治原理来改设中国的政治体制。新内阁将旧内阁、军机处、政务处合并入内，设总理大臣一人，代皇帝负行政责任，并统领各部大臣。这种设置，理论上使皇权大大削弱，内阁权力加强，利于行政统一，代表了长期以来，人们要求改革清政府权力中枢的呼声。

第二，《内阁官制初议草案》规定了行政改革的具体目标。对原有的行政体制，草案裁撤了礼部，改理藩院为理藩部，增设海军部，形成民政、外务、财政、陆军、海军、法部、学部、农工商、交通、理藩和吏部共 11 部的局面。从后来的实际操作看，晚清行政各部的增置改设，就是按照这一模式进行的。

---

① 第一历史档案馆:《朱批奏折·内政·官制类》，光绪三十二年(1906 年)。

第三,《内阁官制初议草案》提升了各部长官的权限和地位。表现在:草案将各行政长官的名称,由"尚书"改为"大臣",这是一种重要的变化;各部大臣可随时请开阁议,各部大臣在紧急情况下可随时自请入对,并有副署之责等。

第四,《内阁官制初议草案》对内阁总理大臣及各部大臣的权限,作了很大的限制。主要体现在总理大臣必须每日入对请旨,另外又设副总理大臣对之加以牵制;各部大臣有重要事件入对,必须呈递膳牌,由总理大臣和副大臣带领入对等。这些规定,显然是为了避免皇权的失落。

丙午改制自始至终都伴随着清政府权力中枢、朝中大臣、地方督抚之间的权力倾轧、明争暗斗。在上述内阁官制草案原文的最后,还有"未完待续"四字。笔者认真查阅了所有档案,但没有发现下文。因此只能做这样的推测,制定此官制草案的人,还没有来得及酝酿下文,便传来了不许"轻易更张"旧内阁、军机处、政务处等衙门的"命令",因而,他(或他们)便不得不立即辍笔,由此给我们留下了中国历史上第一部不完整的《内阁官制初议草案》。

### 四、《各部官制通则清单》

厘定中央各行政部门的官员职掌、任命方式,是丙午改制的重要内容和题中应有之义。为此,奕劻等人专门制定并奏呈了《各部官制通则清单》,后此各部的官制基本按照"清单"的内容设置。

《各部官制通则清单》共有 32 条,其突出特点有三。

第一,将前此外务部、商部、巡警部、学部的设官分职模式,不仅固定下来,而且对各职官的职掌权限进一步做了更明确的界定。《清单》规定各部均设尚书一人,为一部之总长官(第一条);左右侍郎各一人,辅佐尚书管理部务,监督本部厅司各员(第二条);左右丞各一人,左右参议各一人(第三条),设参事、郎中、员外郎若干人,各部酌设额外郎中、员外郎、主事、小京官若干人，辅佐堂官及具体事务（第 31 条至 32 条）；各部均设承政厅，所掌事务有：机密事件，本部及本部所辖京外各职员进退、升转及各项事故之注册、存案等事项；稽敷本部人员办事功过事项；编纂、存储并收发各项公文函件事项；典守堂印事项；编纂本部主管事务之统计报告事项；管理本部出入经费及一切预算、决算事项；稽敷本部报销事项；管理本部杂项事件并经理本部公置财产及什物等事项；所有不属各司事项。承政厅由左右丞秉尚书、侍郎之命负责。同时，各部均设参议厅，掌拟订本部法令、章程、草稿事项；审议本部法令章程之应行增删修改事项；参议厅所有事务由左右参议秉尚书、侍郎之命具体办理。各部除设承政和参议两厅之外，还酌设司，司下设科。（第十条至第十二条）

第二，扩大了各部及尚书的权限。如规定"各部尚书遇本部有重要事件，可随同内阁总理大臣，左右副大臣入对，并得请开阁议"（第三条），"各部尚书遇本部有紧急事件，可自请入对"（第四条），"各部尚书就本部主管事务，可咨行各省将军，督抚转饬所属分别筹办，并有检查更正之权"（第七条），"各部尚书就本部主管事务，可订定规则，发布部示"（第八条）等。

上述内容，一方面反映了中央行政与近代西方行政体制接轨的趋势；另一方面，部权及尚书职权的扩大，便意味着地方及督抚职权的缩小。清末的集权中央意图，在此已露端倪。

第三，明确了丞参及以下各官的任命方式。"左丞请简，右丞请简，左参议请简，右参议请简；参事奏补，郎中奏补，员外郎奏补，主事奏补，七品小京官奏补；录事（以八九品官充）委用（第十四条）。这里虽没有提及尚书侍郎的任命方式，但不言自明，他们是由皇帝钦命的[①]。上述

① "各部官制通则清单"，《宪档》（上），第 466—488 页。

官员的任命方式，同样也反映了清政府的集权目的。

同《内阁官制初议草案》相比，《各部官制通则清单》对于各部长官的名称，仍沿用了"尚书"一词，不用"大臣"，说明清政府于权力问题的审慎，以及其改革力度的有限。

## 五、丙午改制内容的最终裁定

奕劻等人上奏改革中央官制的方案之后，西太后权衡利弊，于光绪三十二年(1906 年)九月二十日，以光绪的名义，"权衡采择，用特明白宣谕"。"宣谕"的主要内容有：

第一，否定了设立内阁总理大臣的建议，明确宣示继续保留军机处和旧内阁："军机处为行政总汇，雍正年间本由内阁分设，取其近接内廷，每日入值承旨，办事较为密速，相承至今，尚无流弊，自毋庸复改。内阁军机处一切规制，著照旧行。"[①]这样，也就否定了《内阁官制初议草案》。

第二，对原方案中各部尚书为内阁为政务大臣的规定，作了保留。"其各部尚书均著参与政务大臣，轮班值日，听候召对。"[②]

第三，部分采纳和部分否定了《内阁官制初议草案》中裁撤改并行政各部的建议："外务部、吏部均著仍旧；巡警为民政之一端，著改为民政部；户部著改为度支部，以财政处并入；礼部著以太常、光禄、鸿胪三寺并入；学部仍旧；兵部著改为陆军部，以练兵处、太仆寺并入，应行设立之海军部及军咨府，未设以前，均暂归陆军部办理；刑部著改为法部，专任司法；大理寺著改为大理院，专掌审判；工部著并入商部，改为农工商部；轮船、铁路、电线、邮政应设专司，著名为邮传部；理藩院著改为理藩部。"

---

① "裁定奕劻等覆拟中央各衙门官制谕"，《宪档》(上)，第 471 页。

② 《宪档》(上)，第 471 页。

第四，明确宣布废除官员配置的满汉复职制度："除外务部堂官员缺照旧外，各部堂官均设尚书一员，侍郎二员，不分满汉。"

第五，都察院改为都御史一员，副都御史二员；六科给事中改为给事中，与御史各员缺均暂如旧；另外，同意设立资政院和审计院。

第六，不允许变动的机构有：宗人府、内阁、翰林院、钦天监、銮仪卫、内务府、太医院、各旗营、侍卫处、步军统领衙门、顺天府、仓场衙门。

从上述谕旨裁定的内容看，一方面，丙午改制主要是对传统官制有限度、有保留的改革，是对传统官制的修补调整，根本没有触及封建皇权统治的基础。内阁、军机处的保留，专门为皇室服务机构的不准动作，以及责任内阁和责任内阁总理大臣的被否定，都证明了这一点；另一方面，丙午改制也有其值得圈点之处。这首先表现在它将以前官制改革的成果（或者说实验性成果）明确肯定下来，其次表现在裁撤了早该裁撤的一些机构，再次表现在进一步理顺行政关系，新设各部应当说是适应经济社会发展的产物；最后一点，丙午改制还只是清末官制改革序曲中的高潮，它遗留的许多问题有待进一步解决，并对清末政局产生重要影响。

## 六、丙午改制中新设各行政部的官制情况

### 1. 度支部

度支部由户部改建而来，对原户部职掌作了清理，将疆土及清查户口事宜划归民政部，武职划归陆军部，八旗现审案件划归大理院，各省农林及耕籍典礼事宜划归农工商部，奏请选看秀女事宜划归值年旗。[①]设承政厅和参议厅，分别由左右丞和左右参议掌理；户部原设 14 司调整为十司，司中设科分股；原司务厅与督催所改为收发稽核处，附于承

---

① 《东方杂志》，第四年第六期。

政厅；三库（颜料、缎匹、银库）中，裁颜缎两库，保留银库；原设捐纳房改为暂设核捐处；其他的南北档房、俸饷处、井田科、督催所、饭银处、减平处、钱法堂等一并裁撤。

经过调整，度支部的职掌为："综理全国财政，管理直省财赋、关税、榷课、漕仓、公债、货币、银行及会计、度支一切事宜，监督本部特设总分各局厂学堂，并可随时派员调查各直省财政。"[①]所设十司为：田赋司、漕仓司、税课司、莞榷司、通阜司、库藏司、廉俸司、军饷司、制用司、会计司。度支部主事以上司员编制为 134 员，还有额外司员、小京官、笔帖式及增设的艺师、艺士等。

光绪三十四年（1908 年），度支部设立总银行和造币厂，各置正、副监督一人；1908 年，又成立统计全国财政，纂辑年鉴的统计处，设领办一人，总办四人，帮办十人，坐办二人；宣统元年（1909 年），设清理财政处，分总务、京畿、辽沈、江赣、青豫、湘鄂、闽浙、粤桂、秦晋、甘新、梁益和收掌 12 科，管理全国各地的预算决算报告，有提调、帮提调、总办、帮办、总核等官，另设咨议官，并向各地派监理官。宣统二年（1910 年），为改革币制而将调查局改为币制局，分调查、筹办、稽核、编译四股[②]。

度支部第一任尚书是溥廷，左侍郎绍英，右侍郎陈璧。

**2. 民政部**

民政部在原巡警部的基础上扩大而成，"因就原设巡警部各司职掌，原有者量为合并，原无者分别增入。"[③]民政部除仍掌管原巡警部所辖事务外，并将户部所掌之疆理户保息赈救，工部所掌之城垣、公厩仓廒、桥道工程，礼部所掌之臣民仪制风教方术，吏部所掌之文职官员的

---

① 《清朝续文献通考》，卷一二一，"职官七"。

② 《宣统政纪》，卷四一。

③ 《退耕堂政书》，卷四，《会议拟订民政部职掌员缺折》。

过继归宗、复姓改籍等事并入，职权有所扩大："原设巡警部职掌系专管全国巡警事务，今奉旨改为民政部，职权范围自应推广。"[①]以此为原则，凡属地方行政、自治户口、风教保息、荒政、警察、疆理营缮、卫生等事均划归民政部掌管，同时负责监督考核直省民政官员。由于职权的扩大，民政部组织机构自然也作相应调整，基本形成两厅五司的规制。

承政厅：设左、右丞各一人，左、右侍郎各一人，"任一部总汇之事"，员外郎、主事、七品小京官各四人，佐理厅务。承政厅负责承办机密、考核司员、编存文卷、筹核经费各事项。下设四科二处：机要科、文牍科、会计科、庶务科以及递折处和电报处。

参议厅：设左右参议各一员，"任一部谋议之事"；参事二员佐理参议；每司从司员内遴派一人在参议厅行走，协同审议事项；另设编译员，不作额缺，负责编译各国关于民政之各种书籍；设八九品录事各三员，额外录事四员，受本厅长官指挥，专司抄录收发各项文件。该厅的职掌是"议订本部法令、章程等事"。

光绪三十三年(1907 年)，参议厅增设则例局，负责拟订《光绪政要》，编纂会典，则例增改，原奏、清单等事。同年，又增设统计处，负责办理全国民政统计，综辑统计年鉴等事[②]。民政部下设的五司有：民治司，负责"稽核地方行政，地方自治编审户口，整饬风俗、礼教，核办保息、荒政、移民、侨民各事"。下设四科：地方行政科，地方自治科，户籍科，保息科。警政司，基本由原巡警部缩编而成，所有原巡警部"警政司行政科，警法司司法科、国际科，警保司保安科、营业科及警学司课程科所掌事务，均分别归并该司办理"。警政司负责"核办行政警察、司法警察、高等警察、及教练巡警等事"。其下设四科：行政警务科，高等警务

① 《清朝续文献通考》，卷一一九，《民政部官制章程》。

② 李鹏年等：《清代中央国家机关概述》，第 275 页。

科，司法警务科，警学科。疆理司，负责核议地方区划，统计土地面积，稽核官民土地收放，买卖测绘审定图志等事项，下设经界科、图志科。营缮司，由原巡警部警保司工筑科事务并入而成，负责督理本部直辖土木工程，稽核京外官办土木工程，及经费报销并保存古迹，调查祠庙等事项。下设三科：建筑科，道路科，古迹科。卫生司，由原巡警部警保司卫生科扩并而成，负责"核办防疫，卫生检查医药设置病院"等事项。下设三科：保健科，检疫科，方术科 。

巡警部改民政部之后，其原下属机构亦相应改隶民政部。这些附属机构主要有：内外城巡警总厅，内外城预审厅，京师习艺所，工巡捐总局，路工处（原路工局），缉探总局（由原巡警部探访队改建），消防队以及高等巡警学堂等。

同其他各部一样，民政部设尚书一人，左右侍郎各一人。光绪三十二年（1906 年）九月二十日谕令民政部尚书侍郎"均毋庸更改"，这样，徐世昌及毓朗、赵秉钧分别成为民政部第一任尚书及左右侍郎。

### 3. 农工商部

农工商部的前身是商部和工部。如前所述，商部于光绪二十九年（1903 年）九月份正式设立，分保惠、平均、通艺、会计四司，有司务厅掌内部庶务，附设了律学馆和商报馆，同时还设铁路、矿物、农务、工艺各项公司，并向各地派出考察商务官员 。

农工商部在奏定官制的折子中，详细阐明了其设置改并办法：改平均司为农务司，接收原属户部之农桑屯垦畜牧树艺等事项；旧隶工部之各省水利、河工、海塘、堤防、疏浚事宜同时归并该司；改通艺司为工务司，接收工部之招商承办及保护奖励之权；改保惠司为商务司；改会计司为庶务司。旧设司务厅裁撤，新设承值所；商部原设之艺师、艺士、顾问官、矿务议员、商务议员等皆仍旧制。附设机构有商标局、商律馆、商报馆、公司注册局、京师实业学堂、劝工陈列所、农事实验场等[①]。调整后的农工商部职掌为:"管理全国农工商,暨森林、水产、矿务、河防、水利以及商标、专利、权衡度量等各项事宜,并综核各直省农工商政,河道各官及农工商各项公司,学堂局厂","旧隶通艺司之铁道、行轮、设电等事划归邮传部,而旧隶外务部之商务、机器制造;户部之农桑、屯垦、畜牧、树艺;工部之河防、水利、并核销款项事宜;户工两部之度量衡,专隶臣部办理。"[②]设一尚书二侍郎,设丞政厅和参议厅。

光绪三十三年(1907 年),农工商部专门奏准工部其他职掌的归并办法:(工部)如木税、船政、事属财政,宜划归度支部;军械、兵舰、事属武备,宜划归陆军部;典礼一门,凡礼器、法物、乘舆、服御、一切制办供张之具,坛庙、陵寝、宫殿等处整理陈设之事,拟请以内廷典礼事宜并入内务府;外廷典礼事宜并入礼部恭办,庶足昭诚敬而示尊崇[③]。如此,农工商部与其他部进一步理顺了关系。

农工商部第一任尚书是载振,左侍郎唐文治,右侍郎顾肇新。

**4. 邮传部**

邮传部在丙午官制改革中是一个新设的机构。

邮传部于光绪三十二年(1906 年)设立,"管理全国轮船、铁路、电线、邮政事务,凡京外官商轮船、铁路、各公司厂局及电局、邮局,并关涉本部各学堂,皆有统辖考核之责",分船政、路政、电政、邮政、庶务五司。主事以下司员 50 人,另设顾问官和路务议员。附属单位有邮政总局、铁路总局、电政总局、电话局、交通银行、北京银行等,其中以铁路总局

---

① 《清朝续文献通考》,卷一二六,"职官十二"。

② 《茹经堂奏疏》,卷二。

③ 《清朝续文献通考》,卷二十六,"职官十二"。

权势最重[1]。宣统元年(1909 年),邮传部裁去庶务司,原有职掌归并承政、参议两厅,宣统三年因接管驿站事宜,邮政司补设副司长一人,增设两科,添科长科员共六人。

邮传部原拟名交通部,清政府称其“职在审度形势,统筹交通”[2]。邮传部是近代中国交通及邮电部门的原型。

邮传部第一任尚书为张百熙,左侍郎唐绍仪,右侍郎胡燏芬。

**5. 理藩部**

理藩部的前身是理藩院。

理藩院是清代特设的机构,主要管理蒙、回、藏等西北少数民族事务,兼办从北、西两方陆路来的外国交涉事务。共分旗籍、王会、典礼、柔远、徕远、理刑六个清吏司,编制主事以上司员 68 人,全为满、蒙缺、不用汉人。

理藩院的建立,是我国多民族统一国家形成和发展的反映,但它在国家的政治生活中并没有发挥多大作用。总理衙门成立后,理藩院所掌的部分外交事务即行划归,“自译署设,职权渐替矣”[3]。有关西北边疆的争端也都由总理衙门办理,理藩院无权过问。

光绪三十二年(1906 年)理藩院改建为部。御史黄瑞麒曾说:“原欲仿各国殖民大臣及英国印度特设专部之意,改院为部,列于行政之官,以期实力经营各蒙旗、回部、西宁、西藏、及附近土司之地,御外侮而实边疆。”[4]清政府后来称理藩部的职掌是“考察藩情,整饬边务”[5],但

---

① 陈璧:《望嵩堂奏稿》,卷七。
② 《清史稿》,“职官志”,二。
③ 同上。
④ 第一历史档案馆:《军机处录副档》。
⑤ 《光绪朝东华录》,总第 6077 页。

理藩部迟至光绪三十四年(1908年)才厘定官制,只是将满档房改为领办处,归并其他庶务单位,为合署公务总汇之处,另设调查,编纂两局,以为添设殖产,边卫两司之基础。原六司一仍其旧,就连官员全为满蒙缺的惯例也未改变,积重难返,迭遭申斥:"乃近闻藩部积习甚重,弊窦繁多,殊非所以示怀柔远人而覆声教。著责成该部尚书侍郎等认真整顿,将从前所有痼习迅与革除净尽。……"[①]事实上,理藩部不仅无力承担经营西北边疆的重任,连各部的做法——变动官制也未做到。因而,理藩部是行政11部中影响最小的一个。

理藩部第一任尚书为寿耆,左侍郎琨猷,右侍郎恩顺。

**6. 法部**

法部由刑部改建而来。

如本书第一章所述,刑部掌管全国刑罚政令,"掌折狱审判,简核法律,各省谳疑,处当具报"[②]。设按省划分的17个清吏司,此外还有督捕司,秋审处,减等处等机构。

刑部是清代中央各部院中事务最繁重的机构之一,其职掌分工欠条理性,既按地区划司分掌各地刑名案件,又有同一省刑名事分两司掌管,既有一个单位管理几类事务,也有两个机构承办同一事项。20世纪初新政兴起之后,清政府开始修订《大清律例》,进行司法改革,力图实行三权分立,正是在此背景下,丙午改制中刑部改为法部。

法部在光绪三十二年(1906年)奏定官制的折子中,首先以三权分立原则划分权限,说:"凡司法官吏之进退,刑杀判决之执行,厅局辖地之区分,司直警察之调度,皆系法部专政之事,应由臣衙门随时奏明办

① 《清朝续文献通考》,卷一二六。

② 《清史稿》,"职官志",六。

理;至于直省刑事稿件原议官制,法部及大理院均有复核明文,拟由各省分达部院,经大理院复判后咨部核定,请旨施行;如有情罪未符,仍咨回大理院自行校正。"[①]法部原拟将刑部17司改为六个司,因同其他部一样设承政厅和参议厅,改为设八个司,每司设郎中三人,员外主事各四人,按省按事酌量分股,各专责成。

经划分权限后,法部"管理全国民事,刑事监狱及一切司法行政事务,监督大理院,直省执法司,高等审判厅地方审判厅,城乡谳局,及各厅局附设之司直调查检查事务。"分设两厅八司一所。

承政厅掌稽察各司重要事务,总办秋审,朝审的实缓及赦免减等等事,管理部辖京外官员,区划各审判厅局辖地,调度司直及司法警察。

参议厅掌审定各司重要事务,纂修章制条例,调查中外法制,撰议章奏文移,管理律师注册等事。

审录司掌朝审、录囚,复核大理院,各裁判厅及直隶、察哈尔左翼、两广、云贵的刑事、民事案件。

制勘司,掌勘定秋审实缓,宣告死刑及四川、河南、陕西、新疆、乌里雅苏台、科布多的刑事、民事案件。

编制司,掌京外奏咨减等,分发盗犯及奉天、吉林、黑龙江、山东、山西、察哈尔右翼、绥远城、归化城的刑事、民事案件。

宥恤司,掌赦免,清理庶狱及江苏、安徽、江西、福建、浙江、湖南、湖北的刑事、民事案件。

举叙司,掌考核管理司法官员。

典狱司,掌直省监狱,习艺所等。

会计司,掌各种经费事项,编定统计报表。

都事司,掌文书工作,典守堂印。

---

① 《清朝续文献通考》,卷一二五。

收发所，掌收发定罪人犯和京外来往文件等事。

法部在新设各行政部中编制规模仍属大而复杂者，主事以上司员有一百人。附设京师高等审判厅、检察厅、内外城地方审判厅、检察厅、初等审判厅、检察厅，并有专掌修订起草法律的法律馆。

法部第一任尚书是戴鸿慈，左侍郎绍昌，右侍郎张仁黻。

法部是清末司法改革的产物，具有明显的时代特征和局限性、过渡性，仅初步具有近代司法部门的职能。

**7. 礼部**

丙午改制清政府裁定新官制的上谕中，确定保存礼部，但并入太常、光禄和鸿胪三寺，一直遭到人们指责非议的冗闲三寺，终于被裁掉，由此导致礼部职掌机构的重新调整。

礼部原设四司：仪制清吏司、祠祭清吏司、主客清吏司和精膳清吏司。并入三寺后，作如下调整：鸿胪寺和主客司并入仪制司；光禄寺并入精膳司更名为光禄司；太常司设专司为太常司；祠祭司仍其旧，这样仍有四个司。

同其他部一样，礼部设一尚书二侍郎，设承政厅和参议厅；四司的职掌为：

仪制司掌恭办尊号、徽号、实录、玉牒等项关于典礼一切事宜，兼管举贡考试、优拔朝考、出继归宗、旌表等事项。

祠祭司掌恭办坛庙等处亲行祭祀、遣官典礼，兼管颁朔、耕桑、配飨、从祀、赏恤、祭溢、封号、陵寝、医官、僧道等官升补各事。

太常司掌恭办坛庙亲行礼节，应备各项盛京三陵香蜡等项，兼理神乐署各事宜。

光禄司恭办坛庙酒醴、陵寝奶酒、奉先殿、寿星殿应备各祭品及各项筵宴，并赐祭品物各事宜。

与其他部不同的是，礼部仍设司务厅，掌开用印信、收发文件、传抄折件和稽察合署人役。此外，礼部还附设铸印局，掌铸造宝印及京外各文武印信、关防、图记、条记和矜记。

调整后的礼部仍然是一个主要为皇室皇族服务的机构，明显体现封建迷信、专制皇权的特征，与近代国家行政体制相距甚远，即使与当时其他部的设置也没有取得一致。例如，礼部新设承政厅和参议厅之后，仍然保留司务厅，显然没有必要；新设学部专管教育、考试等事宜，但礼部仪制司仍负责举贡考试，优拔朝考，显然与学部职掌矛盾冲突。这些从一个侧面反映了丙午改制的局限。

礼部第一任尚书是溥良，左侍郎张亨嘉，右侍郎景厚[①]。

**8. 陆军部**

陆军部的前身是兵部、练兵处和太仆寺。

如本书第一章中所述，兵部主要掌管武职官考核任免，以及驿站等事务，分武选、职方、武库、车驾四个清吏司，另有会同馆、捷报处及处理部内事务的其他单位。清代兵部名义上是最高军事机构，但用兵及任免高级军官均由军机处秉承皇帝旨意直接掌握，所以只是一个管理武官，主要是绿营额籍的清闲衙门。随着八旗、绿营的日渐废弛，兵部本来有限的职责也逐渐丧失。太平天国起义后，各地盛行练勇，私家性质的湘淮军兴起，兵部根本无法管辖控御。为了改变这种状况，清政府在19世纪末新政兴起后，开始编练新军，1903年专设练兵处，以统一军制，并任命袁世凯、铁良“办理京旗练兵事宜”，复任命奕劻总理练兵事宜，袁、铁襄同办理。练兵处设三司十四科：军政司分考功、嵬讨、粮饷、医务、法律、器械六科；军令司分运筹、向导、测绘、储材四科；军学司分

---

① 礼部官制，见《清朝续文献通考》，卷一二二，“职官八”。

编译、训练、教育、水师四科。正使、副使、监督各官有38人[①]。练兵处所办各事，兵部无权过问，也不与兵部协商，甚至升调将弁亦不使知之，大有取而代之之势。就机构而言，形成叠床架屋之势。

太仆寺初附设于兵部武库司，后曾一度裁撤，雍正三年另建衙署办事。太仆寺分左右二司，主要管理边外的马厂及帝王出巡时的车驾马驼等事。

丙午改制中，兵部改为陆军部，以练兵处和太仆寺并入。陆军部"总理全国陆军事务"，分设两厅十司，承政厅由兵部和练兵处掌管内部事务的单位归并而成，参议厅属新设；军衡、军乘、军计、军实四司主要为原兵部四司之职掌；军制、军需、军学、军医、军法五司以练兵处各科改建，军牧司主要以太仆寺改建；二厅十司共有司员372人，还有数目更多的录事、绘图员以及艺师、艺士。陆军部是当时人员最庞大的机构[②]。陆军部官制显然是兵部、练兵处和太仆寺三个机构的混合物，而练兵处占据了主要的位置。陆军部制定官制时很费了一番功夫，《东方杂志》对此曾有评论：

"顾兵部承办之事，皆本则例及中枢政考等事，旧制昭垂，不容废止。太仆寺所司牧厂，于孳生，均齐等事，亦具有成规。若练兵处则事皆创办，又军政等司分设各科监督，具以出洋留学陆军之毕业生任之，其余各员，以皆出武备等学堂者是，一切经划，大都参考东西各国兵制，于部寺事务两不相谋。合文武新旧各员荟萃一堂，颇难融洽。"[③]既无法放弃旧制，又不能全行新制，这不仅是陆军部官制的突出特点，也是整个清末官制改革的特点。对此，陆军部也无可奈何："此次所拟厅司

---

① 《东方杂志》，第一卷第一号。

② 《东方杂志》，第四年第七期。

③ 同上。

章程，新旧统筹，然究系权宜之计，未敢谓久远之图。”[①]

陆军部第一任尚书为铁良，左侍郎寿勋，右侍郎荫昌。

## 七、丙午改制中的大理院和都察院

在《裁定奕劻等复拟中央各衙门官制谕》中，有“大理寺著改为大理院，专掌审判”之语[②]，于是在光绪三十二年(1906 年)，大理寺改为大理院。设正卿、少卿各一人。下分刑科和民科，每科设一推丞，兼掌本科第一庭事务。初设刑科四庭，民科设二庭，后改为两科各三庭。共有推事 38 人，此外还有典簿、主簿、录事等官，附设总检察厅和看守所[③]。大理寺改为大理院，和刑部改为法部一样，是改良司法机构，效仿西方权力分立与司法独立的重要步骤。“大理院之设，诚为改良裁判，收回治外法权之要政。”[④]在司法改革中，清政府变通日本成法，规定全国审判机构为乡谳局、地方审判厅、高等审判厅和大理院四级。“大理院既为全国最高之裁判所，凡宗室官犯及抗拒官府并特交案件，应归其专管，高等审判厅以下不得审理。其他地方审判厅初审之案，又不服高等审判厅判断者，亦准上控至院，为终审，即由院审结。至京外一切大辟重案，均分报法部及大理院，由大理院先行判定，再送交法部复核，此大理院之权限也。”[⑤]可以说大理院已具有近代最高法院的性质，与旧大理寺的职掌有质的区别。

都察院是检察机构，除了替皇帝监督一切国家机关的政治得失外，还参预朝廷大政及重大案件的审理。都察院堂官品级与六部尚书同，

---

① 《东方杂志》，第四年第七期。

② 《宪档》(上)，第 471 页。

③ 《清朝续文献通考》，卷一二七。

④ 《光绪朝东华录》，总第 5586 页。

⑤ 《东方杂志》，第四年第三期。

下分吏、户、礼、兵、刑、工六科及按省区划分的15道，有给事中和检察御史共80人。

光绪二十八年（1902年）之后，都察院抽查漕粮，稽查各仓及巡视五城等职掌被裁撤。一些新部设立后，根本无视都察院的职掌和存在，都察院对此牢骚满腹，大为不满而又无可奈何："在京各衙门，都察院均有稽察之责，近年陆续添设之外务部、农工商部、学部、民政部、邮传部等衙门办理事件，并不关报，都察院无从稽察。"[①]为此，曾有过削减给事中和御史额缺的议论。光绪三十二年（1906年），在丙午改制中，都察院也变通了官制。尽管上谕仍称都察院职在"指陈缺失，审理冤滞"，把它视为"朝廷耳目之官"[②]，但都察院已向独立于行政系统之外"以任纠弹"的机构发展。都察院删去了科道注销各部院月折的职掌，裁撤了稽察宗人府，内务府的差使，增加了稽察各新设衙门用人行政的事务，并要求各地的官员任命、机构增减、及兵制、财政、学务、农业、路矿、警察诸务每年列表咨院。六科给事中改为给事中，额设20名。各道增至20，共设御史44人[③]。丙午改制之后，随着官制改革的继续进行，曾有过将都察院改为行政裁判院或将其裁撤的动议，但均未能实行，都察院一直存在到清亡。都察院向专任全国司法事务的机构发展，反映了清政府谋求司法独立的意图，这与法部、大理院的职能和改革趋势是一致的，也是都察院最后十年中官制变化的主要方向。

---

① 《清朝续文献通考》，卷一二七。

② 《光绪朝东华录》，总第5582页。

③ 《东方杂志》，第四年第二期。

# 第三章　中央官制改革内容的成文化

丙午改制拉开了清末中央官制改革的序幕，而官制改革的主要内容，发生在1907—1911年这一阶段。此一时期，清政府“领导”的官制改革在内外诸多因素的推动下，以实行所谓的宪政为目标，采取了许多步骤和措施。就过程而言，《钦定宪法大纲》和《逐年筹备事宜清单》规定了官制改革的方向和模式，最终以1911年责任内阁的组成，清政府宣布实行立宪和继而倒台为结局。此一时期官制改革的内容十分复杂，在整个清朝乃至中国官制史上，以及宪法行政法史上，都有深刻影响。本章拟重点从制度的角度，分析研究中央官制的变化。

## 第一节　《钦定宪法大纲》和《逐年筹备事宜清单》

### 一、《钦定宪法大纲》

《钦定宪法大纲》由宪政编查馆主持制定。宪政编查馆的前身是考察政治馆，成立于光绪三十一年(1905年)五大臣出洋考察政治之时，职责是“延揽通才，悉心研究，择各国政法之与中国治体相宜者，斟酌损益，纂订成书，随时进呈，候旨裁定。”[①]光绪三十三年(1907年)七月初

---

① 《宪档》(上)，第43页。

五，奕劻奏请将考察政治馆改为宪政编查馆，当日便得批准。奕劻在原奏中说："预备立宪以来，天下臣民，喁喁望治。现在入手办法，总以研究为主，研究之要，不外编译东西洋各国宪法，以为借镜之资，调查中国各行省政俗，以为更张之渐。凡此两端，皆为至当不易，刻不容缓之事。"①

光绪三十三年七月十六日，奕劻又上奏了《宪政编查馆办事章程》，共计 16 条，明确了其职掌和人员组成等事项。

《宪政编查馆办事章程》第一条规定，本馆由军机王大臣管理，设提调二员，综理馆中一切事务；第八条规定设总核二员，稽核各项奏咨文牍及官报事件；第三条规定设编制局和统计局分掌事务，局下设科。从这种设置来看，局类似于各行政部中的司。第四条规定编制局分为一、二、三科，分别掌属于宪法之事、属于法典之事、属于各项单行法及行政法规之事；第五条规定统计局也分一、二、三科，分别掌属于外交、民政、财政之事，属于教育、军政、司法之事，属于实业、交通、藩务之事。第六条规定编制局、统计局各设局长一人，承提调之命管理局务；副局长一人，协同局长管理局务，各科视事务之繁简，酌设科员三人或四人。第九条规定设庶务处一所，专司收法文书，款项出入及各项杂务，设总办一员。第十条还规定设译书处和图书处各一所，并附设官报局。②

在宪政编查馆任职的主要人员，先后有军机大臣庆亲王奕劻，军机大臣醇亲王载沣，军机大臣世续、张之洞、鹿传霖、袁世凯，内阁学士兼礼部侍郎衔宗室宝熙，大理院少卿刘若曾，军机处三品章京王庆平，前民政部右参议吴廷燮，署民政部参事（兼任农工商部主事）章宗祥、汪荣宝、曹汝霖、恩华，山西补用道沈林一，度支部员外郎钱承志、延鸿、林

① 《宪档》（上），第 45 页。

② 《宪档》（上），第 47—51 页 。

启、陈毅，前军机处三品章京华世奎、左孝同，江苏补用道严璩、劳乃宣、杨度、吴振麟、刘泽熙、袁家谷、范源濂、金邦平等。①

上述人物的身份有两个特点：第一，大多一身兼数任，上自亲贵大臣奕劻，下到较为一般的官员如汪荣宝等，皆是如此。这一点在《汪荣宝日记》中，可以看得很清楚。汪荣宝任职宪政编查馆的同时，还在民政部、资政院以及修订法律馆任职，一天要在几个部门之间办公；又如编制局的章宗祥还同时在民政部任职，而曹汝霖则在外务部任职等。这种状况不能不严重影响办事效率和办事效果。它一方面说明，清政府在仿行宪政上谕中标榜的“廓清积弊，明定责成”，要做到官员专任的原则，并没有得到严格的贯彻执行；另一方面，说明宪政编查馆只是一个过渡性的临时机构。第二，在宪政编查馆任职的官员，以留学生，尤其是留日学生为多数，而且其中很多人曾随同“五大臣”出洋考察政治。他们有：章宗祥、陈毅、陆宗舆、钱承志、严璩等。这说明，清政府在用人方面，体现了一种较为务实，注重专业知识和眼界阅历的精神，这与其新的官员选任制度，是一致的，也符合近代文官制度的发展方向。

光绪三十四年（1908 年）八月，清政府颁布宪政编查馆制定的《钦定宪法大纲》，这是中国历史上第一个宪法性文件，它为日后的官制改革定下了基本的前提，有认真研究的必要。

在《宪政编查馆资政院会奏宪法大纲暨议院法选举法要领及逐年筹备事宜折》中，奕劻等体会与任可了宪法的性质以及据此制定宪法的原则：

“夫宪法者，国家之根本法也，为君民所共守，自天子以至于庶人，皆当率循，不容逾越。东西君主立宪各国，国体不同，宪法互异，论其最精之大义，不外数端：一曰君主神圣不可侵犯，二曰君主总揽统治权，按

① 参见迟云飞博士学位论文：《清末预备立宪研究》，第 48 页。

照宪法行之；三曰臣民按照法律，有应得应尽之权利义务而已。……故一言一蔽之，宪法者，所以巩固君权，兼保护臣民者也。臣等谨本斯义，辑成宪法大纲一章，首列大权事项，以明君为臣纲之义，次列臣民权利义务事项，以示民为邦本之义。虽军民上下同处于法律范围之内，而大权仍统于朝廷；虽兼采列邦之良规，而仍不悖本国之成宪。"[①]

以上述原则制定的宪法大纲分为四个部分：第一，"君上大权"；第二，"附臣民权利义务"；第三，"附议院法要领"；第四，"选举法要领"。可见君上大权为其核心内容。

君上大权规定"大清皇帝统治大清帝国，万世一系，永永尊戴"，"君上神圣尊严，不可侵犯"，"钦定颁行法律及发交议案之权"，"召集、开闭、停展及解散议院之权"，"设官制禄及黜陟百司之权"，"统率陆海军及编定军制之权"，"宣战、讲和、订立条约及派遣使臣与认受使臣之权"，"宣告戒严之权"，"爵赏及恩赦之权"，"总揽司法权"，"皇室经费，应由皇上制定常额，自国库提支，议院不得置议"，"皇室大典，应由君上督率皇族及特派大臣议定，议院不得干预"，等等。

在"附臣民权利义务"部分中，规定了一般臣民所享有的言论、著作、出版、集会、居住、财产、纳税、当兵、人身等基本权利，第一条第一款中，规定"臣民中有合于法律命令所定资格者，得为文武官吏及议员"。强调了官来自民的原则。

"附议院法要领"只有简单的 11 款，核心内容有三项，"议院只有建议之权，并无行政之责，所有议决事件，应恭候钦定后，政府方得奉行"；"君上大权所定，及法律上必需之一切岁出，非与政府协议，议院不得废除删除"；"行政大臣，如有违法情事，议院只可指实弹劾，其用舍之权，仍操之君上，不得干涉朝廷用舍之权"。

---

① 《光绪朝东华录》，总第 5976 页。

同议院法要领相比，“附选举法要领”更简单，只有六款，其核心内容在第二款第一项：“不合于选举资格者，不得有选举权及被选举权。如品行悖谬营私武断，曾处监禁以上之刑者，营业不正者，失财产上之信用被人控实尚未清结者，吸食鸦片者，有心疾者，身家不清白者，不识文义者等项。违者立即撤销。”①

如何评价这样一部《钦定宪法大纲》？笔者认为不宜过高。

首先，大纲将皇权和皇统提到了空前绝后的至尊地位，“万世一系，永永尊戴”，这不仅违反社会发展规律，而且也违反自然发展规律。“万世一系，永永尊戴”只是幻想而已。

其次，清政府在制定宪法大纲时，取法了德国和日本模式，这是在五大臣考察宪政的基础上，又经过多方的面比较、论证而得出的结论。既然是“大纲”，那么就应该纲举目张，宪法的精神——规定国家的基本政治制度及其主要内容，应当具备。但就制定出来的大纲看，它显然与西方的宪法大异其趣。主要表现在没有责任内阁，没有责任大臣，因而也就谈不上政府，只有皇帝。所以严格来讲，此《钦定宪法大纲》称不上“宪法大纲”，至多是一个只有“清政府特色”的官制纲要而已。

第三，与丙午官制改革的原则相比，此次大纲的指导原则有明显的后退。丙午改制明确以三权分立为目的，而宪法大纲规定皇帝不仅总揽统治权，而且总揽司法权，虽有议院，但皇帝可随意“招集、开闭、停展及解散”，这样，政府、议院岂不都变成皇帝掌中一玩物了？权力分立原则被否定了。

第四，官制改革的极为重要内容之一，是设官分职之权操之于谁手。对此，大纲规定皇帝拥有“设官制禄及黜陟百司之权。用人之权操之君上，而大臣辅弼之，议院不得干预”，这无异于宣布皇帝可随时改定

---

① 《宪档》(上)，第57—61页。

官制。又:“臣民中有合于法律命令所定资格者,得为文武官吏及议员。”自新政以来,清政府在用人方面有权力下移的迹象,如外务部、商部、农工商部的运作等,但从大纲的内容看,清政府仍要回收权力。

但是,我们不能据上述理由,便认定大纲没有丝毫可取之处。

大纲规定了臣民的权利义务,内容类似于近代西方各国的宪法规定,在整个大纲中占一定的篇幅,虽不完整,却体现了“兼保护臣民”的原则。

从形式上讲,大纲的制定者们力求法治原则,宪法应君民共守,不得逾越,这是近代以来政治制度发展的趋势。

有一点值得我们注意。在清末官制改革中,臣僚(甚至包括王室权贵重臣)们的意见和想法,与掌握大权的慈禧太后的想法,是不同的。如宪政编查馆和资政院在会奏宪法大纲的折子中,曾忧心忡忡地说:“抑臣等更有请者,迩岁以来,国势阽危,人心浮动,内忧外患,岌岌堪虞,既无议院监察于旁,亦当急起直追,一洗敷衍因循之习。”[①]这里表明,宪政编查馆人员在宪法、议院问题上,与慈禧太后有着不同的见解,这要求我们对《钦定宪法大纲》以及与之相关人物的评价,取十分慎重的态度。

可否这样说,从制度上看,《钦定宪法大纲》在中国历史上具有发端的意义。

## 二、《逐年筹备事宜清单》的出台及其修改

光绪三十四年(1908年)八月,宪政编查馆和资政院在会奏宪法大纲的同时,也奏呈了《逐年筹备事宜清单》,又称《九年筹备事宜清单》。清政府将实行立宪的期限定为九年,并预先设定九年之中应筹划之事,

① 《宪档》(上),第57页。

其中有关官制改革的内容如下：

光绪三十五年(1909 年)：厘定京师官制。宪政编查馆，会议政务处同办；编定文官考试章程、任用章程、官俸章程、宪政编查馆，会议政务处同办。

光绪三十六年(1910 年)：厘定直省官制。宪政编查馆，会议政务处同办。颁布文官考试章程、任用章程、官俸章程。宪政编查馆，会议政务处同办。

光绪三十七年(1911 年)：实行文官考试章程、任用章程、官俸章程。

光绪三十八年(1912 年)：颁布新定内外官制，宪政编查馆，会议政务处同办。

光绪三十九年(1913 年)：设立行政审判院。会议政务处，宪政编查馆同办。

光绪四十年(1914 年) ：试办新定内外官制。[①]

光绪四十一年(1915 年)：确定皇室经费，内务府，宪政编查馆同办。变通旗制，一律办定，化除畛域。变通旗制处办。设立审计院。会议政务处、宪政编查馆同办。

光绪四十二年(1916 年)：宣布宪法。宪政编查馆办。宣布皇室大典。宗人府、宪政编查馆同办。颁布议院法。宪政编查馆办。颁布上下议院议员选举法。宪政编查馆办。举行上下议院议员选举。民政部、各省督抚同办。新定内外官制一律实行。设弼德院顾问大臣。会议政务处、宪政编查馆同办 。[②]

在谈到制定九年筹备事宜清单和有关官制改革内容的初衷时，会

---

① 《宪档》(上)，第 66 页。在此项下没有注明主办单位，可能有疏漏。从前面内容看，此项的主办单位应是会议政务处和宪政编查馆。

② 《宪档》(上)，第 61—66 页。

议政务处和资政院官员说：

“至开设议院以前应行筹备各事，头绪至为纷繁，办理宜有次第，始终不懈，乃能聿观厥成。如行路然，必衣粮舟车，各物具备，而又逐日进行，不稍止息，乃能达其所向。总其大纲，预备自上者，则以清理财政，编查户籍为最要，而融化满汉畛域，厘定官制，编纂法典，筹设各级审判厅次之。……凡此诸大端，若预备未齐，遽开议院，则预算决算尚无实据，议院凭何监察；户口财产尚无确数，议院从何选举；一切法度尚未完全，与闻政事者何所考核；人民程度尚有未及，何以副选举被选举之资格；地方自治尚无规模，何以享受权利，担任义务。是徒慕开议院之虚名，而并无裨益政事之实济，非实事求是之道也。窃谓年限之远近，至速固非三五年所能有成，然极迟亦断不至延至十年之久。臣等公同商酌，拟自本年光绪三十四年起，至光绪四十二年止，限定九年将预备各事一律办齐，谨分别年限，胪列上陈。其应行召集议院之期，自应恭候钦定。”①

1908年，光绪、慈禧太后仅隔一日相继去世，清政府除重申仍以九年为限实行宪政外，②又批准宪政编查馆设立宪政考核专科。以监督、考核京内各部院、京外各督抚宪政筹备事宜(以每六个月为一期)。考核专科设总办一人，商承提调，管理本科事务；帮办二人，协同总办，管理本科事务，正科员二人，副科员八人，分司本科各事务。“所有奏咨文牍，由总办、帮办挈同科员详慎拟草，送由提调核同办稿，呈本堂王大臣核定，分别奏咨实行。其馆中编制，统计两局长，拟均派兼专科会办差使，以收联合统一之效。”③考核专科的具体官员，宪政编查馆奏派参议劳乃宣兼充总办，参议杨度和吴廷燮、章宗祥、沈林一、钱承志兼充会

① 《宪档》(上)，第56—57页。

② 《东方杂志》，第五年第十二期。

③ 《东方杂志》，第六年第十三期。

办，赵炳麟为帮办。[①] 同时，又奏准选派中央和地方各级官员 64 人为该馆一二等咨议官。并奏调陆宗舆、蒲殿俊等入馆办事。

宣统元年(1909 年)八月十四日，宪政编查馆在《覆核各衙门九年筹备未尽事宜清单》的折件中，将官制改革的权力进一步明确收归中央，不允许具体部门染指，这一方面反映清政府权力关系的调整，另外也反映了宪政编查馆在清末官制改革中的重要地位。

如对于吏部逐年筹备事宜清单的内容，宪政编查馆批示到：

"至厘定京外官制，文官考试任用官俸各章程，……系归宪政编查馆，会议政务处同办，业经遵照刊印誊黄，颁行天下，自未敢擅事更张。查会议政务处，吏部尚书本在与议之列，有应查核之处，自可随时商度，毋庸另订办法。又该部单内列有改订京外官革职、降调、罚俸、停升、记过各款切实办法，并增订各项处分条例，皆系文官惩戒章程之属。文官惩戒章程，本包于任用章程之内，该部所定各条，例应作为暂行办法，俟臣馆与会议政务处议定文官各章程颁布实行时，悉归文官各章程办理，以免两歧。"[②]上述内容，也反映了吏部在清政府行政中枢地位的进一步衰落。

又如关于法部的逐年筹备事宜，宪政编查馆批示说：

"惟法官亦属文官，惩诫章程本包于任用章程之内，该部所订惩戒进级各章程，应令作为暂行办法，俟臣馆与会议政务处议定文官各章程颁布实行时，悉归文官各章程办理。"[③]

清政府将预备立宪的时间确定为九年，是效仿了日本明治维新的做法，亦步亦趋。此点早已为学者们所诟病和指斥，姑不赘言。仅就九年筹备事宜中官制改革的内容而言，也很需要进一步推敲。

---

① 第一历史档案馆档案："宪政编查馆考察筹备宪政档"。

② 《东方杂志》，第六年第十三期。

③ 同上。

第一,《清单》规定第二年厘定京师官制(即中央官制),第三年厘定直省官制(即地方官制),但隔一年(第五年)才颁布新定内外官制,又隔四年(即第九年)才规定付诸实行。从制定到实行的准备期,似乎过久。正如宣统元年八月十四日,《宪政编查馆会奏复核各衙门九年筹备未尽事宜折》所指出:"盖九年中天时人事之不齐,水旱灾荒之互见,必欲按期按事一一观成,非特关于财政,不能逆睹其盈亏;既时会相承,亦恐多端之窒碍。"①

第二,《清单》规定第二年编订文官考试章程、任用章程、官俸章程,第三年试办,第四年实行,这似乎没有逻辑错误,但如和其他内容比较来看,则矛盾冲突显而易见。因为,文官考试章程,任用章程以及官俸章程,都是适应新官制而制定,没有新官制,便无法制定上述章程。换言之,新官制至少应当与文官考试章程、任用章程和官俸章程同时并行,而不应当瞠乎其后。清政府在此前的改革,如外务部、商部的设立,都是一边建立新机构,一边同时调整官员的任用和俸禄制度,并没有先实行了官员的考试章程、任用章程和官俸章程才有外务部、商部等新机构的产生。不仅如此,这种矛盾,直接影响着整个的官制改革,如咨议局章程的制定及其权限划分。宣统元年(1909年)五月初七,考察宪政大臣李家驹曾毫不客气地指出:"官制者,所以立行政组织之规模,即为法令施行之关键。官制不定,则一切法令亦不能定,在督抚且无所据以提出议案,而况咨议员更将何据以议决本省之单行章程规则乎?此不能无虑者四也。由是言之,厘定官制本当在咨议局开办之前,然后行政事务倚之为范围,立法机关据之为标准。否则议案先成,官制后出,无论各省议决在先之件,苟有与官制支吾者,必将一律废弃,即一切法制先官制而发布者,苟有违异,亦必大费修改,殊非计之得也。为今之计,

① 《东方杂志》,第六年第十三期。

惟有将内外官制速行厘定，提前试办，以为目前之准绳，即以杜日后之流弊。"[①]除此之外，也有人要求将弼德院提前试办，以维护皇朝基础，皇帝尊严，以御史庆福为代表。宣统二年（1910年）十月十四日，庆福上奏折说："方今我圣主仰承先朝之遗谋，远稽东西之良法，实行立宪，与民更始，于国会、内阁、审判诸机关即已叠奉明诏，次第筹办，独于弼德院，按照清单须在第九年始行成立。臣窃以为兹事于巩固皇权关系至重，国家有鼎立之机关，君上岂可无顾问之近臣。是以不揣愚昧，请旨饬下宪政编查馆，于厘定官制组织内阁之先，将弼德院提前赶办，迅速规定职制，以期组织完备。"[②]

看来宪政编查馆的官员们还是"察觉"到了这种矛盾。宣统二年十月二十九日，宪政编查馆大臣奕劻等奏《考核京外各衙门第三年第一次筹备宪政情形折》中，说："臣馆前以官制未定，官俸章程碍难厘定，请将颁布官制及试办年限提前，颁布官俸章程及实行年限展后各情形，于九月十四日具奏，奉旨：著依议，钦此。诚以官俸之等差，万无不渊源于官制之理，现在官制既属未定，则官俸必至无所依据，故请将官制试办年限提前颁布者，职是之由。"[③]这段话进一步验证了我们前面的结论，即宪政编查馆臣僚们与清政府政权核心人物的政见，有不同甚至矛盾，彼此都有难言之隐。

第三，《清单》有关官制改革的内容有避重就轻之嫌。应当说，逐年筹备的最终目的，在于立宪官制的达成。而立宪官制的最基本模式在于宪法——国会（或国会——宪法）——责任内阁（由责任大臣和各部

① 《宪档》（上），第535页，"考察宪政大臣李家驹奏考察日本官制情形请速立定内外官制折"，又见《东方杂志》第六年第七期。

② 《宪档》（上），第544—545页，"御史庆福奏请提前赶办弼德院以备君主顾问折"。

③ 《宪档》（上），第82页。

行政大臣组成的政府）——司法机构的建立，但在《清单》中，虽有新定内外官制的颁布，试办和实行，并没有具体内容，即没有提及建立什么样的新官制，组织什么样的政府，这种做法，与《钦定宪法大纲》的“精神”保持了高度的一致，两者都对建立何种政府、达成何种官制避而不谈，为日后的伸缩进退预留了广阔的空间。

基于上述三点，我们完全有理由说，清政府如果真按照《清单》内容去改革官制，清政府若“诚心”搞立宪官制，起码先修正《逐年筹备清单》。

对于《钦定宪法大纲》和《逐年筹备清单》的出台，社会舆论反映不一，有的批评清政府以此两个文件巩固专制权力，不给人民以自由；有的认为筹备九年时间太长，应向政府请愿，缩短期限；北京的士民则“欢声雷动”，“明诏宣示钦定宪法及召集议员的年限，实在是我大清国雄飞宇宙第一的大纪念日期，凡我全国各地方官及全国国民，应当悬灯结彩，开会庆贺才是”。于是，士民们在前门外结扎牌坊，上面缀满电灯，各铺户均悬灯五日，表示其“欢舞之忱”。①

但普通百姓是否真正具有如此高的政治敏感和热情，值得怀疑。

在重重矛盾与压力之下，宣统二年（1910 年）十二月十七日，宪政编查馆大臣奕劻等拟定并进呈修正宪政逐年筹备事宜。这次修改的重点，是有关官制方面的改革。其主要内容如下：

宣统二年（1910 年）：厘定内阁官制，厘定弼德院官制。

宣统三年（1911 年）：颁布内阁官制，设立内阁；颁布弼德院官制，设立弼德院；颁布施行内外官制；颁布施行各项官规；厘定皇室经费；颁布行政审判院法，设立行政审判院。

宣统四年（1912 年）：颁布宪法；颁布皇室大典；颁布议院法；颁布

① 转引自侯宜杰：《二十世纪中国政治改革风潮》，人民出版社 1993 年版，第 213 页。

上下议院议员选举法。

宣统五年(1913年):颁布召集议员之诏,实行开设议院。[①]

同修改前相比,这是一相对较为完整的立宪官制。因为,这份官制明确了设立责任内阁、设立弼德院、设立行政裁判院和开设议院(实即国会),这比第一个清单具体;内外官制与各项官规(应当包括文官考试、任用、官俸以及官员的监督、考核、奖惩等内容)同时颁布施行,比修改前提前了五年,这至少在逻辑顺序上更正了以前的矛盾。由宪政编查馆拟奏的这份修正清单,当天便得到清政府的批准,[②]成为下一步改革的法理依据。

## 第二节　《内阁官制》、《内阁办事暂行章程》以及《内阁属官官制》

### 一、清政府对《内阁官制》、《内阁办事暂行章程》和《内阁属官官制》等文件征求意见

在《内阁官制》、《内阁办事暂行章程》、《内阁属官官制》章程正式颁布以前,清政府先将此三个文件的草案下发京内各行政部,以征求意见,可见清政府对这些官制的出台十分谨慎。

目前尚未发现上述文件的草案原件。但是,我们从当时各行政部及其长官的说帖中,不但可以窥知草案的原貌,更可以了解清政府以及中枢臣僚们对改革官制所持的复杂心态。

---

① 《宣统政纪》,卷四十七。

② 《宪档》(上),第92页。

### 1. 各部说帖的内容

(1)吏部的说帖

吏部尚书当时是李殿林,为协办大学士。他代表吏部所上的说帖是:"谨将内阁及弼德院官制草案悉心阅看,并无意见不同之处,为此谨奏。"

堂堂协办大学士,对于如此重要的问题,焉能没有一点意见或看法?原因是,吏部自清政府官制改革以来,一直是众矢之的,在被裁之列。因而,李殿林干脆顺水推舟,表示没有意见,以讨好清政府。①

(2)度支部的说帖

度支部的说帖是这样开头的:"谨按内阁官制十九条、办事暂行章程十四条,弼德院官制草案二十三条,大抵采东西各国之成法,斟酌折中,义理条文,均臻周密。"由此可知,当时的三个官制草案内容分别有十九条、十四条和二十三条。

度支部除赞同设总理大臣,统一全国行政之外,反对在内阁制度完备、国会召开、监督机关确立之前,对臣工的具奏权限加以限制:"……惟第十条规定具奏事宜,虽为保事权之统一,杜议论之纷歧,揆诸立宪国通例,原无不合。但目前阁制甫经组织,议会方始萌芽,执行监督机关尚未完备,似宜稍宽限制。凡例得奏事人员,仍许其径行上奏,以广言路而达下情。"同时,度支部还要求,审计院成立之前,关于会计检查事项,仍归度支部办理。这是度支部不愿自己权力被重新分配的表现。②(按:度支部尚书当时是载泽)

---

① 第一历史档案馆:《朱批奏折·内政类》,"吏部尚书李殿林说帖"。

② 《朱批奏折·内政类》,"度支部说帖"。

(3)外务部的说帖

外务部赞同设总理大臣，以及草案中内阁与各部关系的处理，并认为弼德院的设立是本官制的特色。与度支部不同的是，外务部尤其赞同内阁总理于阁臣得发训令、得撤销部令，以及得带领阁臣入对的规定：

“伏读新定内阁官制，举凡总理大臣之权限，与夫内阁与各部之关系，审拟周详，折中至当，于明定责任之中，仍不失维护大权之意。其第六、第七、第八各条，明定对于各部大臣等得发训令并能停止撤销各部之命令及处分，第九、第十两条明定除特定法令外，凡入对具奏均须由总理大臣带领带递，均合于东西国之通例。盖不如此不足以谋政务之统一而专内阁之责成也。……此次弼德院官制于顾问大臣之资格既已定有明文，而于第六条第四项审议条约事件，为全权签字留一退步，此条如能办到，则不特可分内阁之责任，并可以协赞宸谟，维持舆论，洵称本官制之特色。”这表明外务部十分赞赏加强阁权，限制和削夺督抚以及各部之权。

除此之外，外务部还特别强调了四点。

第一，在此“暂行时代”(指上述官制尚属过渡)，必须确定行政方针，谋求行政统一，“盖内阁总理无方针则各部大臣无所适从，势必涣散而无归；各部不受成于总理则各部各自为政，势必与总理意见相冲突。其弊之小者，则总理与部臣不相能，甚者国事因之而败坏。”

第二，较为委婉地指出应将会议政务处裁去。认为会议政务处形同于各国阁议之制，而所议论者，不过御史之条陈，疆臣之封事，但对于国家大事，例如财政、外交、军事等，则很少涉及，“似宜随时协商，折中一是”，否则，“部与部不相谋，部与省不相谋，幸而不谋而合，则犹可以维持行政之表面；不幸所谋相左，其不致贻误者几希。”

第三，指出即将出台的内阁与军机处显然矛盾冲突，应预先量为变通，实际是说军机处已无存在之必要。

第四，要求从速设立行政裁判院："……至行政裁判院为审决官民纷争之机关，有行政审判院而后资政院院章、督抚与咨议局异议事件归资政院核办之条乃可废。第二次资政院开会可省无数冲突。按之事实，该院实不宜再缓。"①（按：外务部尚书当时是邹嘉来）

（4）海军部的说帖

海军部因刚设立不久，事关军政，属特殊行政部门，其说帖内容不多。除建议海、陆军部和海军司令部的名称应加斟酌外，主要强调内阁总理大臣和协理大臣要定时与各部大臣沟通："内阁办事暂行章程第二条拟加除前次会议外，内阁总理大臣或协理大臣于每日退值后，应定时刻在政事堂与各部大臣接晤。"②（按：海军部大臣当时是载洵）

（5）民政部的说帖

民政部尚书当时是善耆，此人虽属皇族近支，却较为开明。他领衔的说帖指出内阁官制与内阁暂行章程精神有不符之处，希望随时斟酌修正，语气十分温和：

"查内阁弼德院官制草案援引赅括，意见均属相同。内阁暂行章程与内阁官制之精神似有未尽符合之处。惟此系施行之始，不得不稍示权宜，将来有无窒碍，应再随时酌议修正，以臻完备。"③

（6）农工商部的说帖

农工商部尚书为溥伦，同样为皇族近支。由他领衔的农工商部说

① 《朱批奏折·内政类》，"外务部尚书会办大臣邹嘉来谨具说帖"。

② 《朱批奏折·内政类》，"海军部议内阁官制及内阁办事暂行章程说帖"。

③ 《朱批奏折·内政类》，"民政部尚书善耆说帖"。

帖认为，立宪国制度以内阁总理大臣代君主负行政责任，中国如果谋求行政统一，自应参照君主立宪国规制，以内阁为行政总机关。指出，“所拟草案各条，征引详明。”同时又说，“弼德院则为皇上顾问国务之地，必与内阁权势相等方不至于偏重之患。”可以看出善耆最关心的是弼德院应尽可能牵制内阁，以避免皇权旁落。[①]

(7)法部的说帖

法部尚书为绍昌，满族人。以他领衔的法部说帖，认为诸官制草案完美无缺，毋庸再议：

“恭读内阁办事章程及各项草案，虑周藻密，于中外情势洞悉靡遗，以现在过渡时代而论，毫无可议。间有与将来新官制未及接洽者，尽可随时由总理大臣酌度情形，奏明修正。”[②]是否因为自己身为满族重臣，绍昌才说“毫无可议”呢？

(8)学部的说帖

学部尚书唐景崇就内阁办事暂行章程、内阁官制、以及弼德院官制分别上了三个说帖。

唐景崇认为《内阁办事暂行章程》参酌中外制度，体现了因时制宜、循序渐进、先立内阁之形式，再求内阁之精神，以此为过渡办法，倒是没有什么不可。他所担心的是至宣统五年设立议院时，将实行完全内阁制度，“是届彼时此项办事暂行章程能否撤销，伏望圣明洞鉴，毅然乾断，早决大计以应事机，是系于宪政成立，诚非浅鲜矣。”

实际上，唐景崇是在怀疑清政府对于实行立宪官制的诚意 。

---

① 《朱批奏折·内政类》，“农工商部尚书溥伦谨议内阁及弼德院等官制草案说帖”。

② 《朱批奏折·内政类》，“法部尚书绍昌谨议内阁官制说帖”。

对于内阁官制草案，唐景崇认为各条均系参酌各国制度，折中定义，尤其注重保持行政统一，比之于各国制度更加周密。同时，他根据日本及其他西方国家的宪政制度，具体提出如下的修改意见：

“第九条，谨拟于或商明内阁总理大臣下增改如下：或蒙特旨召见亦得自行入对。”

唐景崇陈述增加此点的理由是，日本副署制度是，主管大臣于专任事件必经主管大臣、副大臣副署。各部大臣既法定担负责任，则偶有入对主管事件，固在各大臣权限之内。这一点被清政府采纳。

“第十二条第五款，谨拟将奏任以上四字改为简任官三字。”

改奏任以上为兼任官三字的理由，唐景崇说各国任用文官的办法，一般分高等文官和普通文官。奏任官以上均为高等文官，与委任的普通文官有所区别。高等文官又分亲任、敕任、奏任三种，而奏任官地位最低，与国家高等行政无太大关系，因而他们的进退不必由内阁会议。改奏任为简任的目的，说是为了“使内阁得以有余时间另议他项要政也”，换句话说，唐景崇不愿内阁过于揽权。也许正是由于这一点触到了清政府的痛处，没有被采纳，这可以在后面内阁官制的正文中得到验证。

“第十二条下拟增一条如下：

第……条

各部大臣得以其所见，无论何等事项可提出于内阁总理大臣，请求阁议。”

唐景崇陈述增加此条的理由是，内阁制度应是一种合议制度，源于欧洲。这一点没有被采纳。

以上是唐景崇关于内阁官制草案的意见。

关于弼德院官制草案，唐景崇说：

“谨案弼德院官制与内阁、议院互相为用，考法、德、美各国均设有参事院、国务院，略具枢密顾问性质。英国枢密院发达最早，适用亦广。虽为日本之所仿效，而枢密院之制，要以日本为最善，此弼德院草案专采日本枢密院制度。……该院上备皇帝顾问，实属三公坐而论道，而为宪法上最高之辅翼之机关，将来皇室大典，宪法与条约及重要交涉事件皆须交该院核议，实属职任重大。但立法不厌求详，……此官制草案虽未定明皇帝亲临字样，然其精神自应具在。如该院成立，皇上现尚典学，监国摄政王自可莅院亲询以示隆重。"①

唐景崇上述建议的关键，在于要求皇帝应亲临弼德院，既示优崇，更重要的是体现皇权对这一顾问机构的控制，确保大权不致旁落。清政府对唐景崇的这一建议看来十分欣赏：其后发表的弼德院官制，开宗明义第一条便是："弼德院为皇帝亲临顾问国务之所"。

(9)礼部的说帖

礼部尚书当时是荣庆。荣庆主要从中央与地方权限尚未厘清的角度，建议内阁暂时不要过分"压迫"和削夺督抚之权，目的是不要激成地方的众怒：

"内阁官制第七条（内阁总理大臣）对于各省长官及各藩属长官于其命令处分得令停止或撤销之。现在中央地方问题尚未解决，且地方辽阔，与日本情形不同。可否照第五条办法，改为奏明停止或撤销之。"

清政府采纳了这条建议，并在此基础上做了变通，规定内阁总理大臣于各省行政长官及各藩属长官的命令处分，如认为不当，"得暂令停止，奏请圣裁"。

另外，荣庆还指出不应过分限制言路。他说在改定官制之始，法律

---

① 《朱批奏折·内政类》，见"学部尚书唐景崇谨具内阁办事暂行章程说帖、学部尚书唐景崇谨具内阁官制说帖、学部尚书唐景崇谨具弼德院官制说帖"。

未备，若过于限制建言之人，恐失朝廷“兼听并观之明”，因而，《内阁办事暂行章程》中，“于内外官制未经一律施行以前，言官得奏劾国务大臣，于条奏国务不适用”的规定，应作修改：“可否将例许言事之人弹劾官吏、条陈时政两事均暂仍旧制，但不得摭拾攻讦，淆乱是非，徒渎圣聪”。这一建议没有被采纳 。[①]

**2. 各部说帖评价**

上述各部说帖中，缺少陆军部、邮传部和理藩部的内容，笔者在查阅档案时便发现了这一问题，至于为什么没有此三部的内容，不得而知。但这并不影响我们对整个问题的评价。

就各部对三个官制草案的意见来看，持否定态度的没有，持完全赞同态度的有吏部、法部、农工商部；持赞同态度又提一点无关紧要建议的有海军部、民政部；基本表示赞同，又提出关键问题的，有度支部、外务部、学部、礼部。其中，度支部与礼部意见十分接近，都反对限制言论上书权，但礼部还同时主张暂不过分限制督抚的权限；外务部除别出心裁大加赞赏削夺、限制督抚以及部权外，其他所提统一行政、裁会议政务处和军机处、速设行政裁判院，都确有见地，有的放矢；相比之下，学部尚书唐景崇对于三个官制草案的签注最为认真，他为此分别上了三个说帖，并具体地指出应修改增补之处有四点（均为实质性的问题），但决策者只采纳了两点。

如果我们再来分析一下各部的情况以及其长官的民族身份，可能会更有助于理解他们的初衷。

吏部尚书李殿林，汉族人；法部尚书绍昌，满族人；农工商部尚书溥伦，满洲人；海军部大臣载洵，满洲人；民政部尚书，善耆，满洲人；度支

① 《朱批奏折·内政类》，“礼部尚书荣庆说帖”。

部尚书载泽，满族人；外务部尚书邹嘉来，汉族人；学部尚书唐景崇，汉族人；礼部尚书荣庆，蒙古人。

上述九部的长官中，满蒙与汉的对比是6∶3。即使有另外的陆军部、邮传部和理藩部参加签注，满汉对比一定是8∶4，因为陆军部和理藩部长官当时分别是荫昌和寿耆（均为满人），邮传部是唐绍仪（汉人）。最终的比例还是2∶1。

在这种情况下，不用解释三个官制草案为什么没有遇到反对的声音，也不难理解，为什么邹嘉来和唐景崇还能"起劲"地提点意见。

### 3. 张荫棠和欧家廉对于《内阁官制》等章程的意见

《内阁官制》颁布之前，围绕着建立怎样的新内阁问题，还有许多人"自告奋勇"地向清政府条陈意见，发表看法。这些人以曾经出使美国、墨西哥、秘鲁、古巴的大臣张荫棠和御史欧家廉为代表。

宣统三年（1911年）二月二十日，张荫棠一天之内连续向朝廷上两份奏折，第一份奏折陈述如何设责任内阁，第二份奏折陈述内阁总理应由朝廷任命并请早定宪法早开国会。

在第一份奏折中，张荫棠指出必须设责任内阁，以总司全国政纲，励精图治；调整现有行政各部，于度支、外务、司法（即法部）、海军、陆军、民政、学务、邮传、农工商九部外，改理藩院为理藩部，形成行政十部；各行政部均隶于内阁，以各部之长一人入阁办事；内阁设编制、行政、考功三局，以及行政裁判、文官登用实验二部，以"分职任事，庶可以统筹国务，划一政策，上下相维内外连贯，厉行新政，收日起有功之效矣"。

设立责任内阁和调整行政各部，必然要对旧内阁、军机处等衙门做相应的裁并，为此，张荫棠提出：

"既已设立内阁，集十部而组织一贯内阁，复分三局、二部以办事，则现时之军机处、会议政务处及吏部诸职权，可归并于内阁之中。礼部可裁，案卷分移于学部及拟设之文教院；都察院可裁，人才可酌纳于文教院；翰林院可改为文教院，另设新院规；国子监改隶学部（按：国子监此时已改隶学部）；通政使司改隶邮传部；现有之内务府当扩充职掌，司理皇室事务之不关于国家政治者；府、寺闲曹可准酌裁撤，归并一署。”

除此之外，张荫棠还建议设立不隶于内阁之大审院和会计检查两院，以谋求司法独立：“司法与行政官吏分职任事，不相统摄，已为立宪国之通例。”①

设立责任内阁之后，内阁总理大臣的人选和任命权操自于谁，关系到朝廷大权根本所系，非同寻常，因而张荫棠在第二折中，明确指出内阁总理大臣应由朝廷简任，反对用“廷推会选”（即朝廷推荐，议员选举）他说：“考任命内阁总理大臣之职，非独立宪之国此权悉属君主，即共和之国此权亦属于总统。法制又鉴于无取立异，若必以廷选会推为公，不独使朝廷抛弃大权，无此治体。又因此而纵朋比营私之弊，开夤缘奔竞之门，巽懦者随顺若脂韦，强歧者始争成水火，一时姑息，隐祸无穷，筑室道谋，成效盖寡，今欲立新内阁，其总理大臣之任所以必要简在帝心出自朝命也。”至于内阁的组织方式，他建议“君主以己所信任而授职于总理大臣一人，总理大臣又以己之所信任而推荐各部大臣，请于君主登任之。”认为在立宪国家采取这种方法，会防止“权臣”弄柄的现象，进而可保皇权无虞。②

与张荫棠的主张类似，御史欧家廉对于内阁官制所念兹在兹的，是必须预防朝廷大权尾大不掉，旁落他人。为此，他提出这样几点：第一，大臣不可无正副。无正副则庸者寡助，才者擅权；第二，内阁以外不可

---

① 张荫棠此折，见《宪档》（上），第549—554页。

② 此折见《宪档》（上），第555页。

无独立衙门。无独立衙门则朝论委靡，有利不能兴，有弊不能革；第三，自各部大臣以下不可经由总理大臣始得入奏、会同总理大臣始得进见。诸臣不得入奏不得进见，则耳目壅蔽，一人孤立于上，群臣横行于下，则言规定奏事各权者不可从也；第四，总理及各部大臣不可由议院举措。由议院举措则予夺在人，君不得有其臣，臣不得有其政，则以攻击政府为事者不可从也；第五，总理及各部大臣不可负连带责任。负连带责任则俱进俱退，小则开富贵攀附之风，大则酿朋党争夺之祸，则明目张胆以组织政党为事者不可从也。在此折的最后，欧家廉强调："现在国中程度未一，民智未开，侻舌于君主不负责任之言，以政府付内阁，以内阁付议院，设有一桀骜者乘之而起，上不听命于朝廷，下不受制于议会，尾大不掉，将如之何。即或议院可用矣，而又有桀骜者驱以势利，结为腹心，相为首尾，又如之何。与其悔之于终，无宁慎之于始。"①

上述张荫棠、欧家廉两人的陈奏，发生于内阁官制等一系列改革文件颁布前夕，代表了自丙午改制以来，有关责任内阁、内阁臣僚、行政关系、朝廷大权诸关键问题上，清朝统治者内部较有远见一部分人的主张。尤其张荫棠身为驻外使臣，对于西方的政治体制和运作模式，以及其利弊，都有较深切的认识，因而他不主张完全仿行西方体制，建议在保证朝廷大权不旁落的前提下，设责任内阁，颁宪法，开国会，调整行政各部，厘清皇室事务与国家政治之关系，进而裁撤、归并相关衙门，对症下药，应当说是颇有见地的。同上述各部的说帖相比，张荫堂和欧家廉算得上直言敢讲之人了。

## 二、《内阁官制》的内容及其特点

根据修改后的《逐年筹备事宜清单》，通过"广泛"征求各部大臣的

① 欧家廉奏折，见《宪档》(上)，第557—558页。

意见，宣统三年（1911 年）四月初十日，宪政编查馆和会议政务处会奏了共同拟订的《内阁官制》，共十九条，其主要内容可概括如下：

第一，内阁成员与内阁总理大臣、内阁总理大臣与地方之关系。内阁成员全部称“国务大臣”，共设十人：外务大臣、民政大臣、度支大臣、学务大臣、陆军大臣、海军大臣、司法大臣、农工商大臣、邮传大臣和理藩大臣。内阁总理大臣领导国务大臣，同时可指挥各省长官和各藩属长官，可发训示、阁示，可停止其违法事件。

第二，内阁与皇帝之关系。国务大臣辅弼皇帝，担负责任。内阁总理大臣得随时入对。各部大臣就所管事件得随时会同内阁总理大臣或请旨自行入对。其他人员也可根据情况或由国务大臣带领入对，或者应特旨入对，最终的裁决权在君主。皇帝可特任国务大臣，不在常设之列。陆军大臣、海军大臣直接对皇帝负责，不对内阁总理大臣负责。

第三，国务具奏及署名办法。涉及全体的国务事件，由国务大臣会同具奏；专涉一部或数部事件，由内阁总理大臣会同该部大臣具奏；其他人员奏事由国务大臣代递，特殊情况除外；有关法律饬令和国务谕旨的办理采取同样办法署名。

第四，规定了内阁会议内容：法律案、敕令案、官制、预算、决算、条约、交涉、委任以上官员之进退、行政事务、特旨发交及议院移送事件、其他应议事件。内阁会议以内阁总理为议长。①

上述内阁官制十九条的出台，是经过修改的《逐年筹备事宜清单》的应有之义，更是由于国内局势的发展使然。宣统二年，发生了全国性的请开国会、组织内阁高潮，更有甚者，这一年末，全国十八省份的督抚，另外包括部分将军和都统，经过彼此磋商，一致达成共识，联手向朝廷发出加急电报，一方面发泄对清政府自新政以来举措乖张的牢骚不

① 《内阁官制》的内容，见《宪档》(上)，第 559—563 页。

满，同时奏请速开国会、成立内阁。对于清政府而言，这无异于当头一棒，晴天惊雷，标志着清朝统治权威最重要基础的急剧丧失，因而清政府不得不认真对待。这就是为什么《内阁官制》在宣统三年（1911 年）上半年颁布，而没有再拖下去的原因。

如果说，丙午官制改革中的《内阁官制初议草案》是中国历史上第一个具有西方政治色彩的内阁草案的话，那么，上述的《内阁官制》则是中国历史上第一个正式融合中西的内阁官制。同前者相比，《内阁官制》具有以下特点：

首先，明显提升了内阁总理大臣的地位和权力。表现在明确内阁总理大臣为国务大臣之领袖；内阁总理大臣有权停止各部大臣不当的行政举措；内阁总理大臣得训示、监督指挥各省及藩属长官；

第二，明确了内阁的构成以国务大臣组织之。国务大臣由内阁总理、外务大臣、民政大臣、度支大臣、学务大臣、陆军大臣、海军大臣、司法大臣、农工商大臣、邮传大臣、理藩大臣组成。这也明确了行政部门改革的方向。

第三，《内阁官制》将原来《内阁官制初议草案》中各部长官由“尚书”改称“大臣”的做法，明确固定下来，反映了各部首席长官地位上升的趋势。

第四，《内阁官制》对丙午官制改革后所形成的行政格局，作了进一步的调整，即裁掉吏部、礼部，改理藩院为理藩部，形成行政十部。同《内阁官制初议草案》相比，减少了吏部，其他各部虽名称有所不同，二者精神却是一致的。

### 三、《内阁办事暂行章程》的内容及其特点

《内阁办事暂行章程》与《内阁官制》同时颁布，共十四条，其主要内容有：

第一,规定内阁成员的产生办法。总理大臣和各部大臣均由皇帝特旨简任。内阁总理大臣下设协理大臣一员或二员,必要时可代行内阁总理大臣职务。

第二,规定内阁议事机构为政事堂。

第三,规定内阁对皇帝的值日办法,总理大臣、协理大臣每日入对;各部大臣轮班值日,根据情况可自行入对或会同总理大臣、协理大臣入对。

第四,规定其他人员的奏对办法。内外新官制未经一律施行以前,按照向例,得蒙召见人员于国务有所陈述者,由内阁总理大臣、协理大臣带领入对。其御前大臣、领侍卫内大臣、军咨处、海军司令部、宗人府、内务府各大臣、弼德院院长、咨政院总裁及其他蒙特旨召见,或法令有特别规定者,如八旗都统,前锋、护军、步军各统领,或办理旗营,或宿卫宫禁,不负国务上之责任等官皆是,不在此限。各省将军督抚,除请安请训,及奉特旨召见外,其于国务有所陈述者,应先商明内阁总理大臣、协理大臣或主管各该部大臣,会同入对。

第五,关于国务陈奏事件,在内外新官制未经施行以前,凡例应奏事人员,及言官奏劾国务大臣,仍得自行专折入奏,候旨裁夺。凡关于一部之具奏事件,其重要者,应会同内阁总理大臣、协理大臣具奏。其寻常例奏,可径由该部大臣具奏,仍俟上奏后,抄稿咨送内阁查核。前项重要事件及寻常例奏事件,应由内阁总理大臣协理大臣会同各部大臣分别规定,奏请圣裁。①

《内阁办事暂行章程》(以下简称"章程")是对《内阁官制》的进一步解释和阐述,使事权具体明确化。与1906年的《内阁官制初议草案》(以下简称"草案")相比,有所异同。

---

① 《内阁办事暂行章程》的内容,见《宪档》(上),第563—565页。

第一,二者均设内阁总理大臣一员,但“草案”拟设副大臣一员,而“章程”改为设协理大臣一员或二员,名称虽异,实质则同,目的在于分总理大臣之权。

第二,“章程”规定裁撤旧设内阁、办理军机处、会议政务处,实际采纳了“草案”中将上述三部门归并于新内阁的主张。

第三,“章程”对地方督抚的权限,比“草案”作了更严格的限制。督抚如对国务有所指陈,除应商明内阁总理大臣、协理大臣之外,还要经过有关行政各部大臣,这就把督抚的权限,裁割到了十分可怜的地步,这就是为什么民政部尚书善耆在说帖中含蓄地指出,“内阁暂行章程与内阁官制之精神,似有未尽符合之处”,而学部尚书唐景崇则干脆说,“谨按此次内阁办事暂行章程,…… 先立内阁之形式,再求内阁之精神”。

第四,“章程”对内阁的运作办事方式等的规定,都比“草案”更加具体详细一些。

总的来看,“章程”和“草案”是一脉相承的,二者指导思想是一致的。这说明 1906 年的“草案”,清政府迟至 1911 年才将其改头换面抛出来,怎么不会贻误历史时机呢?

## 四、《内阁属官官制》的内容及其特点

清政府于颁布《内阁官制》和《内阁办事暂行章程》的当天,组建了以奕劻为内阁总理大臣的新内阁。《内阁属官官制》由内阁总理大臣奕劻等主持制定,于宣统三年(1911 年)五月二十七日奏呈颁布。这个官制与《内阁官制》、《内阁办事暂行章程》相配套,是清末新官制的重要内容之一。《内阁属官官制》共十五条,主要内容有:

第一,规定内阁属官及任命办法。内阁属官有阁丞(简任)、厅长(简任)、局长(简任)、副厅长(简任)、佥事(奏任)、印铸局艺师(奏任)、

印铸局艺士(委任)、录事(委任)。

第二,规定上述官员的职责。阁丞承内阁总理大臣之命管理阁务,监督指挥各厅局并进退本阁委任各官,阁丞有事故时,由承宣厅厅长代理;厅长承内阁总理大臣之命掌机要文件,管理承宣厅事务,并监督指挥本厅各官;副厅长佐厅长之职务,厅长有事故时由副厅长代理;局长承内阁总理大臣之命管理局务,并监督指挥本局各官;副局长佐局长之职务,局长有事故时,由副局长代理。

第三,规定内阁下设机构。内阁下设一厅四局:承宣厅、制诰局、叙官局、统计局和印铸局。承宣厅相当于办公厅,负责颁发谕旨、收发文件、谕宝阁印、阁议事件、图籍管理等。制诰局和叙官局职掌相当于吏部和礼部的职掌。统计局职掌主要有:统一各部统计事件、办理不属各部统计事件、刊行统计年鉴及报告事件、交换各国统计表事件和统计会议事件。印铸局职掌有官报及法令全书、职官录之编辑发行事件、官报等及其他官文书印刷事件、册宝、印信、关防、图记等铸造颁发事件。

第四,规定内阁办事人员。内阁办事人员有佥事、艺师、艺士、录事。佥事承阁丞及厅长、局长之命分任各厅局事务;艺师承局长之命办理印铸事务;艺士承上官之命办理印铸事务;录事承上官之命缮写文件,办理庶务。①

上述《内阁属官官制》是清末新官制的重要文件之一,因为:

第一,《内阁属官官制》明确规定了内阁属官的组织机构,即由承宣厅、制诰局、叙官局、统计局和印铸局组成。

第二,《内阁属官官制》明确规定了文官的三种任命产生方式,即简任、奏任和委任。简任取"简在帝心"之意,此类官员由皇帝亲自任命,臣僚不得干预;奏任指先由长官提出具体人选,然后提交皇帝选择任

---

① 《宪档》(上),第573—575页。

命;第三类委任官指由具体部门长官独立任命的官员,此类官员品级最低。

第三,内阁属官的组织机构,进一步明确和决定了其他一些行政部门职能的进退和调整。制诰局的职掌中,前一、二、三、四、五、六、七、九项职能分别属于原吏部、礼部、理藩院等部门;而第八项职能,即"外国勋章、宝星受领佩带事件",则本属于外务部职权范围。叙官局的职掌,基本相当于原吏部四个清吏司中文选清吏司、考功清吏司和稽勋清吏司的职能,而且还有所加强,增加了关于文官考试事件和文官处分事件。因而在某种程度上,我们可以说叙官局相当于原吏部。统计局是一新设部门,适应国家机构近代化的需要而产生。印铸局即原礼部内设的铸印局,除保留原掌监铸印的职能外,还增加了上述第一、第二条职能。通过这种分析,可以看出清政府最后所裁撤行政部门的职能,转移到了内阁,内阁职权不但没有削弱,反而有所加强。清末的中央集权,于此又可见一斑。

第四,与各行政部不同,内阁属官官制规定了自成一格的文官系统,即

阁丞→厅长→局长→副厅长→副局长→佥事→艺师→艺士→录事的模式。

其中,阁丞、佥事、录事都是新设官职和新定名词,而艺师、艺士则是沿用了各行政部的做法。内阁属官官制所设置的文官系统,于清末的官制研究,有一定价值。

# 第三节　《资政院官制》(院章)和《弼德院官制》

## 一、《资政院官制》和《资政院院章》

清政府于官制改革所设定的最终目的，是要达成立宪官制。要立宪，便必须组织责任内阁，并设立与内阁对应的国会。如考察政治大臣端方就曾建议设集议院，以为“良以为国会即难骤开，若不设此机关则宪制终难成立，不如先立此院以为练习之区，凡各州县所陈利病得失，皆上达政府以备采择而定从违，亦准建议条陈并通舆情而觇众见，至于财政之预算决算亦必属之。”[①]显然端方提出的集贤院是国会的过渡。光绪三十二年(1906年)丙午官制改革中，庆亲王奕劻等奏呈厘定中央各衙门官制的奏折，第一次提出设立资政院，就其性质，说“立法、行政、司法三者，出立法当属议院，今日尚难实行，拟暂设资政院以为预备外，行政之事则专属之内阁各部大臣。”[②]光绪三十三年(1907年)八月十三日，清政府在“设立资政院派溥伦孙家鼐为总裁并会同军机大臣拟订院章”的谕旨中，明确指出：“中国上下议院一时未能成立，亟宜设资政院以立议院基础，著派溥伦、孙家鼐充该院总裁。”[③]可见资政院与端方主张的集贤院都属国会性质的过渡机构。

资政院官制(院章)先后经三次厘定，第一次在光绪三十二年，即丙午改制中，制定的是一部尚属完整的资政院官制(当时不称院章)；第二次是在光绪三十四年，只拟订了资政院总纲、选举两章；最后一次于宣

① 《端忠敏公奏稿》，卷六。

② 《宪档》(上)，第464页。

③ 《宪档》(下)，第606页。

统元年七月，在前两次的基础上，进行了较为全面的改订、修订，改称为院章。下面对此三次厘定的资政院官制（院章）分别加以评述。

### 1. 丙午官制改革中的《资政院官制》

光绪三十二年（1906 年），编纂官制大臣拟以三权分立原则改革传统官制，为此上奏厘定《资政院官制》的初衷，可以归结为三点：

第一，立议院基础，并疏通舆论。“资政院设立之意，即为将来立宪预备。……近世文明日进，议院林立，与周书谋人之意符合。日本于明治二年设集议院。凡上有所创，必付议院行，下有所陈，亦由议院达。以故军民一体，上下同心，有战则人尽当兵，有费则人愿加税，富强之故，有由来也。中国此时程度诚不能早设议院，但谕旨明示预备立宪则必博采舆论，以宣上德而通下情。”

第二，牵制内阁，防其专权。“现拟官制，内阁设总理大臣一人，左右副大臣各一人，言官弹奏多以政府权重为词，不知东西各国内阁只总理大臣一人，从无专权之事，因有议院持其后，舆论所是者政府不得非之，舆论所非者政府不得是之。不得已而解散议院，惟君主大权可行，虽政府无权焉。”

第三，消弭矛盾，预防革命，收拾人心。“近日民智渐开，收回路矿之公电，告讦督抚之公呈，纷纷不绝。……专设一舆论总汇之地，非经由资政院者不得上闻，使院当舆论之冲，政府得安行其政策，而民气疏达，亦不至横决难收，保全甚大。”

以上述目的为指导思想的资政院官制，不分章，统有五十二条。根据其内容，可归纳为下述几个主要方面：

第一，资政院性质及其首要负责人（第一条至第三条）。资政院“采取舆论，以通达下情，条陈治理，为预备立宪”。设总裁一人，同时为议长，由王公大臣简放；设副总裁二人，为副议长，由曾任尚书侍郎督抚及出使大臣简放。

第二,资政院参议员的任职资格及产生办法(第四条至第十条)。资政院设参议员名额130人,由钦选、会推和保荐产生。具体分配办法是,王公世爵勋裔已满35岁者,钦选10人;京员已满30岁者,会推54人;各省官绅士商已满30岁者,由(全国22省)督抚保荐66人。除此之外,还规定若有"勋德闻望之绅耆或富商报效巨款至五万金以上者,均得奉特旨钦派为额外参议员"。同时,对参议员的资格进行了限制,即陆海军人员和军人、司法各官、巡警各官、收税各官、审计官、行政裁判官、学堂肄业之学生、小学堂教员、以及管理选举事务各员。

第三,资政院开院日期以及议事权限。资政院开院日期规定在每年正月二十日至四月二十日,会期三个月;议事权限,包括奉旨饬议事项、新定法律事项、岁出入之预算事项、税法及公债事项、人民陈请事项(第十一条至十三条);凡关涉司法及行政和审判之陈请事件,资政院不得收受(第三十七条);资政院不得向人民发贴告示及传唤人民(第四十条)。

第四,资政院与内阁之关系。规定资政院所陈事件,由总裁副总裁咨送内阁请旨施行;若内阁总理大臣认为不可,须加以说明;资政院无权强迫政府;资政院于重要事件可由总裁副总裁联衔封奏,并得自行请旨入对;资政院会议事件如由内阁交议者,应会同内阁总理大臣、左右副大臣联衔具奏(第十四条至第十六条);内阁交议事件不经调查科之调查不得议决,但紧急事件不在此例(第三十一条);资政院遇特派调查科员时,应咨明内阁政务大臣查照(第三十三条);资政院议定事件由总裁副总裁咨明内阁,若经内阁交令再议时,得重行开议,但以三次往复为止(第三十四条);资政院参议员得30人以上同意呈递说帖,经总裁、副总裁咨商内阁候覆(第三十五条);资政院于第十三条陈请事件公议许可时,应递说帖咨送内阁候覆(第三十六条);资政院议事日记由总裁副总裁咨送内阁政务大臣查照(第三十八条);资政院于开院期内除内阁政务大臣外，不得与他种衙门文书往还（第三十九条）。

第五，资政院会议规则（第十七条至二十五条）。主要内容规定资政院会议分通常和临时两种；非全院人员三分之二以上列席不得开议；参议员须遵守规则，违反者受惩处等。

第六，资政院议员的提议权及表决（第二十六条至三十条）。规定资政院参议员有专折奏事之权，于本院现行开议之事不得陈奏；资政院有行提议事件，非有参议员30员以上同意者，不得开议；资政院会议决议，以参议员过半人数同意时确定，若可否同数，由议长确定；用抽签法分参议员为数科，每科置科长一人；资政院有调查事件时，可特设调查科员调查其事。

第七，资政院参议员的人身保护。规定资政院参议员除现犯罪案外，当开院时期，苟未经总裁副总裁许可者，不得逮捕（第四十一条）；资政院参议员公务上之言论行为，他人不得加以诽谤侮辱或嘱托迫胁，如有以上等情，该员得据实呈控（第四十二条）；资政院人员遇有被检举不合资格时，由总裁副总裁选派调查科员查明议决（第四十七条）；资政院参议员请假时不得逾十日，如逾十日者必经总裁副总裁许可，惟不得请长假（第四十八条）；资政院参议员非确有正值先期呈明总裁副总裁核定者，不得临时托故不到（第四十九条）；资政院参议员以外，不经总裁副总裁特许者，不得入座旁听（第五十条）。

第八，资政院的内设机构。规定资政院设院正、院副各一人；设秘书厅，由参议员公推正副各三人，呈由总裁副总裁开单请旨简派（第四十三条）；秘书厅设书记官长一人，书记官数人，承总裁副总裁之命编纂议事日记及各种文件，兼理会计庶务（第四十四条）。资政院书记官长为请简官，书记官为奏补官（第四十五条）。

第九，资政院人员的任期。规定资政院人员以二年为一任，任满时奏请钦选并举行公推保荐，其任满仍被推荐者，仍得连任，惟连任以二次为限(第四十六条)。[1]

上述资政院官制具有明显的时代特点。

第一,全文共分五十二条,不设章目,将资政院的职掌、权限、人事、部门关系等交混在一起,没有做到官制条文的逻辑严密,条分缕析,换言之,此官制的"包装"十分粗糙,类似一个草案或初稿。

第二,资政院官制体现为清王朝专制政府服务的目的。表现在总裁和议长由王公大臣简放,副总裁和副议长必须由曾任尚书、侍郎、督抚及出使大臣的人员简放。

第三,资政院参议员的名额分配体现了一定的开放精神。这体现在所规定参议员 130 人中,王公世爵勋裔(钦选)仅占 10 人,其他京员(会推)和各省(督抚保荐)共占 120 人,减少和淡化了皇权的干预,但缺点是各省名额共有 66 人,过少。

第四,资政院不具有国家最高立法和监督机关的职能,缺少独立性,有内阁之附庸的嫌疑,与"牵制内阁,防其专权"的目的不符。体现在"请旨入对"、"若经内阁交令再议时,得重行开议,但以三次往返为止"(内阁如何能命令具有国会性质的资政院?)、资政院议事日记由总裁副总裁咨送内阁政务大臣查照(于法理不通)、资政院于开院期内除内阁政务大臣外,不得与他种衙门文书往还(这样如何做到"疏通舆论"),等等。

第五,资政院参议员的任职资格和限制存在严重缺陷。规定军人、司法官、巡警官、行政裁判官独立于立法机关之外,体现了权力分立原则,这是立宪政体的理论基础,但禁止小学堂教员、管理选举事务人员、收税官、审计官等任资政院参议员,则毫无道理;另外,规定报效巨款五万金以上,便可充任额外参议员,这为贿选议员、金钱政治打开了方便

---

① 此《资政院官制》见《清朝续文献通考》,卷一一七,"职官三"。

之门，很容易损害国家政治的崇高性、尊严性、严肃性。

第六，此资政院官制比较独特而值得圈点的地方，是它规定了资政院的议事权限，保护参议员的人身权利，规定了资政院人员的任期（等于废除议员终身制，此前的《内阁官制》以及《内阁属官官制》等，则无此规定）等。

可以说，资政院官制只部分具有立宪国会的性质，是历史过渡期的产物。由于当时慈禧太后否定了设立责任内阁的动议，因而这份《资政院官制》也就没有公布。

**2. 光绪三十四年（1908 年）的《资政院院章》**

光绪三十四年（1908 年）六月初十日，资政院等奏拟订资政院院章折，"旁考各国成规，揆以中国情势"，拟订《资政院院章》章目共十章，顺序为：总纲，选举，职掌，资政院与行政衙门之关系，资政院与各省咨议局之关系，资政院与人民之关系，会议，纪律，秘书厅官制，经费。但此次对于具体内容只拟订出"总纲"和"选举"，兹评述如下：

第一章"总纲"的核心内容是有关资政院首要负责人、资政院人员的选举、以及会议期限。同丙午改制中的资政院官制比较，资政院首要负责人由设立总裁一人变为设总裁二人，由王公大臣特旨简充，显示了对资政院加强控制的意图；资政院副总裁由原来的二人改为设二人或四人，原来规定由曾任尚书侍郎督抚及出使大臣简放，现改为由三品以上大员特旨简充，官员设置的增多，显然也是为了加强控制。原来资政院人员称参议员，现改称议员，更接近和符合资政院人员的身份；议员产生办法，由原来的钦选、会推和保荐，改为钦选和互选，简化了程序，也增加了民主程度。"总纲"规定资政院会议分常年会和临时会，前者每年一次三个月，后者无定次以一个月为限，这与资政院官制的有关规定没有差别。

可以看出,“总纲”的内容有“松”有“紧”,此消彼长,整体试图达到一种平衡,即驾御、控制资政院。

同《资政院官制》相比,第二章“选举”的内容更具体详细一些。规定资政院议员由王公世爵、宗室觉罗、各部院衙门官四品以下者、业主有资产一百万元以上,以及有被选为咨议局议员之资格者、各省咨议局议员。对议员的名额也作了分配:王公世爵,不超过 10 人;宗室觉罗 5 人;各部院衙门官 100 人;业主 10 人;各省咨议局议员,以各省定额总数 1/10 为选出资政院议员之数。

按照上述原则选出的资政院议员,王公世爵和宗室觉罗占极少数,部院衙门官和咨议局议员占大多数,应当说有利于疏通舆论,发挥资政院的国会作用。[①]

**3. 宣统元年(1909 年)的《资政院院章》**

如上所述,光绪三十四年六月初十日的《资政院院章》只有“总纲”和“选举”两章。同年八月初一日,由宪政编查馆、资政院会奏的逐年筹备事宜折中,规定于光绪三十五年(1909 年)颁布资政院章程,举行该院选举;于光绪三十六年(1910 年)召集资政院议员举行开院。[②] 按照逐年筹备事宜的要求(按:此时的《逐年筹备事宜清单》尚未修改),宣统元年(1909 年)七月初八日,资政院在前述《资政院官制》、不完全的《资政院院章》基础上,会奏了一个较为完整的《资政院院章》。

《资政院院章》共十章六十五条,顺序为总纲、议员、职掌、资政院与行政衙门之关系、资政院与各省咨议局之关系、资政院与人民之关系、会议、纪律、秘书厅官制、经费,最后还有两个附条。同前述的《资政院

① 上述内容不甚完全的《资政院院章》,见《东方杂志》第五年第七期,又见《宪档》(下),第 628—629 页。

② 《宪档》(上),第 62—63 页。

官制》、不完全的《资政院院章》比较，此宣统元年的《资政院院章》有如下特点：

关于第一章"总纲"。资政院性质的规定、设总裁二人的规定、议员以钦选和互选产生的规定、所有议员地位平等的规定、常年会和临时会的规定，均没有变化；但副总裁由设二人或四人重新确定为设二人。

关于第二章"议员"。原来的第二章是"选举"，资政院在会奏院章的奏折中说明，议员选举另定章程，故专设议员一章。同以前比较，"议员"一章对于议员的任职资格又作了较大的调整。议员年龄均规定为三十岁以上，除宗室王公世爵、宗室觉罗、各部院衙门四品以下七品以上者（原来没有七品以上者的规定）、各省咨议局议员（审判官、检察官及巡警官不在此例）外，又增加了满汉世爵、外藩（满、蒙、回）王公世爵、硕学通儒；把原来"业主有资产一百万元以上，而有被选为咨议局议员之资格者"，改为很模糊的"纳税多额者"，这种变化虽仍有局限性，但扩大了议员的来源，有利于发挥资政院的作用。

议员名额的分配是：宗室王公世爵，16 人；满汉世爵，12 人；外藩王公世爵，14 人；宗室觉罗，6 人；各部院衙门官，32 人；硕学通儒，10 人；以纳税多额充者，10 人；各省咨议局议员，100 人。这样，资政院议员名额共 200 人，从名额分配看，议员满汉比例显然汉大于满，体现了一定的民主性、开放性。但是，又规定宗室王公世爵、满汉世爵、外藩王公世爵、宗室觉罗、各部院衙门官、硕学通儒，及纳税多额者由钦选，显然是为了加强控制议员；而各省咨议局议员互选后，还须由该省督抚覆加选定，也是为了同一目的。

本章还规定每届议员的任期为三年，比《资政院官制》的规定延长了一年。但同时又规定，议员到期一律改选，不得连任。

关于第三章"职掌"。同《资政院官制》相比，《资政院院章》所规定的资政院职掌变化不大，除基本相同的议决国家岁出入预算事件、国家岁出入决算事件、税法及公债事件、新定法典及嗣后修改事件、奉特旨交议事件外，特别规定宪法不在议决范围之内，这一点与立宪国家的国会职能不同。

关于第四章“资政院与行政衙门之关系”。这一章相对强化和保护了资政院的独立权限，规定“军机大臣或各部行政大臣如有侵夺资政院权限，或违背法律等事，得由总裁、副总裁据实奏陈，请旨裁夺。前项奏陈事件，非有三分之二以上之同意，不得议决。”另外，还取消了“若经内阁交令再议时，得重行开议，但以三次往返为止”的条款，肯定内阁无权命令资政院。本章规定有关资政院与内阁行政衙门事权的最高裁判者，是皇帝。

关于第五章“资政院与各省咨议局之关系”（第二十二条至二十四条），为《资政院官制》所无。具体内容如下：

第二十二条，资政院于各省政治得失、人民利病有所咨询，得由总裁、副总裁札行该省咨议局申覆。

第二十三条，各省咨议局与督抚异议事件，或此省与彼省之咨议局互相争议事件，均由资政院复议。议决后，由总裁、副总裁具奏，请旨裁夺。前项复议事件关涉某省者，该省咨议局所选出之议员不得与议。

第二十四条，各省咨议局如因本省督抚有侵夺权限或违背法律等事，得呈由资政院覆办。前项覆办事件若审查属实，照第二十一条办理。

从上述三条的内容可以看出，资政院试图把咨议局变为自己的一个二级机构；同时又试图把咨议局变为一个牵制、控御地方督抚的工具，这又一次显示了清政府的苦心。

关于第六章“资政院与人民之关系”。本章“资政院不得向人民发贴告示或传唤人民”、以及“资政院于民刑诉讼事件概不受理”的条款，与《资政院官制》中的有关规定精神是一致的。同时，增加了“各省人民于关系全国利害事件有所陈请，得拟具说帖，并取具同乡议员保结，送呈资政院覆办”，这一条应当说比较开明。

关于第七章“会议”。《资政院院章》保留了《资政院官制》中有关开会的召集、议员的人数、议案的议决、以及对议员的人身保护等，规定会议时议员分股，而不是分科，形式不同，实质无异；较突出和有意义的是，规定除行政衙门咨请禁止者、总裁和副总裁同意禁止者、议员三十人以上提议禁止者外，“资政院会议不禁旁听”；同时，规定了议员的回避纪律，即“资政院议员于议案有关系本身或其亲属及一切职官例应回避者，该员不得与议。”

关于第八章“纪律”。本章对议员无故不到会（十日以上）、违反院章、语言谬妄等，规定予以除名，但钦选人员要由总裁、副总裁奏明，请旨办理。

第八章第五十二条特别规定了“特旨谕令停会”的情形：(1)议事逾越权限者；(2)所决事件违背法律者；(3)所议事件与行政衙门意见不合尚待协商者；(4)议员在议场有狂暴举乱，议长不能处理者。同时还规定停会之期以 15 日为限。

第八章第五十三条规定资政院如果出现下列情形，得由特旨谕令解散，重行选举，于五个月以内召集开会：(1)所议决事件有轻蔑朝廷情形者；(2)所决事件妨害国家治安者；(3)不遵停会之命令，或屡经停会仍不悛改者；(4)议员多数不应召集，屡经督促仍不到会者。（按：资政院既属国会性质，则其解散应相对于国会而发生，不应对于朝廷或有关国家治安事件。）上述规定与立宪国家官制是相左的。但就院章本身而言，应当有关于资政院解散的条款。

关于第九章“秘书厅官制”。《资政院院章》采纳了《资政院官制》设立秘书厅的做法，在其原有条款的基础上，作了更加详细的规定。秘书厅掌本院文牍、会计、记载议事录及一切庶务，取消设立院正、院副，只设秘书长一人，秩正四品，由总裁副总裁遴保，请旨简放；设一、二、三等秘书官各四人，一等秩正五品，二等秩正六品，三等秩正七品，由总裁副总裁遴员奏补；设图书室管理员一人，由秘书官简充；设书记及速记生数人，由总裁、副总裁酌定；秘书厅分为四科：机要科、议事科、速记科、庶务科。另外，秘书厅附设图书室一所，掌收藏一切书籍之事。

关于第十章“经费”。本章的内容为《资政院官制》所无。主要规定了资政院经费的款目：总裁副总裁公费、议员公费及旅费、秘书厅经费及守卫经费杂费及预备费。这些经费规定由度支部每年归入预算，按数支拨。

关于《资政院院章》的附条。附条共有两条，第一条规定章程奏准奉旨后，以宣统元年九月初一日为施行日期；第二条规定，未尽事宜，由总裁副总裁会同军机大臣奏明办理。[①]

《资政院院章》在宣统二年和宣统三年还经过小部分修改，主要是将资政院的副议长由钦选改为由议员投票选举，奏请特旨简充；资政院职掌范围的议决事件，由过去的请旨裁夺，改为请旨颁布；规定国务大臣如有侵夺资政院权限或违背法律事件，经由资政院议决弹劾，由议长据实奏陈请旨裁夺后，非解散资政院即令国务大臣辞职等。此时届临清政府垮台，这些规定已无实际意义了。

尽管《资政院院章》存在许多令人非议之处，然而它拥有议决国家财政预算、决算、税法和公债的职权；拥有宪法以外各种新定法典及其修改的职权，一切新的法典不经其议决便不能成为法典，颁布以后不经其议决也不能进行修改，这就意味着，资政院有监督制约政府的权力，也有制约皇帝的部分权力，即，皇帝已经丧失自行颁布法律和修改法律的独裁权力。从法理上说，资政院具有立法权，是立法机关，虽然其立法权还是不完全的。资政院至少具有与内阁对等的权力，不是其从属，

---

① 此《资政院院章》见《大清法规大全》卷一，又见《宪档》(下)，第630—637页。

军机大臣无权命令，因而也就无法公开操纵之，当彼此意见分歧时，双方都有具奏的权力。不仅如此，资政院还有质问行政部门（政府）的权力，有弹劾军机大臣、行政大臣侵夺资政院权限和违背法律的权限；有核议具奏咨议局与督抚异议事件的权力；有核办督抚侵夺咨议局权限或违背法律的权力。另外，规定人民得以向资政院陈请、规定对议员的人身保护、规定议员的任期、规定议员的回避等等，都是值得肯定的，也是立宪国家人民和议员所应享有的权力。所有这些都说明，资政院已不是内阁的附庸或捧场机构，不是惟内阁之命是听的简单表决机器，而是具有一定独立性的不完全的立法机构，或者说是一个处于过渡形态的初级议会。至于其结构成份、会议程序、议事规则、表决方法、内部组织及纪律处分等，均与立宪国家的议会无甚区别，更说明它不是封建专制机构，从一定意义上说已是具有民主职能的准代议机关。

正是由于《资政院院章》的上述特点，资政院在清末的政治生活中，在推动清政府的官制改革方面，起到了某些积极作用。发生在资政院内的请开国会案、弹劾军机大臣案、赦免国事案犯等，都是资政院议员们根据院章的有关条款而发起的。

## 二、《弼德院官制》及其特点

应当说，先有设立弼德院的动议，后有弼德院官制的产生。因而，我们在此有必要简单交代一下设立弼德院的酝酿过程。

早在光绪三十二年（1906 年）五大臣出洋考察政治回国后，端方等人就改革官制问题上奏折，提出以军机处归并内阁，设总理大臣一人，左右副大臣一人（实际等于建议设立责任内阁），“其原有之大学士，则仍带各殿阁之名衔，简为枢密院顾问大臣，以示优崇之意。”①

---

① “请改定官制以为立宪预备折”，《端忠敏公奏稿》，卷六。

端方等人的本意，在于改革官制后，给那些原来官高位崇，而现在没有被任用的人，仿照西方设立枢密院、元老院的做法，给他们以适当的位置，由特旨简任，但需“十日一值，以备顾问，惟不入内阁，无行政责成”，实际是一种荣誉职衔。这样做，显然是为了减少改革的阻力，维系人心，以巩固既有的统治基础。

丙午改制中，由庆亲王奕劻会奏的《附阁部院官制节略清单》中，有设立“集贤院以备咨询”的规定，目的在于“巩固大权，预防流弊”，又解释说“至于耆臣硕望，则仿成周优礼老更之例，上备垂询；裁缺庶官，则援宋代特定祠禄之条，暂令待用，故设集贤院以昭恩礼。”[①]可见奕劻等主张的集贤院与端方主张的枢密院基本精神是一致的。但是，丙午官制改革的结果，既没有设枢密院，也没有设集贤院，问题被搁置起来。

官制改革进入立宪阶段之后，在清政府批准的《逐年筹备事宜清单》中，规定于光绪四十二年（1916 年）设立弼德院顾问大臣，实际宣布要设弼德院。宣统二年，奕劻等又修改《逐年筹备事宜清单》，规定于宣统二年（1910 年）厘定弼德院官制，宣统三年（1911 年）颁布弼德院官制，并设立弼德院。

这就是酝酿设立弼德院的大致过程。

弼德院官制颁布之前，先有一个草案，清政府将其连同内阁官制草案等文件一并下发京内各行政部，征求意见。就各部所上的说帖来看，吏部尚书李殿林、度支部尚书载泽、外务部尚书邹嘉来、民政部尚书善耆、农工商部尚书溥伦、法部尚书绍昌、学部尚书唐景崇、礼部尚书荣庆、海军部尚书载洵等，都对弼德院官制草案表示没有异议外，有的还希望加强弼德院的地位，如农工商部尚书溥伦指出，“弼德院则为皇上

① 《宪档》(上)，第 468—471 页。

顾问国务之地，必与内阁权势相等方不至有偏重之患。”①

宣统三年(1911 年)四月十日，宪政编查馆和会议政务处会奏弼德院官制，同日得清政府批准颁布。弼德院官制共四章二十四条，主要内容可概括如下：

第一，规定弼德院的性质及人员组成。弼德院为皇帝亲临顾问国务之所，设院长一人，副院长一人，顾问大臣 32 人；顾问大臣均以著有勋劳及富有政治上学识经验者担任；现任国务大臣及宗人府、内务府大臣均候旨兼任弼德院顾问大臣。内阁总理大臣、协理大臣不得兼任弼德院院长及副院长。弼德院还设参议官十人，以富有政治上学识经验者任之。

第二，规定弼德院职掌。弼德院议决具奏的事件有：按照皇室大典属于弼德院权限以内事件；宪法及其附属法令之审议及解释；宪法未颁以前按照宪法大纲关于君上大权第八项、第十一项、第十二项所列事件；条约及重要交涉事件；弼德院官制改正事件。同时规定弼德院于议奏事件，不得干预主管衙门之施行。

第三，规定弼德院会议办法。弼德院会议时，非专任顾问大臣半数以上到会，不得开议；会议时以院长为议长，院长有事故时，以副院长为议长，副院长并有事故时，以专任顾问大臣位次居前者为议长；顾问大臣均得列席共同议决；会议取决多数，若可否同数，则取决于议长；会议时，参议官得列席发议，但不列议决之数；会议时，有关兼任顾问大臣主管事件，得由各大臣派员到会说明事由，但不列议决之数。

第四，规定院务及弼德院内设机构。弼德院由院长负全责，副院长佐院长之职务，院长有事故时，由副院长代理；参议官办理日常事务；弼

---

① 各部说帖关于弼德院的意见，前面已有涉及。详细内容见第一历史档案馆朱批奏折，“内政类”。

德院设秘书厅，掌本院文牍、会计、议事记录及一切庶务；秘书厅设秘书长一人，承院长、副院长及秘书长之命总理本厅事务；秘书厅设秘书官若干人，承院长、副院长及秘书长之命办理本厅事务。[①]

根据宣统二年(1910年)各部的说帖可以知道，弼德院官制草案有二十三条，但学部尚书唐景崇建议应定明皇帝有亲临顾问弼德院之条，看来这一建议引起了清政府的高度重视，因而，正式颁布的《弼德院官制》变成了二十四条，首列第一条便是“弼德院为皇帝亲临顾问国务之所”，它规定了弼德院的性质。

总体来看，《弼德院官制》的核心部分是第一章、第二章和第三章。

第一章规定弼德院官员的设置以及顾问大臣的资格人选。无论顾问大臣还是参议官，均“以富有政治上学识经验者任之”，明确体现为弼德院政治服务，安排耆臣硕旧的目的。比较有争议的一条是规定现任国务大臣及宗人府、内务府大臣均候旨兼任弼德院顾问大臣，这一条的设置是清政府自讨苦吃，引起轩然大波和猛烈的抨击关于这一点，后面我们还有论述。

第二章规定了弼德院的职掌权限，关键的一条是“弼德院于议奏事件，不得干预主管衙门之施行”，还是强调弼德院议而不管，超脱实际的特点。

第三章规定了弼德院会议办法，关键的问题是规定弼德院官制第四条所列顾问大臣均得列席共同议决事项。

《弼德院官制》存在缺陷。主要体现在：第一，现任国务大臣简任弼德院顾问大臣，与官制改革以来酝酿设立弼德院的初衷背道而驰。只要对比一下便可清楚，它不仅与端方等考察政治大臣们主张设立枢密院的精神不符，而且与丙午改制中奕劻主张设立集贤院的动议矛盾，不

---

① 《弼德院官制》见《宪档》(上)，第568—570页。

知奕劻为何这样敢于自我否定？弼德院是一议事机构、咨询机构，同时应具有一定的监督职能；国务大臣隶属内阁，是国家行政事务的具体执行者，二者应当权限厘清，泾渭分明，而不是混为一谈，这是起码的政治常识，不是什么高深的理论。因此可以说，这种规定有故意制造矛盾之嫌疑，而无"廓清积弊，明定责成"之精神。第二，国务大臣兼任顾问大臣并得共同议决事项，而且规定"会议取决多数"。这样一来，弼德院完全失去了独立性，沦为内阁卵翼下的附庸。我们可以说奕劻等人在此问题上的政治智慧十分高超。

但是，总还是有人站出来说话。正是由于上述弼德院官制的严重缺陷，在其颁布之后，立即招致轩然大波，朝野人士纷纷予以强烈抨击。其中以安徽道监察御史范之杰、新疆道监察御史陈善同的言论最具代表性。

范之杰认为国务大臣兼顾问大臣有五大"窒碍"：

窒碍一，"阁臣兼任弼德顾问，衡诸我国古制，既弗能及，证以外国今制，亦不可行"。

窒碍二，"将来宪法颁布，议院宏开，难保无如各国推倒内阁之举，若仍备员顾问，断难行其政见，且影响及于弼德院，是我皇上处于孤立之地位，所谓密羽帷幄之谋，能有几何。"

窒碍三，根据弼德院官制规定顾问大臣共 32 人，而内阁兼任大臣就占 16 人，"若会议时有一顾问大臣之赞同，即得多数取决，是阁臣之兼任者，终居战胜顾问大臣之专任者，势必莫由匡正。"

窒碍四，内阁总理大臣及各部大臣都有入对的规定，再兼任顾问大臣到弼德院备顾问，"所谓顾问殆成虚文，无济时事，且占定额，以蔽贤路。"

窒碍五，"今以阁臣兼任弼德顾问，姑无论以负担重要国务之资格，参加审议重要国务之地位，自议之而自行之，既失隐匡政府措置之义，久之必成不能坚持官守互相阿纵之风，所谓股肱元首，左右阁臣者安在。”

范之杰要求将国务大臣兼弼德院顾问大臣的有关条文，或者直接取消，或者加以修改。[①]

御史陈善同指出，“凡一法之立，必各有精神之所在，舍精神而求之于行迹，是所谓买椟还珠之智，不足语于因革损益之事也。弼德院制之精神为何，曰须令不失完全独立之性质而已。”基于此，陈善同指陈弼德院官制的两大阙失：第一，现任国务大臣均兼任顾问大臣；第二，参议、秘书等官之请简奏任分属内阁，且参议半以阁部参议兼充。[②]

范之杰与陈善同的见解是一致的。

奕劻等人为什么炮制出如此一个《弼德院官制》？原因很简单，它反映了清王朝在日暮途穷之际，当权者丝毫不愿放权的心态。他们担心弼德院一旦拥有独立之权后，对自己评头品足，难以驾御控制，危及自己的地位和权势，这是他们所不愿看到的。另外，使弼德院与内阁一起对资政院形成一定的牵制，也是奕劻等人的用意之一，如《弼德院办事及议事细则清单》的第二条规定：“弼德院除与内阁及兼任主管各衙门因公交涉外，不得与其他各衙门及议院别有交涉，并不得受人民之陈请”。[③] 因而他们不但让国务大臣去作顾问大臣，而且还把弼德院秘书长、秘书官和参议官的请简权也一并收归内阁。[④]

弼德院官制从一个侧面，反映了清王朝已失去自我更新的魄力和勇气。

---

① 《宪档》(上)，第 586—588 页。

② 陈善同的奏折见《宪档》(上)，第 588—589 页。宣统三年(1911 年)六月二十二日，弼德院院长荣庆奏呈了弼德院办事及议事细则。全文见《宪档》(上)，第 589—584 页。

③ 《宪档》(上)，第 580—581 页。

④ 见“弼德院办事及议事细则”，《宪档》(上)，第 580—584 页。

## 第四节　清政府宣布实行宪政后的官制改革

清末十年的中央官制改革，以宣统三年(1911 年)清政府宣布实行宪政为高潮，但接着便以自己的倒台而告终，至今成为历史研究的不尽话题。

### 一、宣布实行宪政

宣统三年九月初九日，在辛亥革命已经爆发并成燎原之势的情况下，清政府终于宣布实行宪政。原谕旨说：

“朕缵承大统，于今三载，兢兢业业，期与士庶同登上理。而用人无方，施治寡术，政地多用亲贵，则显戾宪章，路事朦于佥壬，则动违舆论。促行新治，而官绅或籍为网利之图，更改旧制，而权豪或只为自便之计。民财之取已多，而未办一利民之事；司法之诏屡下，而实无一守法之人。驯致怨积于下而朕不知，祸迫于前而朕不觉。……兹特布告天下，誓与我国军民维新更始，实行宪政。凡法制之损益，利病之兴革，皆博采舆论，定其从违。以前旧制旧法有不和于宪法者，悉皆除罢。化除旗汉，屡奉先朝谕旨，务即实行。”①

这道上谕实际是“罪己诏”，从朝廷用人、改革措施、改革效果诸方面对官制改革以来的“成效”，进行了总结，有各打五十大板之嫌疑；“以前旧制旧法有不合于宪法者，悉皆除罢”，清政府真要实行立宪了。

九月十三日，陆军统制官张绍曾等奏陈请意见政纲十二条，大有“兵谏”之势，②在此情况下，清政府以神奇的速度，同日便颁布了由资

① 《宪档》(上)，第 96 页。

② 张绍曾等的《政纲十二条》见《宪档》(上)，第 100—101 页。

政院拟订的《重大信条十九条》，宣布择期实行君主立宪。《重大信条十九条》的主要内容有：

第一，规定皇帝权力：大清帝国皇统万世不易；皇帝神圣不可侵犯；皇帝之权由宪法规定；皇位继承顺序由宪法规定；皇帝颁布宪法；总理大臣由国会公举，皇帝任命；其他国务大臣，由总理大臣推举，皇帝任命；陆海军直接由皇帝统率，但对内使用时，应由国会议决；皇帝不得以命令代法律，除紧急命令，应特定条件外，以执行法律及法律所委任者为限；非经国会议决，皇帝不得缔结国际条约；但媾和宣战，不在国会开会期中者，由国会追认；国会议决事项，由皇帝颁布。

第二，规定宪法的制定权。宪法由资政院起草议决；宪法改正提案权属于国会。同时规定皇室大典不得与宪法相抵触。

第三，规定内阁与国会的关系。总理大臣受国会弹劾时，非国会解散，即内阁辞职，但一次内阁不得为两次国会之解散。

第四，规定国家预算决算权属于国会，皇室经费由国会议决。

第五，规定国务裁判机关由两院组织。[①]

《重大信条十九条》有几个突出的特点。

第一，保留皇统，限制皇权，提高资政院地位（相当于国会）。皇帝之权、皇位继承顺序均由宪法规定，且宪法改由资政院起草议决（原来《资政院院章》规定资政院无权制定宪法），这便使资政院同于国会；皇帝统率海陆军，但对内使用需国会议决，皇帝成为武装力量的象征；

第二，内阁成为真正意义的立宪责任内阁。关键内容，是规定皇族不得任内阁总理大臣和国务大臣以及各省行政长官。

第三，国会与内阁的解散符合立宪体制。

上述内容所体现的精神实质，是虚君式的立宪体制。

---

① 《宪档》（上），第102—104页。

可以说，自清政府官制改革以来，朝野内外（清政府最高权力核心不愿改革者除外）所苦苦追求的、理想的改革模式，基本体现在上述《重大信条十九条》之中了。

## 二、按照立宪政体原则调整官制

如前所述，宣统三年（1911 年）四月初十日，清政府颁布《内阁官制》及《内阁办事暂行章程》，根据此两个文件，任命奕劻为内阁总理大臣，那桐、徐世昌为协理大臣；任命梁敦彦为外务大臣，善耆为民政大臣，载泽为度支大臣，唐景崇为学务大臣，荫昌为陆军大臣，载洵为海军大臣，绍昌为司法大臣，溥伦为农工商大臣，盛宣怀为邮传大臣，寿耆为理藩大臣。这个“奕劻内阁”国务大臣共 13 名，满员九人，汉员四人，满员九人中皇族又占六人，故而被讥评为“皇族内阁”。[①]

在组建皇族内阁的同日（宣统三年四月初十日），清政府下令裁撤了旧内阁、军机处、会议政务处。[②]

宣统三年五月二十七日，奕劻内阁制定《内阁属官官制》并得批准颁布后，根据上谕相应裁撤了宪政编查馆、吏部、中书科、稽查钦奉上谕事件处和批本处等衙门。[③]

皇族内阁组建后，立即遭到全国上下一致猛烈的抨击，社会各阶层、各团体对清政府的离心倾向急剧加强，“自本年改设内阁……以致海宇鼎沸，人情汹汹，川发难端，鄂警继告，湘、赣、秦、晋变故环生，商民哗于市尘，军士噪于营伍，陷生灵于涂炭，贻宵旰以忧劳，皆由臣等奉职无状，遂使祸变至于此极”。[④] 梁启超指责其：“今以彼哉彼哉，尸内阁

---

① 见《宪档》（上），第 566 页。

② “裁撤旧设内阁军机处会议政务处谕”，《宪档》（上），第 571 页。

③ 《东方杂志》，第八卷第五号，“中国大事记”。

④ 《宪档》（上），第 599 页。

之位，内阁复有何可语哉！”[①]日本前首相大隈重信评论其：“揆之立宪国皇族不当责任之例，实不相符”，“其真正之改革，尚须俟诸今后”。[②]伦敦《泰晤士报》认为：“此新内阁不过为旧日军机处之化名耳。彼辅弼摄政王者咸注意于满汉界限，而欲使满人操政界之优权，此诚愚不可及之思想”。[③] 清政权处于风雨飘摇、四面楚歌之中了。

在此情况下，清政府于宣统三年九月九日，颁发谕旨，承认皇族内阁与立宪政体不能相容，宣布取消《内阁暂行官制》，撤消《内阁办事暂行章程》，择日期组织完全内阁，不再以亲贵充国务大臣。[④]

宣统三年九月十一日，内阁总理大臣奕劻等自请罢斥，另简贤能；国务大臣载泽、载洵、溥伦、善耆奏请开去职务，另简贤能，清政府予以批准。

宣统三年九月十一日，清政府在批准奕劻等辞职的同时，派袁世凯为内阁总理大臣，组织完全责任内阁。

宣统三年九月十九日，资政院总裁李家驹等遵照宪法信条，公举袁世凯为内阁总理大臣。同日，命袁世凯为内阁总理大臣。清末十年的中央官制改革，至此画上句号。

---

① 梁启超：“责任内阁释义”，《饮冰室合集》文集之二十七，中华书局 1956 年版。

② 《申报》，1911 年 5 月 23 日。

③ 《申报》，1911 年 6 月 8 日。

④ “俟简贤得人即组织完全内阁不再以亲贵充国务大臣谕”，《宪档》（上），第 597—598 页。

# 第四章　中央官制改革中的文官制度

文官制度的变革是清末中央官制改革的重要内容。文官制度包括官制体制中对文官的选拔、任命、考核、俸禄、奖惩和黜陟等方面的制度规定和安排，是一定社会发展阶段要求的反映。配置合理、代谢有序、监督有力、廉洁高效的文官制度，会促进官制体制的稳定，促进社会的健康发展；反之，配置失范、代谢无序、缺乏监督、风纪败坏的文官制度，则会导致官制体制走向其反面甚至解体。中国的封建文官制度至清前期和中期发展到相当成熟，但自鸦片战争以来，随着官制体制的不断调整，文官制度也随之发生变化。清末中央官制改革中，清政府一方面改革调整整个官制体制，同时试图在原有文官制度的基础上，建立一套与立宪体制相适应的近代文官制度。光绪三十四年(1908 年)八月初一日，宪政编查馆、资政院会奏《逐年筹备事宜清单》的内容中，规定第二年(光绪三十五年，1909 年)，“编定文官考试章程、任用章程、官俸章程。宪政编查馆、会议政务处同办”；规定第三年(光绪三十六年，1910 年)，“颁布文官考试章程、任用章程、官俸章程。宪政编查馆、会议政务处同办”；规定第四年(光绪三十七年，1911 年)，“实行文官考试章程、任用章程、官俸章程”。[①] 宣统二年(1910 年)十二月十七日，宪政编查馆大臣奕劻等奏呈修改的《逐年筹备事宜清单》，规定于宣统三年(1911

---

① 《宪档》(上)，第 62—64 页。

年)"颁布施行各项官规"。[1] 这里的"官规"指的就是上述文官考试章程、任用章程和官俸章程。本章拟以前三章的内容为基础,根据所掌握的材料,重点对清末中央官制改革中的选官模式、官员任命和官员俸禄问题以及相应的变革,做一基本的探讨。

## 第一节 选官制度变革

### 一、传统选官模式及其终结

清末官制改革之前,传统的选官模式是科举取士:"清以科举为抡才大典,虽初制多沿明旧,而慎重科名,严防弊窦,立法之周,得人之盛,远轶前代。"[2]

清代科举分文、武两种,考试又分四级,即童试、乡试、会试和殿试。童试中试者为秀才,乡试中试者为举人,考中举人者便有了进入仕途的资格;由举人经过会试便取得进士资格;举人再经殿试,以状元、榜眼、探花分别名次,授予差位,极为隆崇。清朝还曾开设"天子亲诏以待异等之才"的制科,包括博学鸿词科、经济特科、孝廉方正等,另外还有保举经学和巡幸召试等。[3]

文科举、武科举和制科,习惯称之为科目取士。除此之外,清朝还实行一些辅助性的选官制度,主要有荫典(包括恩荫、难荫和特荫等)、封赠、保举和捐纳等。其中捐纳自康熙十三年(1675 年)实行以来,"流弊滋多,人员混淆,仕路冗杂,实为吏治民生之害",因而谕令自光绪二

---

① 《宣统政纪》,卷四。

② 《清史稿》,"选举三"。

③ 见《清通典》,卷十八。

十七年(1901 年)五月起，捐纳连同武举“即行永远停止”。①

以科举选官为主的选官制度，在一定历史时期内，实现了官僚统治系统的开放性，以及选官模式的规范化，使得社会各阶层可以相对“公平”地跻身统治者阶层，起到了笼络人心，稳定社会，巩固统治，促进发展的作用。更为重要者，通过科举选官，统治者把其主流思想和道德伦理，灌输到知识分子、士绅阶层、社会精英之中，使得其思想和行为模式不得有违统治阶级利益。但是，随着时间的推移，尤其是鸦片战争之后，传统科举教育内容的空疏更加暴露无遗，它无法为社会培养、造就和提供新型知识人才和相应的新型官员。早在乾隆三年，兵部侍郎舒赫德曾奏言：“科举之制，凭文而取，按格而言，已非良法。况积弊日深，侥幸日重。古人询事考言，其所言者，即其居官所当为之职事也。时文徒托空言，不适于用，墨卷仿行辗转抄袭，肤词诡说，蔓衍支离，苟可以取科第而止。士子各占一经，每经拟题多者百余，少者数十，古人毕生治之而不足，今则数月为之而有余。表判可预拟而得答策，随题敷衍，无所发明，实不足以得人，应将考试条款，改拟更张，别思所以选拔真才实学之道。”②对此，著名学者张仲礼先生也曾指出：“考生之成功在于知晓依严格的格式、规定、韵律和措辞方式来作文，并且辞赋须华丽，卷面须整洁。这种教育如何使人获得有关政府事务的实际知识，是难以想象的。为研读古人的道德规范耗费了多少时间精力，这些东西对于治国平天下又有多大用处呢？通过这种制度又如何能选拔出精干的官吏呢？”③因而，科举选官模式日益失去其存在的依据和生命力，吏治更加腐败，官场愈加堕落。龚自珍那“我劝天公重抖擞，不拘一格降人才”的呐喊，正是对科举选官的有力否定和批判。继龚自珍之后，林则徐、

---

① 《光绪朝东华录》，总第 4718 页。

② 萧一山：《清代通史》，卷四，第 1415 页。

③ 张仲礼著：《中国绅士》，李荣昌译，上海社会科学院出版社 1991 年版，第 181 页。

魏源等人的经世致用思想，都极力主张去浮文，重实学，培养通经致用，有利于建设“新天新地新世界”的人才，是自鸦片战争以来对科举选官模式的巨大冲击。第二次鸦片战争之后，洋务运动蓬勃开展，其内容以兴办近代军事工业和技术为主，亟需新型的实用人才，这是传统的科举教育所无法做到的。曾国藩在其家书中曾有言：“吾谓六弟（国华）今年入泮固佳，万一不入，则当尽弃前功，一志从事于先辈大家之文。年过二十，不为少矣，若再扶墙摩壁，役役于考卷截搭卜题之中，将来时过而业仍不精，必有悔恨于失计者，不可不早图也。余当日实见不到此，幸而早得科名，未受其害，向使至今未尝入泮，则数十年从事于吊渡映带之关，仍然一无所得，岂不腆颜也哉？此中误人终身多矣。温甫（国华字）以世家子弟，负过人之资质，即使终不入泮，尚不至于饥饿，奈何亦以考卷误终身也？”[①]于是，以统治集团内部的奕䜣、文祥、曾国藩、左宗棠等人倡于上，维新（或称洋务）思想家冯桂芬、薛福成、马建忠，以及容闳、王韬、郑观应等推动于下，洋务运动时期不仅诞生了中国近代第一所培养外语译员的新式学堂——京师同文馆，而且清政府还在福州、天津、上海等地建立了许多新式学堂，同时还向国外派遣了大量留学生。这些学生学成回国后，被授予一定的官职，其中有些人成为出使各国的外交使臣，有的担任新式机构如电报局、制造局、海军学校的要职。这种洋务教育的内容在很大程度上已摆脱了科举选官制的限制，或者说是对它的一种否定。及至甲午战争中国惨败，戊戌维新兴起，科举选官制及其教育内容更成众矢之的。康有为指出，西方资本主义国家富强的根本原因，“不在炮械军器，而在穷理尽学。”[②]中国贫弱的根本原因，正在于选官育才未良，不能培养出堪膺天下大任的人才。因此，康有为

① 萧一山：《清代通史》，卷四，第1417页。

② 《戊戌变法》（二），上海人民出版社，第148页。

强调："欲任天下之事，开中国之新世界，莫亟于教育。"[①]梁启超则干脆说："亡而存之，废而举之，愚而智之，弱而强之，条理万端，皆归本于学校！"[②]严复则强调："今日要政，统于三端：一曰鼓民力，二曰开民智，三曰新民德。"[③]其实质也在要求培养新型人才。对于科举取士之弊，张之洞也曾痛彻指陈："中国仕宦，出于科举，虽有他途，其得美官者，膺重权者，必于科举乎取之。自明至今，行之已五百年矣。文胜而实衰，法久而弊起。主司取便以藏拙，举子因陋以侥幸，遂有三场实止一场之弊。所解者，高头讲章之理，所读者，坊选程墨之文，于本经之义，先儒之说，概乎未有所知。近今数十年，文体日益佻薄，非惟不通古今，不切经济，并所谓时文之法度文笔而俱亡之。……故人才益乏，无能为国家扶危御侮者。"[④]众所周知，维新时期京师大学堂的设立，地方各省、府、厅、州县的书院改设学堂，都预示了对科举的更大否定和冲击，而戊戌政变后京师大学堂的保留，反映了清政府对改革科举的认可。

可以看出，至19世纪末年，改革乃至停罢科举，建立新选官制度的坚冰早已打破，而浪潮尚待兴起。迨至1900年八国联军攻占北京，清政府被迫与侵略者签订了丧权辱国的《辛丑条约》。痛定思痛，清政府深感数十年来，徒学"西艺之皮毛"，未学其"富强之始基"。因而试图通过改革政治，求自强振兴之道，以维持统治，这就需要与之相对应的各方面新式人才。光绪二十七(1901年)年一月，清政府发布了"变法"上谕，内称"法令不更，锢习不破；欲求振作，须议更张。"同时，要求各级官员在两个月内，"各就现在情形、参酌中西政要，各举所知，各抒所

① 《戊戌变法》(四)，上海人民出版社，第9页。

② 梁启超：《饮冰室合集》，文集第一册，中华书局1956年版，第19页。

③ 《严复集》第一册，中华书局1986年版，第27页。

④ 张之洞：《劝学篇》，中州古籍出版社1998年版，第137页。

见。"[①]又命设督办政务处，作为推行新政的总机关，负责制定推行新政的各项措施，收掌全国各地官员章奏及办理全国官制、学校、科举以及吏治改革等事宜。这样，改革科举的问题，第一次以政府的政令，提到了议事日程。

改革科举，变通选官制度的意见，以前面有关章节所涉及刘坤一、张之洞的《江楚会奏变法三折》为代表。这份洋洋四万多言的奏折，开宗明义便讲："中国不贫于财而贫于人才，不弱于兵而弱于志气。人才之贫，由于见闻不广；学业不实，志气之弱，由于苟安者无履危救亡之远谋，自足者无发愤好学之果力。保邦致治，非人无由。"

对于科举制度的改革，《三折》提出四条措施：设文武学堂，酌改文科，停罢科举，奖励留学。其主要内容包括两个方面，一是确定逐步废除科举制的方针，逐年减少科举取士的名额，扩大学堂出身的名额，最终使学堂教育与科举合二为一，以十年为限，最终废除科举制；二是对科举考试的内容加以改革，以经世致用为目的。同时，还特别强调鼓励和派遣留学生，并建议日本为留学的最佳去处，留学学生经考验后给予进士出身等。

《三折》最后总结指出："非育才不能图存，非兴学不能育才，非变通文武两科不能兴学，非游学不能助兴学之所不足。揆之今日时势，幸无可幸，缓无可缓。"[②]清末选官制度的改革，罢废科举，基本是以《江楚会奏变法三折》为蓝本，而具体逐步实施的。

光绪二十七年(1901 年)七月，清政府正式颁布改革科举上谕："著自明年为始，嗣后乡、会试，头场试中国政治、史事论五篇；二场试各国政治、艺学策五道；三场试《四书》义一篇，《五经》义一篇。考官评卷，通

---

① 《光绪朝东华录》，总第 4601—4602 页。

② 《光绪朝东华录》，总第 4724—4770 页。

校三场以定去取，不得全重一场。……一切考试，凡《四书》、《五经》义，均不准用八股文程式。……嗣后武生童考试及武科乡、会试，著一律永远停止。”①

光绪二十九年(1903 年)，张百熙、荣庆、张之洞联名上奏《奏请递减科举注重学堂折》，指出“由科举未停，天下士林谓朝廷之意并未专重学堂也。”因而建议“从下届丙午科起，每科递减中额三分之一。”②按此方法，须 10 年才得以减尽科举中额。同年十月，张百熙、张之洞拟定《奏定学堂章程》(史称“癸卯学制”)，成为近代中国颁布施行的第一个新学制(前于 1902 年曾由吴汝纶、张百熙制定“壬寅学制”，但并未颁布推行)。此学制正式确定了学堂育才，并从学堂中选拔官吏的制度，与旧有的选官制度势不相容。因而，光绪三十一年(1905 年)，袁世凯、赵尔巽、张之洞等封疆大吏联衔上奏，请停科举，指出，“科举一日不停，士人皆有侥幸得第之心，学堂决无大兴之望。”而“欲补救时艰，必自推广学堂始；而欲推广学校，必自先停科举始。”清政府及时采纳了这一建议，同年八月，发布上谕：“著自丙午(1906 年)科始，所有乡会试一律停止，各省岁科考试亦即停止。”③此上谕宣布了科举制的终结，标志着传统选官模式的解体。

延续一千余年的以科举选士制度为核心的科举制，本质上为适应封建经济和专制政体的需要而建立。在历经了多次调适整合之后，终于无可挽回地分崩离析，正是中国近代化经济、政治发展的要求，是专制政体日益式微的反映，不以人的意志而转移。

---

① 《光绪朝东华录》，卷一六八。

② 舒新城编：《中国近代教育史资料》(上)，“奏请递减科举注重学赏折”，人民教育出版社 1961 年版。

③ 舒新城编：《中国近代教育史资料》(上)，“清帝谕立停科举以广学校”。

## 二、清末选官制度的主要内容

清末行新政立宪，改革官制，各方面需才孔亟。科举虽废，学堂肇兴，但旧者无从一日尽去，新者不能一日立兴，这必然造成新选官制度建立的困难和内容的庞杂。概括言之，晚清选官制度的创新有三个方面，而沿袭旧有选官制度的内容有五个方面。创新的三个方面是：

第一，学堂教育选官。

光绪二十七年(1901年)七月，清政府诏废八股，改试策论，要求各省均于省城改书院为大学堂，各府、厅、直隶州均设中学堂，各州、县均设小学堂。同年十月，政务处会同礼部奏定《学堂选举鼓励章程》，规定凡学堂考试合格毕业者，均给予贡生、举人、进士等出身，对成绩优秀的举人、进士，再进行殿试后，“酌加擢用，优予官阶”。[1] 在《奏定学堂章程》中，具体规定了学堂各级毕业生的选录办法：“大学分科毕业，最优等作为进士出身，分别用翰林院庶吉士、各部主事；大学选科，比照分科大学降等给奖；大学预备科及各省高等学堂毕业，最优等作为举人，以内阁中书、知州用；优等、中等均作为举人、中书科中书、部司务、知县用。中学毕业，分别奖以拔贡、优贡、岁贡。高等小学毕业，分别奖以廪、增、附生。……优级师范毕业，最优等、优等、中等均作为举人，分别以国子监博士、助教、学正用。初级师范毕业，分别奖以拔贡、优贡、岁贡，以教授、教谕、训导用。高等实业学堂毕业，最优等、优等、中等均作为举人，分别以知州、知县、州同用；中等实业学堂毕业，奖励视中学。”[2]

---

① 《清史稿》，“选举二”。
② 《清史稿》，“选举二”。

第二,留学毕业生选录制。

清末派遣留学生是为了解决新政需才的矛盾,标志着近代中国向西方学习的一大跨跃。为了支持和鼓励这一事业,清政府制定并实行了留学毕业生选录制度。

早在光绪二十七年(1901 年)五月,张之洞、刘坤一于《江楚会奏变法三折》中,便提出了留学毕业生的选录方法:"(学生)学成后,得有凭照回华,加以复议,如学业与凭照相符,即按其等第作为进士、举贡以辅各省学堂之不足,最为善策";"各省士人如有自备资斧出洋游学得有优等凭照者,回华后复试相符,亦按其等第作为进士举贡。"①

光绪二十九年(1903 年),留学人员(主要去日本)日渐增多,清政府命张之洞拟订《约束鼓励游学生章程》,其中关于如何录用留学生,作了更详细的规定:

①在普通中学堂五年毕业得有优等文凭者,给以拔贡出身,分别录用;

②在文部省直辖高等各学堂及程度相等之各实业学堂三年毕业得有优等文凭者,给以举人出身,分别录用;

③在大学堂专学某一科或数科,毕业后得有选科及变通选科毕业文凭者,给以进士出身分别录用;

④在日本国家大学堂及程度相当之官设学堂,三年毕业,得有学士文凭者,给以翰林出身;

⑤在日本国家大学院五年毕业,得有博士文凭者,除给以翰林出身外,并予以翰林升阶;

⑥游学生原有翰林、进士、举人、拔贡出身者,视所学程度给以相当

---

① 陈学恂、田正平编:《中国近代教育史资料汇编》,上海教育出版社 1991 年版,第 12 页。

官职。[①]

学部成立后，加强对留学毕业生的管理，于光绪三十二年（1906年）四月，奏定每年八月考试留学生一次，与考者资格以毕业外国专门以上学校者为限。并于八月奏定考验游学毕业生章程五条，规定考试分两场，第一场考毕业生所学专业，第二场考语言（中国文和外国文）。考试结果分最优等、优等、中等。最优等者给予进士出身，考列优等及中等者给予举人出身，均由学部开单带领引见请旨。毕业生准给出身者，并加某学科字样，习文科者，称文科进士、文科举人；习法科者，称法科进士、法科举人；医科、理科、商科、农科等皆仿此。[②]

光绪三十三年（1907年）十二月，学部奏定《廷试游学生章程》十一条规定："凡在外国高等以上各学堂之毕业生，经学部考验合格，奉旨赏给进士、举人出身后，每年在保和殿举行廷试一次。其廷试日期于八月考验毕业生以后，由学部奏请钦定。"章程还规定，对于考验合格之留学生，按等级分别赏给翰林院编修、检讨、庶吉士、主事、内阁中书、知县、七品小京官等。[③] 至此，对留学生的选录制度趋于完备。

自光绪三十一年（1905年）至宣统三年（1911年），清政府共举行留学毕业生考试七次，大量留学生借此跻身仕途。其中考选留学生规模较大，数量空前的有两次，即1909年和1910年。1909年考录法政科、文科、医科、格致科、农科、工科、商科等科目的进士、举人共241人；[④] 1910年考录各科进士、举人共687人。[⑤]

---

① 《中国近代教育史资料汇编》，上海教育出版社1991年版，第56页。

② 《中国近代教育史资料汇编》，上海教育出版社1991年版，第62页。

③ 《中国近代教育史资料汇编》，上海教育出版社1991年版，第67—68页。

④ 《东方杂志》，1909年第11期，"记载一"。

⑤ 《东方杂志》，1910年第10期，"谕旨"。

第三，议员选举制。

为筹备立宪，清政府对资政院、咨议局议员的产生仿行西方的代议制度，实行选举制。议员的选举分资政院议员和各省咨议局议员选举两类。为此，清政府专门制定了《资政院议员选举章程》，规定议员名额为200人，分钦选和互选两类。各省咨议局入选者100人为互选，其余100人为钦选。钦选议员先进行互选，互选名额多于规定名额，最后由皇帝钦定。各省咨议局互选资政院议员，按定额分配至各省，由各省互选产生。对咨议局议员的产生，清政府制定了《各省咨议局议员选举章程》，规定"议员之选任，用复选举法"。"先由选举人选出若干选举议员人，更令选举议员人投票选出议员。"无论何种议员的选举，都对被选举人的资历、身份、财产有严格的规定限制。如咨议局议员的选举权，有这样的财产规定：在本省的男子，有5000元以上之营业资本或不动产者，若不具备其他条件，也可以有选举权；对非本籍的男子，有万元以上之营业资本或不动产者，年满25岁，在本省寄居10年以上，也可有选举权。而对于学堂肄业生和小学教员，则不予选举权和被选举权。①

清末沿袭旧有选官制度内容的五个方面是：

第一，继续考录举贡、拔贡和优生。

在罢废科举的过程中，对旧有之举贡、生员，清政府采取"宽筹出路"的原则。因而停科举后，清政府继续对举贡、生员进行考用。如宣统元年（1909年）四月十四日，考试各省保送举贡，取中宗室、满洲、蒙古、汉军以及各省员额共320名；②宣统元年（1909年）八月，清政府考

① 《清史稿》，"选举八"。

② 《东方杂志》，第七卷第三号"谕旨"。

录优生，共考录289人，分别以七品小京官分部学习，或以知州、盐运司经历、散州、县丞等分省补用。[①] 又如宣统二年(1910年)七月，清政府考试拔贡，计考取八旗及各省拔贡生绍志等149人以七品小京官分部学习，另外354人或以知县分省补用，或以八品录事、书记等官分部使用，或以直隶州州判等分省补用。[②]

第二，继续沿用截取选官。

光绪三十二年(1906年)，翰林院疏通官缺，"议定侍读、侍讲、编检各官，历俸十二年以上者，截取道员；九年以上者，保送道员；六年以上者，截取知府；三年以上者，保送知府"。[③]

第三，继续沿用荫典和封赠。

清政府对于一些所谓的名彦硕儒、功绩卓异之人或出于特殊情形，常给以封赠、荫典，以示皇家恩威、专制权力。兹举数例：

光绪三十三年(1907年)六月，安徽巡抚恩铭被刺，朝廷赏其子山西候补道咸麟以道员即补。[④]

光绪三十四年(1908年)六月，"赏前国子监祭酒王闿运内阁学士衔，奖宿儒也。"[⑤]后来王在回忆此事时，自嘲说自己是"愧无齿(与"无耻"谐音)录称前辈，幸有牙科步后尘"。

又《清史稿》载："光绪季年，海内多故，因思将帅有功之臣，诏曰：'咸同以来，发捻回匪，次第勘定。……各勋臣子孙，名位显达者固不乏

① 《东方杂志》，第七卷第九号"谕旨"。

② 《东方杂志》，第八卷第七号"谕旨"。

③ 《东方杂志》，1906年第一号，"中国大事记"。

④ 《光绪朝东华录》，总第5689页。

⑤ 《东方杂志》，第五卷第七号，"大事记"。

人，而浮沉下位伏处乡里者，亦复不少。'"因令各省督抚、都统详查勋臣后裔，有无官职，汇列上闻。结果，江忠源、罗泽南、李续宾、冯子材等人的后代共27人得以"各按官阶升用"。①

第四，继续实行官员保举。

清政府实行新政之后，曾谕令各省督抚广泛保举人才，并继续考选孝廉方正。如著名的铁路工程师詹天佑便经邮传部保举以该部丞参候补；②宣统元年（1909年）九月，清政府曾考选各级官员保举的孝廉方正112人充任各种官职，未经录取者则赏给六品顶戴。③

第五，捐纳名废实存。

光绪二十七年（1901年）五月，清政府诏谕捐纳实官永远停止，但同时又规定对一些虚衔荣誉仍可捐输，这便使捐纳照行不误。光绪三十三年（1907年）十二月，朝廷不得不对此加以申斥："近来捐纳保举，流品冗滥，以候补人员为尤甚。迭经降旨饬令各省督抚，于各员到省考试甄别。乃十数年来，分发选缺到省各员，经督抚考验，黜革开缺及咨回原省甚不多观，一味虚应故事，是并无扬清激浊之诚，殊属不成事体。"④

以上是清末官制改革中选官方式的主要内容。

## 三、清末选官制度评价

清末十年是中国社会政治、经济诸方面大转型的时期。具体体现

---

① 《清史稿》，"选举五"。

② 《东方杂志》，1909年第11期，"交旨"。

③ 《东方杂志》，1910年第10期，"谕旨"。

④ 《光绪朝东华录》，总第5816页。

在由传统向近代，由专制向开明，由独裁向宪政的转变（当然，这种转变只是一种趋向和趋势，没有也不可能达到质变的程度）。废除科举制，建立新的选官制度，是这一转型时期的必然要求。科举制的废除，结束了 1300 多年以来八股取士为官的制度，打破了封建教育流于空疏无用的弊端，从理论上为人们的择业、谋生取向提供了广阔选择的空间。因为，在传统科举取士制度下，官本位观念根深蒂固，而科举名额极为有限，造成了知识分子出路的狭窄和无奈。据统计，从清顺治三年（1646 年）到光绪三十年（1904 年）的 258 年中，共开 112 科，取进士 26 000 余名，而每届投考者大概有 6 000—7 000 之众，录取率约为 3%，其他 97%的举人都不可能取得进士功名。同时，自鸦片战争以来中国面临的近代化课题，关键是要造就新型实用人才，而不是清谈误国、埋头经书八股、不知天下世界为何物的书蠹。科举制的废除，正是适应了中国近代化的要求，矫正传统选官的积弊。从上述我们总结的八种选官模式，可以看出它有创新，也有对旧制度的因袭沿用，但从统治者的初衷和当时的社会状况而言，主要还是需要以改革的精神与魄力，打破旧制度，创立新模式。所沿用的旧有选官模式，只不过是新选官模式的补充，是在特定历史条件下，清朝统治者不得已的选择。新选官制度无论从考录的内容（考察学生的实用技术知识如工商、农业、制造、法律、军事和医学等），还是从考录的形式（完全抛弃了八股文程式，考试程序也大大简化），都完全迥异于以往的选官模式，可以说实现了制度上的突破。另外，议员的选举更是中国历史上的第一次，许多具有新知识、新思想的留学生，如活跃在清末资政院中的议员罗杰、雷奋等人，借此进入政治领域，在推动清政府的改革方面，起到了重要作用。就是说，清末新的选官制度下，产生了一大批“人才”。如在“五大臣”出洋考察宪政的随员中，便有许多由留学生考录的官员如陆宗舆、唐宝锷、章宗祥、钱承志、施肇基、伍光建等人，这些人物对于促成清政府的仿行宪政，以及在宪政的具体操作方面，都发挥过不可忽视的作用。[①] 同时，在晚清官制改革中产生的各行政部门和一些临时机构中，也大量充斥着留学生。如在宪政编查馆中，几乎全部是留学生充任实际工作。比较重要的人物有杨度、章宗祥、汪荣宝、恩华、钱承志、吴振麟、刘泽熙、林肇、范源濂、金邦平等。1906 年改革官制文件的编纂起草工作，主要由考录的留学生汪荣宝、曹汝霖、章宗祥、陆宗舆和金邦平等人负责。[②] 这也说明，新的选官制度对推动清末的官制改革，发挥了重要的作用。

另一方面，在新的选官制度下，大批知识分子和读书人出国留学或转向新式教育，新知识的熏陶使他们许多人的思想发生突变。如《东方杂志》在论及清末新选官制度下的教育时说："卢梭与马克思之学说，法国与美国革命之理想，1848 年德国青年暴动之动机，爱尔兰自由运动之斗争，欧洲文艺复兴，基督教中之新教运动，凡此诸端俱为学生探讨辩论之资料。"其结果，"所谓民族主义的思潮，德谟克拉思[③]的理想，天赋人权的学说，此皆欧西人士所屡冒危难而底于实现者，至此又憧憬于中国青年之心目中。"[④]就留学选官而言，许多留学生在中西对比之下，他们感悟振兴中华的最大障碍是列强的侵略和清政府的专制腐败统治，因而走上立志推翻清朝的斗争，不再以功名利禄为目的。从此意义上讲，清末选官制度加速了清王朝的解体，培养了自身掘墓者。萧一山先生就曾很含蓄地指出留学选官的影响："自光绪三十一年至宣统三年，凡七试而清亡矣。"[⑤]但仅就制度而言，清末选官制度还有如下的弊端：

---

① 韦庆远、高放、刘文源：《晚清宪政史》，中国人民大学出版社 1993 年版，第 113 页。

② 张一麟：《心太平室集》卷八，第 37—38 页。见《中国近代史资料丛刊》，台湾文海出版社出版。

③ 即民主 democracy。

④ 《东方杂志》，第二十四卷，第十四号。

⑤ 萧一山：《清代通史》卷四，第 1423 页。

第一,急功近利,欲速不达。十年树木,百年树人。清末官制改革中的学堂育才不能收立竿见影之效,于是搞速成式的留学选官。如张之洞说:“出洋一年,胜于读西书五年;入外国学堂一年,胜于中国学堂三年。”[①]这未免过于简单化和理想化。在此思想指导下,尤其在清政府制定了留学选官的制度后,出国成为时髦风尚,留学者急急如过江之鲫。但留学的效果如何?1906 年,出使日本大臣杨枢曾上密折于清政府,指陈急功近利派留学生的五大缺点:1. 学堂出身,不如出洋留学易而优,故留日学生蜂拥而至;2. 留日学生挟功名利禄而来,学求一知半解,无补于时事;3. 日本为迎合中国学生心理,多设名不副实之速成班,甚至所学科目都由学生自定;4. 日本学制中,普通、大学教育的完成均需数年甚至数十年,中国学生在此速成,未足为凭;5. 中国派遣学生无统属限制,杂乱无章,贻笑外人。[②] 御史胡思敬更一针见血地指出留学的另一弊端:“自学务大兴,只日本一国,每岁吸我膏血,不下数千万金。在廷诸臣,日日侈富强,乃酿成此极贫极弱之证,其何说以解此?”[③]面对种种流弊和各方面的指责,清政府不得不另做一些规定,对留学加以限制,终至宣统三年(1911 年)七月,学部奏请停止各学堂实官奖励办法,“拟自文官考试任用章程施行之日起,无论何项学堂考试毕业者,概不给奖实官;其游学毕业生之廷试,明年亦拟不复举行。”[④]矫枉过正,因噎废食,为时晚矣。

第二,新旧杂陈,导致吏治混乱。清末在建立新选官制度的同时,还面临解决昔日大量科举仕子出路的难题,以及稳定社会,笼络人心,消弭革命的更大难题,因而不得不保留和沿用前述旧有的选官方式。

---

① 张之洞:《劝学篇》,第 137 页。

② 《东方杂志》,1906 年第六期,“教育”。

③ 《宣统政纪》,卷十七。

④ 《东方杂志》,1911 年第八卷第八号,“中国大事记”。

这客观上造成选官制度的新旧杂陈，不伦不类，造成吏治的混乱和腐败。《清史稿》对此颇有微词："（光绪）三十三年，诏中外大臣访求人才，不拘官阶大小，有无官职，确知才堪大用，及擅专长者，切实荐举。……于时被荐人员，分起赴京，除官录用者，至宣统间犹未已。然自光绪之季改订官制，增衙署，置官缺，破格录用人员辄以千数，荐擢亦太滥矣。"①

对捐纳的流弊，《清史稿》更持问罪态度："……然捐例虽停，而旧捐移奖，层出不穷；加以科举罢后，学堂卒业，立奖实官；举贡生员考职，大逾常额；且勋臣后裔，悉予官阶；新署人员，虚衔奏调；纷然杂错，益难纪极；宣统三年，裁吏部，设铨叙局，虽有刷新政治之机，而一代铨政，终不复能廓清也。"②

另一则材料更明确指出："自明降谕旨改革官制以来，大小臣工，徘徊瞻顾，虚悬草案，施行无期，而昏夜乞怜，蝇营狗苟，其风益炽。清议不足畏，官常不足守。上则社鼠城狐，要结权贵，下则饥鹰饿虎，残噬善类。"③

第三，造成权限不清，职责不明。近代西方国家行政运作的基本要求和原则，如前所述，是分权定限，职责明晰，监督有力，廉洁高效。清政府在改革官制时，也以"廓清积弊，明定责成"为目标，但由于急功近利，不能解决吏治混乱的积弊，使改革背离原有目标。御史赵炳麟曾指出："权限不清，俸给不匀，贤者勤劳王事，往往沉沦下位而不免朔饥；不肖放弃官司，往往交结要津而骤跻显位。是以近日相传妙语谓：'做事还做事，做人还做人，做官还做官'。"④

---

① 《清史稿》，"选举四"。

② 《清史稿》，"选举五"。

③ 张枬，王忍之编：《辛亥革命前十年间时论选集》，第二卷（上），第129页，生活·读书·新知三联书店，1963年版。

④ 《东方杂志》，1910年第八期，"中国大事记"。

1911年，新内阁官制甫经发布，御史陈善同立即大加指斥："现在各衙门办事，上骄下谄，权限不分，由来已久。新设各署，尤为紊乱。司官大都迁就取悦，不能自奉其职，事无巨细，均由堂官标到画行"，"各部院人员多或七八百，少亦百数十，进身之途既杂，督责之令不严。……现在廉耻道丧，贿赂公行，必将因此益长奔竞之风，启营植之渐。"为此，陈善同提出定责任，守公法，禁兼差，明升阶等措施，①但清政府此时已无回天之力了。

统而言之，清末选官制度虽有创新、突破，但旧的内容始终如影随形地体现在其中。"传统社会能够改造社会，却不能够改造自己。"②可以说，清末官制改革的成败，与新选官制度的严重弊端，有必然的联系。

## 第二节 中央官制改革中官员的俸禄、品级和任官变革

### 一、清朝官员俸禄、品级和任官存在的问题

从清政府有关的规定看，清朝官员的俸禄十分微薄，一品大员年俸银180两，最低级官员的年俸银只有几十两甚至十几两。除此之外，尚有一定的禄米和养廉银等。《辛丑条约》签定后，清政府面对巨额赔款，在多方搜刮的同时，规定削减官员的俸银和禄米，用于赔款的支付。对此，清政府的官方文书和档案都讳莫如深，极少提及，大概是认为此事有损自己的"形象"和"脸面"吧！但是，我们根据萧一山的《清代通

① 《东方杂志》，1911年第七号，"中国大事记"。

② 〔美〕亨廷顿著：《变化社会中的政治秩序》，王冠华等译，生活·读书·新知三联书店1989年版，第154页。

史》[①]，以及清末著名御史江春霖的记载，可以准确地知道当时官员俸银禄米提还赔款的标准，为七品以上三折，五品以上四折，三品以上五折。[②] 这样，就使得官员的俸禄进一步减少，官员的处境更加窘迫，官场的风纪更加败坏，“三年清知府，十万雪花银”之谚，是对腐败现象的形象概括。改革的途径之一，是借鉴西方文官制度的做法，大幅度提高官员的俸禄，改善官员的生活待遇，以达到一定程度的高薪养廉，力求澄清吏治。对于这方面的建议、议论和条陈，在清末中央官制改革之前，如我第一、第二章有关内容所述，已有较为成熟和充分的探讨，代表性的论述如康有为及其《官制议》等。清政府自宣布实行新政，改革官制以来，对这一问题相当重视，在提高官员的俸禄方面，作了某些尝试。例如由总理衙门改为外务部后其官员的俸禄及新设商部官员的俸禄，与其他部相比都有了大幅度提高，由此产生很大的震动和吸引力，许多其他部门的人员想方设法，甚至不择手段地运动进入这两个部。这种现象足以说明，清政府官员待遇的菲薄以及薪俸提高的重要性。光绪三十二年(1906 年)七月十三日，清政府宣布预备立宪先行厘定官制，同时，允许社会各阶层无论身份如何，均可以就官制改革事宜“条举以闻”。[③]

此时，各级官员的条陈奏议，均涉及改革俸禄问题。兹举数例如下：

光绪三十二年九月十四日，御史徐定超奏更定官制办法十条，其中第三条要求“均廉俸”，指出，“廉俸之薄，至今而极，长安物贵，自昔已然，今则百物踊腾，视庚子前已加倍蓰，何论国初，所以事蓄不赡，官民

---

① 萧一山：《清代通史》(四)，第 1537 页，中华书局 1985 年版。

② 《江春霖集》，卷一，奏议：“请核定官俸片”。马来西亚兴安会馆总会文化委员会 1990 年 3 月版。

③ 《宪档》(上)，第 44 页。

交困。然民贫犹可使富，官贫适以教贪。大臣岁入仅数百金，小臣仅一二百金，虽以号称廉洁如伯夷其人者，亦不能不仰给于亲朋之借贷，外官之馈赠矣。不特此也，债台高筑，弊窦宏开，大官之赂鬻风行，小官之钻营云集，天下事尚可为乎？……我皇太后、皇上辰聪天擅，惠恤臣僚，于军机大臣及外、商、学、警各部衙门，皆已赏给津贴，优渥异常。诚以设官皆令治事，而毂禄尤贵均平。……京官不论满汉文武各衙门，概给津贴，但以事之繁简定禄之丰俭，略如日本每官定为禄俸三级之制，似尚可行。百官无内顾之忧，然后各奋群策群力，以治天下之事，此诚古今中外不易之通义也。"①

光绪三十三年(1907 年)三月十三日，候选道吴剑丰条陈改良财政、言路、吏治、学务、陆海军、警察等事，对于整顿吏治，提出，"当统提陋规加重养廉也。养廉者必使廉足自养，若平日京内之官异常清苦，则有炭敬、别敬之说，其收受苞苴不与焉，非京官之不肖，实廉不足以养也。除各部司员一切闲曹酌改裁减外，凡在京供职者，应请一体加重廉俸，严禁诸弊。"对于地方官，则"所有一切陋规严切查明，提出统筹合算，以地方之大小，官阶之高下，定廉俸之轻重。"②

光绪三十三年七月七日，湖北按察使梁鼎芬"跪奏为敬陈预备立宪第一要义，恭折仰祈圣鉴事"。那么，梁鼎芬所陈"立宪第一要义"是什么呢？他说：

"臣愚见今天下臣民所仰望者，在预备立宪。而预备立宪之事，则责在庆亲王奕劻。该亲王历事三朝，办事最久，年高硕望，夙夜在公。虽屡次陈请开去要差，而朝廷任用亲贤，慰留至再，自必守鞠躬之义，无退位之思。臣闻该亲王府中用度甚繁，所有每年廉俸及新加军机大臣、

① 《宪档》(上)，第 165—166 页。

② 《宪档》(上)，第 191 页。

外务部养廉银两不敷尚多，于是袁世凯、周馥、杨士骧、陈夔龙等本系平日交好，现该亲王用度不足，时有应酬。臣愚以为今日要政，责在奕劻一身，内外臣工奉为标准，似未可以日用微末之事，至分贤王谋划大事之心。仰肯皇太后、皇上每月加奕劻养廉银三万两，由度支部发给，看似为数甚巨，实则所全甚多。奕劻得此养廉巨款，自可专心筹办大事，不顾其他；京外各官从前或有应酬，均于此次认真停止。朝廷待奕劻甚厚，奕劻自待必甚严，无论立宪之迟速，新内阁之成立，皆以奕劻有极优养廉为第一要义。此若不定，恐有他事为外人所笑。盖地球各国政府大臣，既无薄俸亦无受人馈送者。高明之地，万目所瞻，大法小廉，古训具在。风气所关，人才所出，非细事也。是否有当，伏乞皇太后、皇上圣鉴训示。”①

不难看出，梁鼎芬在此嬉笑怒骂，亦真亦幻，实际是揭露讥刺奕劻贪污腐化，与袁世凯等人内外勾结，贻误国事。但同时也指出了一个重要的问题，即官员的俸禄不足：奕劻身为首席军机大臣，廉俸加养廉银尚不足挥霍，只好依靠“平日交好”的馈赠，一般的官员自更不必说了。

光绪三十三年七月十七日，章京鲍心增“条陈护惜三纲振兴吏治等项不必泥言立宪呈”中，建议宜均禄而惩贪墨，不应只给部分新署加俸：“中国自元、明以后，官俸太薄，百利弊丛滋，近以外洋相形见绌，优给养廉是也。然闻外洋官俸资用有余，从无因官致富之事，而日本俸给尤逊西洋，今我新设各署，一司官月给数百金，毋乃太过。”②

光绪三十三年十二月十六日，镶蓝旗蒙古都统张德彝条陈整顿官制统一钱法等事，认为官制急宜整顿，整顿的措施之一，是对官员优给俸廉之资：“古者劝士首在重禄，圭田之制，详于孟子，庶人之仕，禄足代

① 第一历史档案馆：《宫中档案朱批奏折》，“筹备立宪”。

② 《宪档》(上)，第215页。

耕，汉世以石为俸，厥有定制。宣帝用张敞、萧望之之言，增天下吏俸十五，故家室无累，人怀自励之心，贤才济济，驾乎历代。我朝制禄之方，大小皆有等差，所以为服官计者，已无微不至。……惟比年以来，库款支绌，不过按数成支发，且署任之员仅予半俸，例有明文（按：此处当指扣俸以支庚子赔款），乃向之所以自赡者，京官则曰馈送，外官则曰陋规，一律提归公款，大小臣工势将有后顾之忧，可否京官仿照外、商两部，外官仿照直隶省，优加津贴之处，出自圣裁。"①

除官员俸禄问题外，官员品级和任命方式的变革，也是文官制度改革的一项重要内容。

清朝非常重视官员的品级。当时官阶分为九品，每品又有正、从之分，即所谓的"九品十八级"。不能列入九品以内的，称作"未入流"。在清末中央官制改革之前，九品十八级官员的分类如下：

正一品：（文）太师，太傅，太保，大学士。（武）领侍卫内大臣。

从一品：（文）少师，少傅，少保，太子太师，太子太傅，太子太保，各部院尚书，都察院左都御史、右都御史。（武）将军，都统，提督。

正二品：（文）太子少师，太子少傅，太子少保，各省总督，各部院左、右侍郎。（武）副都统，总兵。

从二品：（文）各省巡抚，内阁学士，翰林院掌院学士，各省布政使。（武）副将。

正三品：（文）都察院左副都御史、右副都御史，通政司通政使，大理寺卿，詹事府詹事，太常司卿，顺天府府尹，奉天府府尹，各省按察使。（武）参将。

从三品：（文）光禄寺卿，太仆寺卿，各省盐运使。（武）游击。

正四品：（文）通政司副使，大理寺少卿，詹师府少詹事，太常司少

① 《宪档》（上），第322页。

卿，鸿胪寺卿，太仆寺少卿，各省道员。（武）都司。

从四品：（文）翰林院侍读学士、侍讲学士，国子监祭酒，内阁侍读学士，各省知府。（武）城门领。

正五品：（文）左右春坊左右庶子，光禄寺少卿，钦天监监正，六科给事中，各部院郎中，各府同知，直隶州知州。（武）守备。

从五品：（文）鸿胪寺少卿，各道监察御史，翰林院侍读、侍讲，各部院员外郎。（武）各省知州。

正六品：（文）国子监司业，内阁侍读，左右春坊左右中允，各部院主事，京府通判，京县知县，各省通判。（武）门千总，营千总。

从六品：（文）左右春坊左右赞善，翰林院修撰，光禄寺署正，直隶州州同，州同。（武）卫千总。

正七品：（文）翰林院编修，各部院七品笔帖式，顺天府学教授、训导，京县县丞，外县知县，各府学教授。（武）把总。

从七品：（文）翰林院检讨，中书科中书，内阁中书，国子监博士，直隶州州判，州判。（武）盛京游牧副尉。

正八品：（文）太医院御医，各部院八品笔帖式，外府经历，外县县丞，州学正，县教御谕旨。（武）外委千总。

从八品：（文）翰林院典簿，府、州、县训导。（武）委署骁骑尉。

正九品：（文）各部院九品笔帖式，县主簿。（武）外委把总。

从九品：（文）翰林院待诏，刑部司狱，州吏目，巡检。（武）额外外委。

未入流：（文）京、外县典史，驿丞。（武官无未入流）

对照本书前三章的有关内容可以看出，清末十年的中央官制改革，已打破了清朝既有的官员品级系统。主要表现在，取消了满汉官员复职制度，各部新设丞和参议；宣统三年（1911 年）的内阁官制规定，取消各部尚书头衔，以大臣代之，又设各厅长，局长；各部设艺师、艺士，等等。另外，资政院、弼德院、谘议局议员成立后，内设院长、副院长，议长、副议长以及秘书长等官职。对于所有这些官职，清政府有的规定了相应的品级，如丞和参议，而大部分则没有规定品级。这说明，清政府中央官制改革中的官员品级系统，有待重新厘定和整理，使之系统化。

关于清朝传统的官员任命方式。

清末中央官制改革之前，传统的任官方式分除、补、转、改、升和调六班。

除班：最初任官，或学习期满补缺称作除。如进士一甲一名除修撰，额外主事三年学习期满除主事。

补班：因某种原因去职，如丁忧、结婚、患病、回避等等，以后复职叫做补。

转班：在同一官署内，转任同一品而地位略高的官职叫做转，如监察御史转给事中。

改班：由甲官署转任乙官署的官职称为改，如左都御史改任尚书，郎中改任御史。

升班：由低级官职任用为高级官职称作升，如尚书升任大学士，知府升任道员。

调班：由甲官署改任乙官署同等官职，与改班略同，但属于特定者；或调任某一官职，而有一定任期的叫做调。

京官郎中以下，外官道、府以下，由吏部铨选。京官分发各部，叫做“分衙门学习行走”；外官分发各省，叫做“发省差委使用”。京官四品以上，外官盐运使以上，由军机处开列名单，请皇帝在其中选择任命，此即所谓的“请简”。道员也有由皇帝直接任命的，叫做“特旨道”；实缺道、府也有由皇帝亲自决定的，叫做“请旨缺”。内而尚书、侍郎，外而总督、巡抚等大员，也可以用奏荐的方式保举官员。但是，在一个封建集权的帝国里，在一个“朕即国家”的帝国里，皇帝拥有对所有一切各级官员生杀予夺的最终裁判权。他可以随时任用自己认为合适的人选，去担任任何职务，而不受任何限制，此即所谓的“特简”。负责官员铨选任命的吏部，很大程度上只不过是按皇帝旨意办事，实际形同虚设。这就是为什么吏部的存在一直受到讥刺，最后终被裁掉的原因，实际上反映了对皇权的一种挑战，也是官制改革本身的要求。“请简”和“特简”官员的做法，直至清朝灭亡都没有改变。但是，如本书前三章有关内容所述，自清末中央官制改革以来，在官员的铨选任命方面，已经打破了原有的模式。新设各行政部对于自己部门官员的选任，将吏部“撇”在了一边，“自商部兴，别为一种风气。所用之人，吏部不敢过问，所筹之款，户部不得与知。抵掌谈时务者，相继效尤，未几而立警部，未几而立学部。”①吏部对此既恼火又无奈，只好敷衍了之。换言之，晚清中央官制改革以来，任官方式发生了很大的变化，既有的模式被打破，如同官员的俸禄、品级问题一样，急需厘定和统一。

宣统二年(1910年)三月初二，浙江巡抚增韫代奏在籍编修邵章条陈厘定官制等事宜折。这份奏折，就官员的任命、品级、俸禄等问题较为全面地提出了改革的建议，是自中央官制改革以来，一份关于上述问题的有代表性的奏折。增韫称其“证古据今，深通法理，于厘定官制不无裨益。”②邵章奏折的核心内容，是认为官制愈繁，厘定愈困难。建议略采日本亲任、敕任、奏任、委任之制，厘定官等为四等，第一等曰特简官，第二等曰请简官，第三等曰奏用官，第四等曰委任官。必有官等之资格，而后得授官等之位置，必有官等之位置，而后得受官等之报酬。在此基础上，邵章建议各等级官员的俸禄如下：

特简官俸级分六等，最优者岁给四万两为率，最下者以一万五千两

---

① 胡思敬：《退庐全书·审国病书》。

② 增韫代奏邵章奏折的内容，见第一历史档案馆：《会议政务处全宗》。

为率，每级以五千两递降；

请简官俸级分六等，最优者以岁给一万五千两为率，最下者以五千两为率，每级以二千两递降；

奏用官俸级分九等，最优者以岁给五千两为率，最下者以一千两为率，每级以五百两递降；

委用官俸级分九等，最优者以岁给一千两为率，最下者以二百两为率，每级以一百两递降。

对于兼职者，规定“于本职得给以全俸，其摄有他职者，但得给以他职之半俸，所以示限制也”。

俸给确定后，其现有一切之养廉、津贴、薪水等名目，一概废去。

邵章同时建议，在官等俸级之外，对于皇族、外藩、世爵、世职等，别设世袭俸；对于职官之老病退职者，别设恩给俸（由特旨赏给全俸或半俸）；对于庶吉士，别设学位俸；对于议员、议长、副议长、学堂之教员及其他临时职，别设特别俸。无论何种俸给，均统一于度支部，不得由京外各衙门另行规定。

官级、职级和俸级的关系是，“官级定则资格咸有所统宗，职级定则位置咸有所专属，俸级定则报酬咸有所准则。”

在官级、职级和俸级三者关系确定的基础上，邵章还提出肃清官场风纪的三原则：第一，官员任用应重出身；第二，官员升调应严限制；第三，官员处分应议变通。

邵章在最后总结说：“故所陈各节，蔽以两言，即俸级必与职级相准，职级必与官级相离是也。盖官级属于自然人，职级所定，即分任此行政、司法之统治机关，准官级而授职级，即本诸自然人，而分寄以各种机关。至于准机关事务之繁简，以为俸给厚薄之等差，则国家优遇臣工之义，亦即臣工效忠国家之义所由起也。”

邵章提出的官员兼差支半俸，官员按照特简、请简、奏用、委用四个类别支俸，以及划分俸禄类别等，在其后清政府的俸禄变革中，都有一定的体现。

综上所述，清政府实行中央官制改革以来，对原有的选官任官、官员俸禄、官员品级及时进行重新整合、调适，不仅为大势所趋，人心所向，而且已经有了部分的实践和可供参考实行的预案。可以说，“箭”已放在了弦上，但发与不发，最终取决于清政府。

## 二、清政府的改革措施

为叙述和比较的方便，根据御史江春霖光绪三十二年九月四日的奏折，[①]我们先将清政府改革俸禄之前，各级官员的俸禄情况列举如下：

正（从）一品：银三百六十两，米三百六十斛

二（从）品：银三百两，米三百斛

三（从）品：银二百六十两，米二百六十斛

四（从）品：银二百一十两，米二百一十斛

五（从）品：银一百六十两，米一百六十斛

六（从）品：银一百二十两，米一百二十斛

七（从）品：银九十两，米九十斛

八（从）品：银八十两，米八十斛

九（从）品及未入流：银六十六两二分八钱，米六十斛

如前所述，为提还赔款，清政府规定官员的俸银俸米按照七品以上三折，五品以上四折，三品以上五折的比例扣发。这样，清政府九品十八级官员实发俸银禄米如下：

正（从）一品：银一百八十两，米一百八十斛

---

① 《江春霖集》，卷一，奏议：“请核定官俸片”。马来西亚兴安会馆总会文化委员会1990年版。

二(从)品:银一百五十两,米一百五十斛

三(从)品:银一百三十两,米一百三十斛

四(从)品:银一百二十六两,米一百二十六斛

五(从)品:银九十六两,米九十六斛

六(从)品:银八十四两,米八十四斛

七(从)品:银六十三两,米六十三斛

八(从)品:银八十两,米八十斛

九(从)品及未入流:银六十六两二分八钱,米六十斛

清政府在十年的中央官制改革中,对于选官制度作了较大的变革(如本章第一节所述),而对于任官制度、俸禄制度、品级制度的动作,虽然有改革的计划,实际行动则相对滞后。换言之,清政府对于上述内容的改革,并没有形成一个最终的改革模式,也没有来得及进行"总结"。但是,我们从其有关的改革措施、时人的记录以及档案材料中,可以窥见清政府对于上述问题的改革意向和趋势。

宣统二年(1910年)十一月十九日,海军部奏定海军大臣、副大臣品秩,原折称:

"伏查新官制一时尚未能奏定,而臣部现又须与各衙门轮流值日,则海军大臣、副大臣品秩亟须暂行先定,以崇部制而昭划一。海军大臣品秩拟视尚书,副大臣秩视侍郎。"结果是,"奉朱批,依议。"①

这份奏折说明,至迟到宣统二年年底,清政府关于官员品级的规定,还没有发生变化,但从《汪荣宝日记》看,有关方案正在酝酿中。

《汪荣宝日记》中,有关酝酿官员任命、品级、俸禄等方面的内容颇多,例如:

宣统元年(1909年)三月初五日,"饭后到部办事,定堂司各官津

① 第一历史档案馆:《会议政务处全宗》。

贴，尚、侍、丞、参按原来数目交给六成，参事以下支给五成，其科员及录事津贴各分为一二三等，一等五成，二等四成，三等三成；两厅（按：此处当指承政厅和参议厅）则厅丞六成，佥事五成，科长以下办法与本部科员同。”

十月二十七日，“到宪政编查馆，将李柳溪（即李家驹）所编行政纲要表式交还，讨论厘定官制问题。”

十一月十三日，“到宪政编查馆与柳溪讨论各部官制通则问题。”

宣统二年三月二十六日，“到宪政编查馆与同人略论厘定官制事宜。”

四月二十七日，“饭后到宪政馆，与柳溪讨论官制及官规事宜，并取日本法规详细考求，拟以品级当日本之官等而变通之。”

五月初二日，“到宪政馆仿日本高等官二等表，制各官品秩表一纸。官品不烦则无更调频散之患，一官散品则有品进而官不变之妙。窃谓数改官制，必当以此为准则也。”（按：此处所记与邵章的主张一致）

六月十六日，“旋往宪政馆，吴侍郎、世相先后到，论撰拟文官考试章程、任用章程、官俸章程事。”

十月十八日，（到宪政馆）“本日同人以厘定官制事，开会议于考核科。余发表意见如下：

“第一，以各部为内阁；第二，各部设尚书一人、侍郎一人；第三，侍郎有会同尚书奏事及发部令之权，但不副署谕旨，不列阁议；第四，罢兼辖总督，各置巡抚；第五，巡抚有专事之权，但须敕部议覆乃可行；第六，罢司道，于巡抚衙门内设诸司为补助之职；第七，罢直隶厅、散厅，以府州县平列；第八，官品分离。同人多赞同余论。”①

---

① 引文均见《汪荣宝日记》，北京大学图书馆馆藏稿本丛书，天津古籍出版社，1991年版。

宣统三年(1911 年)《汪荣宝日记》的内容,已不见有关讨论或撰拟官品、俸禄以及任官问题的记载,说明这些问题已暂时被搁置起来,因此时的清政府已顾此失彼,面临倒台了。

关于官员的俸禄问题,清政府有一个较为系统的章程,这就是宣统二年九月由宪政编查馆主持制定的《官俸章程条议》。

《官俸章程条议》共有十七条,主要内容如下:

第一条,规定此章程适用于京内外所有文官。

第二条,规定官俸分四种,即品俸、职俸、恩俸和年级增俸。品俸照现支俸银两数按国帑改支,其支米者照定例办理;职俸,京官有差者、外官有缺者皆给之,京官无差、外官无缺者不给;恩俸,凡官品清崇任职繁剧及尽瘁国事致仕引年者,候上曰赏给。年级增俸拟于司法各官及教授用之。

第三条,规定京官自军机处至各部人员岁支职俸如下:

领衔军机大臣:……(按:原折此处未定明确数目)

各军机大臣:三万六千元

军机领班章京:三千六百元

章京:一千二百元

各部尚书充会议政务大臣:一万二千元

侍郎协管部务:八千四百元

丞领丞政厅:六千元

参议领参议厅:四千八百元

司长:三千六百元

副司长:二千四百元

一等科员:九百六十元

二等科员:七百二十元

三等科员:四百八十元

额外科员:三百元

录事(书记):二百四十元

第四条,规定内阁、翰林院、都察院各衙门皆给职俸,至多之数不得过各部尚书所支,至少者视各部三等科员为限。具体数目如下:

大学士:一万四千四百元

协办大学士:一万二千元(与尚书职俸同)

内阁学士:三千六百元　拟视丞

侍读学士:二千四百元　拟视参

侍读:一千二百元　拟视各司掌印

中书:四百八十元　拟视科员

翰林掌院学士:八千四百元　拟视尚书

学士:三千六百元　拟视丞

侍读、侍讲学士:二千二百元　拟均视参议

侍读、侍讲:一千二百元　拟均视科长

秘书郎:九百六十元　视一等科员

撰文:九百六十元　视一等科员

编修、检讨:四百八十元　均视一等科员

章程第六条规定司法各官及教授官于职俸外,实行年级增俸法,细则由法部和学部规定。

第七条规定了外官岁支职俸的具体数目,其中总督四万八千元,巡抚三万六千元。

第十条、第十一条规定,官员请假一月以上者皆支半俸,其任实差实缺者无论补署,皆支全俸。京外各官著有成绩在任所、差所因病出缺者,给予三个月全俸以示恩恤,其告病致仕酌赏恩俸,候旨遵行。

第十二条规定罚俸处理:各官遇有应议处分,皆罚品俸,不罚职俸、恩俸。

第十三条规定兼差处理：各官有兼差兼缺者，应于本署支全俸，其他支半俸，超过三差者不得叠支。

第十五条、第十六条规定本章程实行后，所有廉俸、公费、津贴和车马费等一律停止。[①]

宪政编查馆在制定《官俸章程条议》（以下简称《条议》）时，已经收到了增韫代递邵章的奏折。因为，邵章奏折的时间是在宣统二年三月，而且奏折后的朱批是“宪政编查馆知道”。据此我们可以判断，《条议》应当是在吸收邵章奏折内容的基础上出台的。我们将两者的内容加以对比，可发现彼此有相同之处，又有很大的区别。

《条议》是按照现有官员品级而制定的，规定官俸分品俸、职俸、恩俸和年级增俸。从内容看，品俸即是按官员品级而支的俸禄，职俸是按官员的实任职务而支的俸禄，恩俸相当于官员的退休金，年级增俸是根据服务年限而逐年增加俸禄的做法。邵章主张设立的俸禄种类有职俸、世袭俸、恩给俸、学位俸和特别俸。比较之下，可知两者职俸相同，恩俸和恩给俸、世袭俸基本相同。

《条议》与邵章奏折在官员兼差时俸禄支领的规定，基本相同；对于官员受处分时的俸禄处理，邵章的根据是法理学原理，而《条议》则体现不出这一精神。

《条议》存在的突出问题，是关于官员的俸禄，设立了两个系列。即自军机处至各部人员岁支职俸为一个系列，内阁、翰林院、都察院岁支职俸为另一个系列。这种设置的弊端首先在于叠床架屋；其次，使人不得不怀疑清政府实行立宪的诚意。因为，若实行立宪政体，旧设内阁必裁无疑，翰林院也可能不复存在，而都察院则属司法系统，更不应将其与内阁、翰林院放在一起。

---

① 第一历史档案馆：《宪政编查馆文件》。

整体来看,《条议》内容还十分粗糙,但可以给我们以研究的参考。

作者在第一历史档案馆查阅清末官制改革中有关俸禄变化的材料时,从学部档案里,发现了光绪三十四年(1908 年)十二月学部各员的俸银表一件,以及学部会计司于宣统三年(1911 年)汇列学部各员十月份、十一月份和十二月份的薪水表各一件。这些文件对于我们研究清末官员俸禄的变化,有相当的价值。

光绪三十四年十二月份学部各员的俸银如下:

正二品(左侍郎):实银七十七两五钱

正三品(左丞、右丞、大学堂总监督):实银七十八两

正四品(左参议、右参议):实银六十三两

正五品、从五品(参事官、郎中、员外郎):实银四十八两

正六品(主事):实银四十二两

正七品(一等书记官):实银三十一两五钱

正八品(司务):实银二十八两

正九品(三等书记官):实银二十二两六分四厘

九品之外部员的俸银:

候补主事、奏留候补主事、学习主事:实银各二十一两

小京官:实银十五两七钱五分[①]

我们将上述俸禄标准与光绪三十二年(1906 年)官员的俸禄标准作一比较,可以发现后者基本是前者的 1/2。至于为什么发生这种变化,就目前掌握的材料还无法解释清楚。或许是清政府为了筹备立宪经费,除让官员摊还赔款外,又加"剥"一层皮?这一问题且留待以后考证。那么,到宣统三年,也就是清朝覆亡时,官员的俸禄有何变化呢?

学部会计司汇列宣统三年(1911 年)十月学部各员薪水明细如下:

---

① 第一历史档案馆:《学部档案》,案卷号 151。

左丞(乔):薪水二百两(兼差者半支一百两)

右丞(孟):薪水二百两

左参议(林):薪水一百六十两

右参议(戴):薪水一百六十两

国子丞(徐):薪水一百六十两

**参事厅**

参事:

林启:薪水八十两(兼差半支四十两)

罗振玉:薪水八十两(兼差半支四十两)

陈毅:薪水八十两

范源濂:同上

三等书记官上行走兼司务厅

厅员上行走

李如松:薪水十六两

**总务厅**

署司长傅岳芬:薪水一百四十两

总务厅机要科:

署科长马瞵翼:薪水一百两

一等科员秦锡纯:薪水八十两

二等科员李权:薪水五十两

署二等科员赵允元:薪水五十两

署三等科员祁锡蕃:薪水四十两

署四等科员朱士宜:薪水三十两

科员上行走霍椿林等:薪水各二十两

署科员上行走周黻藻:同上

额外行走武宗绪等:薪水各十六两

总务厅案牍科:

署科长奎秀:薪水一百两

署一等科员白作霖:薪水八十两

二等科员陈庆佑等:薪水各五十两

三等科员李正芬:薪水四十两

四等科员德启:薪水三十两

科员上行走易国霖等:薪水各二十两

额外行走孙鸿谦等:薪水各十六两

署额外行走李裕增:薪水十六两

案牍科礼学股:

三等科员李楚珩:薪水四十两

四等科员陈武:薪水三十两

科员上行走胡葆璞:薪水二十两

总务厅审定科:

科长陈曾寿:薪水一百两

一等科员胡玉缙:薪水八十两

二等科员汪鸾翔等:薪水各五十两

三等科员杨玉芬等:薪水各四十两

四等科员陈嘉惠等:薪水各三十两

科员上行走梁楚珩等:薪水各二十两

额外行走张枢衡等:薪水各十六两

书记生:

向继贤:薪水十四两

文斯美等：薪火各十两

修订章程处书记生吴昌藩和领抄书记生杨寿桦：薪火各十两

**专门司**

司长王继烈：薪水一百四十两

专门司教务科：

科长晏孝儒：薪水一百两

一等科员李景濂：丁忧

二等科员徐焕等：薪水各五十两

三等科员林锡光：薪水四十两

四等科员程良楷等：薪水各四十两

科员上行走秦汝钦：差

科员上行走龙厚等：薪水各二十两

额外行走徐驻颐等：薪水各十六两

专门司庶务科：

科长彦真：薪水一百两

一等科员陈应忠：薪水八十两

二等科员刘唐邵：薪水五十两

三等科员刘善琦：薪水四十两

四等科员彭聚星等：薪水各三十两

科员上行走存忠等：薪水各二十两

额外行走梁熙等：薪水各十六两

书记生：

史时祥：薪火十四两

陈献斌等：薪火各十两

**普通司**

司长顾栋臣:薪水一百四十两

普通司师范科:

科长陈清震:薪水一百两

一等科员吴继宗:薪水八十两

二等科员伍崇学:薪水五十两

三等科员朱联沅:薪水四十两

四等科员胡祖彝:薪水三十两

科员上行走许国凤:薪水二十两

额外行走瑞湘等:薪水各十六两

普通司中学科:

科长李廷瑛:薪水一百两

一等科员徐亮曦:薪水八十两

二等科员桂诗成:薪水五十两

三等科员吴家驹:薪水四十两

四等科员张绶琛:薪水三十两

科员上行走李正襄:薪水二十两

额外行走杨庚良等:薪水十六两

普通司小学科:

科长王章祜:薪水一百两

一等科员徐致善:薪水八十两

二等科员吴思训等:薪水各五十两

三等科员夏锡琪:薪水四十两

四等科员黎惠中:薪水三十两

科员上行走萧友梅等:薪水各二十两

额外行走孙焕伦:薪水十六两

署额外行走周继武:薪水十六两

书记生郭兴来等:薪火各十两

**实业司**

司长陈宝泉:薪水一百四十两

实业司教务科:

科长何鹬时:薪水一百两

署一等科员陈承修:薪水八十两

署二等科员王家驹:薪水五十两

三等科员杨华:薪水四十两

四等科员陈同纪:薪水三十两

署科员上行走周秉锟:薪水二十两

额外行走吴蹯:薪水十六两

署额外行走金万川:薪水十六两

实业司庶务科:

科长路孝植:薪水一百两

一等科员赵用霖:薪水八十两

二等科员陈希彭:薪水五十两

署三等科员骆通:薪水四十两

署四等科员张文廉:薪水三十两

署科员上行走刘炽昌:薪水二十两

额外行走吴汝庚等:薪水各十六两

书记生王凤岐等:薪火各十两

**会计司**

司长彭祖龄:薪水一百四十两

会计司度支科：

科长周景涛:薪水一百两

一等科员陈问咸:薪水八十两

一等科员刘经绛:薪水八十两,兼差半支四十两

二等科员张煜等:薪水五十两

三等科员邵济等:薪水四十两

四等科员兴安、永元等:薪水三十两

额外行走裘纪元:薪水十六两

会计司建筑科：

科长宗树楠:薪水一百两

一等科员柯兴昌:薪水八十两

二等科员立保:薪水五十两

三等科员启勋:薪水四十两

四等科员李鸣谦:薪水三十两

科员上行走荣生:薪水二十两

额外行走刘树尧等:薪水十六两

书记生张庆瑞:薪火十四两

朱金南等:薪火十两

程逢清:假

**司务厅**

厅长双泰:薪水一百两

一等厅员荣辉:薪水五十两

署一等厅员荣贵:薪水四十两

三等厅员存寿等:薪水各三十两

三等厅员上行走、四等厅员陈琦:薪水三十两

四等厅员温寿:薪水二十两

厅员上行走长福等:薪水各十六两

书记生张实生:薪火十四两

谭小荣:薪火十两

**丞参堂**

科员上行走李维藩等:薪水各二十两

额外行走李懿修等:薪水各十六两

**电报处**

二等书记官上行走黄振邦:薪水二十两

三等书记官上行走尹启勋:薪水十六两

**讨论修订章程兼考试校阅员**

丞参上行走柯:津贴十四两

候补参议李:津贴十两

参领陈煌:薪水三十两

主事王鸿年等:薪水各三十两

郎中范鸿泰:薪水三十两

编纂则例员、资政院秘书官张祖廉:薪水三十两。上述学部宣统三年十月薪水银的总支出量是七千二百七十八两整。

由学部会计司统计,学部宣统三年十一月、十二月所支出薪水银分别是七千八百四十二两整、七千四百零六两整。[①]

我们将学部光绪三十四年(1908 年)的俸银与其宣统三年(1911

① 第一历史档案馆:《学部档案》,会计司,宣统三年(1911 年)薪水簿,第三册。

年）三个月份的薪水作一比较，可以说明下列问题：

第一，学部长官无论尚书（光绪三十四年）还是大臣（宣统三年）的俸银（薪水），不予公开。但对照学部其他官员的薪水标准可以肯定，他们的薪水是相当丰厚的。

第二，学部各员俸禄的名称，由光绪三十四年的"俸银"改为宣统三年的"薪水"，而书记生俸禄在十两或以下的，则称为"薪火"。

第三，光绪三十四年学部各员的俸银，按九品十八级的次序发放，宣统三年学部各员的薪水按官职发放，不列品级。说明官员的品级和职位在发生变化。

第四，从光绪三十四年到宣统三年，学部官员的俸禄有了大幅度的提高。我们以左丞为例，光绪三十四年十二月，学部左丞的俸银是七十八两，那么全年的俸银应是九百三十六两；如果光绪三十四年学部的俸禄是按季发放，那么，左丞全年的俸银应是三百一十二两。从学部宣统三年薪水簿第三册的内容可以断定，至少到宣统三年，学部的薪水已变成按月发放，那么，左丞全年的薪水是二千四百两（每月二百两，不包括兼差的薪水在内）。这样，宣统三年左丞的薪水，是光绪三十四年左丞俸银的二点五倍或近八倍。清末官制改革中，学部与较早建立的其他部一样，官员的待遇较高。因此我们有理由相信，学部在宣统三年的薪水情况，反映了清政府采取高薪养廉的改革趋向，而且幅度比较大。

关于任官制度的变化，至清政府任命袁世凯组织责任内阁时，并没有形成一个全面的新任官章程。但我们从一些相关的改革文件和改革措施中，可以加以总结。

立宪政体下，君主不负责任，皇族不组内阁，为一般公认之原则。君主只是国家的象征，"淡"出行政体制和行政责任以外。因此，立宪政体下内阁总理大臣或首相的任命，君主可以提名，但应须通过国会的表决，然后君主正式任命。其他各部大臣的任命，则由内阁总理或首相提名，然后任命。清政府的中央官制改革以实行立宪政体为目标，其任官模式，应当与上述原则一致。

那么，清政府这样做了没有呢？

光绪三十二年（1906 年）九月十六日（即在丙午改制的过程中），庆亲王奕劻等奏厘定中央各衙门官制清单中，对有关官员的任命做了这样的规定：

左丞请简，右丞请简，左参议请简，右参议请简，参事奏补，郎中奏补，员外郎奏补，七品小京官奏补，录事（以八九品官充）委用。（清单第十四条）

各部请简官由本部尚书商同左右侍郎选拟后，经阁议后，请旨简授。（第二十四条）

各部奏补官由本部尚书商同左右侍郎拟订相当人员，带领引见，请旨补授。（第二十五条）

各部委用官由本部尚书商同左右侍郎遴选札补，咨明内阁并分咨吏部存案。（第二十六条）

各部请简奏补各官，有应行惩处或罢斥者，由本部尚书商同左右侍郎定议后分别参处。（第二十七条）

各部委用官之惩处罢斥，由本部尚书商同左右侍郎行之，仍咨明内阁并分咨吏部存案。（第二十八条）①

上述各条款，明确规定了各行政部自堂官以下的任命方式，即请简、奏补和委用。从中也可以看出吏部的作用在萎缩。这里没有提及尚书、侍郎的任命权限所属，显然，条款制定者们将其视为君主的专利。即使如此，有关条款规定的任官方式，已经扩大了各部的用人自主权，任官程序有所简化，这应当是任官改革的趋势和方向。

---

① 见《宪档》（上），第 467—468 页。

丙午官制改革中，慈禧太后否定了裁撤旧内阁、军机处和设立总理大臣的动议，但批准了行政部门的增设改置，上述任官方式也得以保留。这种变化的结果和影响，我们可以从御史胡思敬的议论，窥见一斑："自六官变为十一部（按：指丙午改制改六部，设立十一行政部），内而丞参，外而提学、提法、巡警、劝业、盐务各官，半由夤缘而得，参事以下，一纸奏调，动辄数十百员，胥吏工贾杂出其中，屡见廷臣参奏，用人如此，行政则又可知……"[①]这说明，任官制度的变化，推动着清末官制乃至任官制度的继续调整。

宣统三年（1911 年）四月初十，宪政编查馆、会议政务处会奏内阁官制及内阁办事暂行章程，清政府于当日颁布施行，并任命了以奕劻为内阁总理大臣的"皇族内阁"。

《内阁办事暂行章程》规定了内阁总理大臣、协理大臣和各部大臣的任命方式："内阁总理大臣一员，协理大臣一员或二员，均候特旨简任（即"特简"）。各部大臣均候特旨简任为国务大臣……"（原文第一条）[②]

上述条款规定了内阁总理大臣、协理大臣和其他国务大臣的任命权属于皇帝，这种规定显然不符合立宪政体的运作模式。

宣统三年五月二十七日，内阁总理大臣奏定《内阁属官官制》，其中对于内阁属官的任命方式，作了明确的规定：

阁丞，简任；厅长，简任；局长，简任；副厅长，简任；副局长，简任；佥事，奏任；印铸局艺师，奏任；印铸局艺士，委任；录事，委任。（原文第一条）

可以说，宣统三年由《内阁官制》和《内阁属官官制》所规定的特简、

---

① 《宪档》（上），"御史胡思敬奏官制未可偏信一二留学生剿袭日本成法轻易更张折"，第 548 页。

② 《宪档》（上），第 563 页。

简任、奏任和委任的任官模式，是光绪三十二年（1906 年）厘定中央各衙门官制清单有关官员任命模式，即请简、奏补和委用的发展。无论哪一种模式，都可以看到皇权的强烈影响。换言之，清末中央官制改革中正在形成的选官模式（即没有定型），反映了清政府不愿放权，不愿真正实行立宪体制的本意。

概括言之，清政府在最后十年试图建立一套新的文官制度，部分内容且已付诸实践。这套制度可以概括为新旧杂陈，不中不西。清政府对于旧的制度不能完全打破，新的东西又不愿真正吸收，因而这些实践与整个的中央官制改革一样，是不成功的。

# 第五章　中央官制改革综论

肇始于1901年的清末官制改革，虽已过去一个多世纪，但至今仍是人们研究、探讨的话题。究其原因，不外乎以下几点：

第一，改革是任何朝代、任何政权（“政权”是一个近现代意义的词汇）都必须持续面对的永恒课题，“变亦变，不变亦变”。只有适时变革，与时俱进，才能保持一个政权的活力和生命力，才不会在大浪淘沙中被逐出局。不同时代的变革既有各自的个性，又有共性。我们研究任何时代的历史，应当致力于在个性中寻找其规律性的东西。

第二，任何政权改革的核心问题，是制度理念和权力结构的再调整，以及权力资源的再分配。权之所在，即利之所归。封建专制政体下，尤其如此。改革的最大受益者，就短时效益来看，不是当权者，应当是广大的普通民众；就历史的长时段来看，则是整个国家与民族的前途命运。正如清末官制改革中，清朝皇族载泽上慈禧太后密折所称：“宪法之行，利于国，利于民，而最不利于官。”①这意味着，要进行改革，官僚统治者阶层首先要做到以天下为己任，具有天下为公而不是为私的精神，不是从某一集团、某一阶层的利益出发，然后的改革才有可能成功。清末的中央官制改革，显然与这些标准不符。在这里拟以前四章的内容为基础，简略分三节探讨三个问题：1. 官制改革与集权；2. 官制改革与清政府的解体；3. 清末中央官制改革的意义。

① 载泽：“奏请宣布立宪密折”，《辛亥革命》（四），第27页。

## 第一节 官制改革与清政府集权

### 一、集权的手段

综观清末官制改革的过程,清政府的动机或者目的十分明确,这就是,“大权统于朝廷,庶政公诸舆论”,即在不触动清政府统治根基的大前提下,几乎什么东西都可以改:舆论可以公开,三权可以分立,宪法可以制定,内阁可以组织,国会可以设立,洋洋大观,花样翻新,热闹异常。

那么,清政府是通过什么样的手段,达到“大权统于朝廷”之目的的?换言之,在官制改革中,清政府是如何集权中央的?

清政府的集权中央,主要通过三个途径,即人事、机构和章程立法三个方面。

在人事集权方面,首先是收拢地方督抚之权。清政府在镇压太平天国农民起义的过程中,已造成督抚坐大、甚至拥兵自重的端倪,及至义和团事起,东南各省督抚竟然漠视朝廷的对外宣战诏书,与西方列强谋划并达成东南互保协议。这种奇特的现象,表明清朝中央政府一定程度上已难以驾驭、控制地方督抚,而不得不思对待的办法。

1906 年,清政府借改革官制之机,迫使直隶总督兼北洋大臣袁世凯开去八项兼差,湖广总督张之洞内调军机大臣,实际是明升暗降;接下来的“丁未政潮”中,岑春煊被逐出京师,瞿鸿禨政坛落马。丙午改制中所形成的十一个行政部的首席长官,满、蒙贵族占七人,且均是要害部门:外务部总理大臣奕劻,度支部尚书溥珽,礼部尚书溥良,学部尚书荣庆,陆军部尚书铁良,农工商部尚书载振,理藩部尚书寿耆。即使其他不是由满蒙贵族做首席长官的部门,也有满或蒙人充任侍郎等堂官职务。如民政部尚书是徐世昌,左侍郎则是满人毓朗;法部尚书是戴鸿慈，左侍郎则是满人绍昌。这种安排，使得满蒙亲贵联翩入掌部务，汉人之势大绌。很显然清政府的集权中央，实际乃集权满蒙少数亲贵，决不是以公天下的精神，来调整权力格局。

慈禧太后和光绪皇帝去世后，摄政王载沣等满族亲贵将袁世凯开缺回籍养痾，名为光绪雪恨，实为夺袁兵权。载沣自任全国海陆军元帅，命其弟为筹办海军大臣，贝勒毓朗、载涛为军谘处事务大臣。

1911 年，清政府设立立宪责任内阁，在内阁所有 13 名成员中，满族共九人，且七人为皇族。清政府的集权于皇族，达到登峰造极的程度，让人感到是在玩低级游戏，而不是进行严肃负责任的政治改革。

清政府还通过机构改革，把一些重要事权收归中央。兹举数例如下：

清政府在丙午官制改革前后，调整了行政格局，形成新旧共 11 个部。就设立这些部门的指导思想，美国学者陈锦江曾指出："（清政府）对新部的要求是很明确的，即肯定中央政府的指挥权威。……新政府试图通过中央集权化的控制，去扮演一个更活跃管理式的角色，似乎这些新的扩大的部提供了更有效的法规手段以实现这个设想。"[①]商部成立后，第一任尚书载振有其父庆亲王奕劻作强大后盾，"商部所规定的权限范围却极大地干扰了在京的许多其他部门。会计司被认为在原来属于户部的财政政策和管理方面拥有权力。同样不妙的是，含糊其词地命令商部接管由六部负责的主要工商业项目。商部一成立，右侍郎陈璧就到户部去商谈有关盐政和铸币移交事宜。同时，商部也打算接收外务部的海关。但是，无论户部或外务部都拒绝移交。"[②]商部为此还博得了"超级部"的"声誉"；不惟如此，商部当时还被称为"小政府"：

---

① 〔美〕陈锦江著：《晚清现代企业与官商关系》，王笛、张箭译，中国社会科学出版社 1997 年版，第 175 页。

② 同上，第 181 页。

“商部既设,小人皆由是取径而入,不独堕坏朝纲也。盖全国之权寄于奕劻,奕劻之权又寄于载振,载振又转寄于商部二三宵小之手。京朝议论纷纷,皆称商部为‘小政府’”。①

商部不仅在中央试图攫夺他部的职权,而且还要攫夺地方督抚的事权。在商部和农工商部的策划下,设立了各省劝业道,其官员对商部和邮传部负责,直接向两部汇报工作;在商部和农工商部的主持下,清末各地还兴办商会,但兴商会的动机,是要控制地方商业团体,绕过地方督抚,使商会成为商部在地方的一个执行机构,这从商会章程中可以看得很清楚。

学部成立后,向各省派遣学政,指导、管理地方教育事宜,直接对学部负责,将督抚推居次要位置。

巡警部成立并改设民政部后,在各地兴巡警,事权属巡警部,督抚居次要位置。

度支部成立后,1909 年初,奏明规定在京各衙门所筹款项归度支部经理,各省财政事件随时报部,奏销按时造送,各省官银号随时由部稽核,外债借还由度支部办理。

1909 年,清政府任命度支部尚书载泽为督办盐政大臣,成立盐政处,产盐省份的督抚兼会办大臣,行盐省份的督抚授会办大臣。规定“嗣后凡各省盐务一切用人行政事宜,均由臣处专责。其关系款项者,责在臣部,关系地方者,责在督抚。”这遭到督抚的一致反对,但清政府初衷不改。②

1907 年,新成立的邮传部进一步推行中央对路政的统一监督与管理。1911 年推出取消各省商办干路由国家强制收回的“干路国有”政

① 胡思敬:《国闻备乘》,卷二,“商部捷径”,上海书店出版社 1997 年版。

② 《宣统政纪》,卷三十、卷三十四。

策。这实际为清政府集权中央的一着，关涉中央与地方督抚经济权力。同时，这一政策严重损害了股东权益，引发声势浩大的铁路风潮，并最终导致辛亥革命的爆发。

如前面章节所述，清末官制改革中新成立的陆军部、海军部的首席长官都是皇族，皇族试图将海陆军之大权牢牢握在手中。

清政府除通过人事设置，机构改革集权之外，还通过制定一系列成文化的章程，来达此目的。

1906年9月1日，清政府发布仿行宪政上谕，其中心内容，是“大权统于朝廷，庶政公诸舆论”，就是无论如何改革，朝廷万不能大权旁落。综观此后清政府制定的《内阁官制初议草案》、《钦定宪法大纲》、《内阁官制》、《内阁办事暂行章程》、《资政院官制章程》、《弼德院官制》等等，无不一以贯之地体现着集权中央——皇族的精神。

## 二、集权的现实可行性

客观而言，一个政府采取何种统治方式，集权还是分权，是它的自由裁量。问题在于这种选择是否符合时代潮流、世界大势、人心所向以及政府的统治能力如何。

就清末中央与地方的关系而言，督抚坐大是现实存在的问题，但可以说并没有哪一个督抚，抑或是哪一个省份欲推翻清政府，他们没有人反对清朝大一统的局面，也没有人具备此种实力和“胆量”。相反，大多数地方督抚希望改革自强，我们从当时督抚大量的陈奏中，可以看出此点。官制改革是一庞大的系统工程，没有地方督抚的强力支持，清政府便失去了最重要的依赖基础。毛之不存，皮将焉附？如前所述，官制改革中清政府挖空心思、不遗余力地削夺督抚之权，使得督抚疲于应付，无所适从。最后，在1910年末至1911年初，由东三省总督锡良和江苏巡抚瑞徵领衔，联合全国18省的督抚、将军、都统，经过文电交驰协商后，一致强烈吁请清政府速组内阁、速开国会，速颁宪法。[①]

宣统三年(1911 年)，大学堂总监督刘廷琛上奏折于清政府，公开指斥清政府集权的后果："中国幅员广远本与日本情势不同，部臣袭中央集权之说，凡兵权、财权、用人之权均夺而归于部，而办事责以督抚。……督抚膺土地人民重寄，责有攸归而又束缚其手足使事事听命，无可展布，愿者拱手以让，上下徒存敷衍之心。黠者攘臂以争，内外遂成相持之局。去年各省督抚纷纷奏请开缺，盖其势实不可居。其真薄督抚不为哉？皆中央集权之说有以激成之……"[②]

同一年，清政府在颁布内阁官制前，只征求了京内各部长官的意见，而将全国督抚置之不理。其后果很严重。对此，张之洞很有先见之明："方今天灾迭乘，民穷财匮，乱匪四起，士气浮嚣，外省之学堂，无不思干预公事，攘取利权，海外之学生，动辄上书政府，干预朝政，凌辱监督，横索钱财，电致本省督抚，诋斥地方官，及加查核，十无一真，其悖谬情形，罄牍难书。而待举之新政甚多，州县外受督责，内忧赔累，疲于奔命，无米为炊；督抚支左绌右，救过不遑，但能抚绥镇遏，平静无事，已自不易。若改变太骤，全翻成局，需费太多，课虚责有，不惟官吏耳目眩惑，无从措手，权力改变，呼应不灵；窃恐民心惶惑，以为今日即是官民平权，刁民地棍籍端鼓噪，抗粮不完，厘税不纳，辑盗匪则抗匿不服，筹赔款则抗欠不交，传讯不到，断案不遵，一切纪纲法度立即散乱逾越。国纪一失而难收，民气一纵而难靖，恐眉睫之祸有不忍言者矣。"[③]这里除张之洞对民众的污蔑不实之词外，有关清政府集权后果的预测，则相当准确。

---

① 具体内容，见第一历史档案馆："赵尔巽全档"。

② 第一历史档案馆：《宫中档案朱批奏折》，"内政·官制"。

③ 《清代史料笔记丛刊》，吴庆坻：《蕉廊丛录》，卷二，"张之洞电驳更张官制"，中华书局 1990 年版，第 57 页。

就统治者的能力、魄力来讲，清末政府内部再也找不出一个运筹帷幄、成竹在胸、奋发进取且深孚众望的人物，如清初之康熙、雍正以及乾隆皇帝。慈禧太后虽有意振作，但年事已高，身处重重矛盾，多方挤压之下，维持局面已属不易，开拓进取从何谈起。及至光绪帝和她隔日去世，清政府更是失去了主心骨，内外大政无所适从，只好被局势裹挟着漂流，一边敷衍，一边又极力集权，最终激起事变。这说明，清政府的集权既不得人心，又无力集权。

就当时的时代潮流和世界大势来看，西方主要国家早已通过革命或者改革，实现了由封建专制政体向资本主义立宪、民主政体的转变，而且这种政体日益巩固并得以成熟发展。虽各国立宪民主的形式不尽相同，但其理论基础和指导原则是基本一致的，这就是：权力分立，主权在民，打破专制，政治民主。立宪政体的产生，反映了人类社会文明开化，理性选择的进步。是对封建专制家天下的自然而又必然的否定。清政府实行立宪的缘起之一，是受日俄战争的刺激。在那次战争中，立宪的蕞尔小国日本，竟然大败封建专制的庞然大物俄国，清政府于是思而仿效日本，行立宪。立宪政体的理论原则，是通过宪法、国会、内阁等法律和机构，分权治理国家，废除终身制，实行任期制，而不是专制集权。皇帝或国王可以保留，但基本成为国家象征，所谓"君主不负责任，皇族不组内阁"是也。我们看清政府的官制改革的手段和过程，恰与立宪原则相左。换言之，清政府官制改革中的集权，不符合时代潮流和人类文明进化之大趋势。既然清政府的集权无论从哪一方面都没有可能，为什么还要不遗余力地去这样做？这就必须回答：清政府为何不愿搞真立宪？

上述已经提到，官制改革的核心问题，是制度理论、组织架构和权力的再调整和再分配，当权者必须以公天下的精神，简政放权，让利于人民。这一点与立宪政体理论是相符的。但清政府不愿这样做，不愿放弃丝毫权力。无论是立宪派，还是大部分督抚，都曾积诚罄哀，苦苦要求清政府审时度势，早定宪法，开国会，组内阁；同时，也有人公开指责清政府的颟顸瞻顾，拖沓敷衍，无立宪诚意。例如，宣统二年九月，资政院总裁、贝勒衔固山贝子溥伦代递孙洪伊奏折中指出："比者筹备宪政之有名无实，天下共见，中外臣僚涂饰敷衍，捏报成绩；苟以塞责者在所多有，而一二忠勤忧国之大吏亦尝知虚名之不可以久假，欺罔之不可以公行。力陈现在筹备之失当，成绩之难期，""……两年以来，所筹备一无成绩，而宪政二字几于为世诟病者，皆坐是也。"①又如，一份不明出处的奏折指出："外情之向背视内政为转移。内政修明，孰敢妄生觊觎。……臣窃闻日人私议谓我所行新政大都有名无实，而政治上纷扰赏罚之淆乱，官吏之贪庸，民生之穷困，纪纲之废弛，积习之因循，无不较前尤甚。"②

宣统二年(1910 年)底，江苏巡抚程德全在致湖广总督瑞徵的电文中，对清政府的改革作了一番总结，并十分准确地预言了清政府必然解体的命运："筹备清单，改亦无效，不改亦无效；筹备事项，缓亦无效，急亦无效，是可断言者也。政党不立，徒法不行。故今日除催设内阁外，竟无第二语可说。催设内阁，非谓天下从此治也，但设一总理以供人民推翻之资料而已。此仆彼兴，再接再厉，阅历渐进，继起有人。"③

## 三、清政府不愿真正立宪的症结

就清末的政治形势来看，集权与立宪是恰好矛盾的。面对集权的种种指责，清政府稳如泰山，不为所动。这是因为，清政府若实行真立宪，无论采取一元式君主立宪，还是二元式君主立宪，它都必须遵循君

① 第一历史档案馆：《宫中档案朱批奏折》，"内政·立宪"类。
② 第一历史档案馆：《宫中档案朱批奏折》，"内政·筹备立宪"。
③ 《东方杂志》，第十二期(1911 年)，"中国大事记补遗"。

主不负责任，皇族退出内阁，尤其皇族不任总理大臣的原则。君主可以世袭，但必须超然于行政事务之外。按照传统封建的道德伦理来看，这意味着什么？这意味着和平地实行改朝换代，意味着拱手“断送”“祖宗”之家业，意味着自动退出历史舞台，这对于中国数千年的封建传统、文化、伦理道德而言，是万万不可接受的。对于这一点，清政府权力核心的满洲亲贵们不会不清楚，立宪派不会不清楚，革命派更是十分明白。这就是清政府无论如何不愿真正立宪，而一味集权的症结所在。

## 第二节　官制改革与清政府的解体

### 一、丙午改制和“丁未政潮”与清政府的解体

官制改革由人来主持，具体地说，是由清政府的各级官员主持的。官员的素质行为，很大程度上决定着官制改革的命运。那么，在官制改革中，清政府的官场状况如何呢？

官制改革自始至终，都伴随着派系、集团之间的明争暗斗，尔虞我诈。官制改革在很大程度上变成权力、利益斗争的牺牲品。

1906 年的丙午改制，所有官制改革的方案章程，几乎由袁世凯一手包办。他阴结庆亲王奕劻，谋求内阁总理大臣之位，以保自身之安全，同时也是为攘夺更多之实权。满族亲贵与袁世凯大起冲突，在讨论官制问题的会议上，满族亲贵铁良甚至拔枪欲射击袁世凯。结果袁世凯借故急急逃回天津。慈禧太后被搅得方寸大乱，以至要跳湖而死。最后她否定了设立立宪内阁和任命内阁总理大臣的动议，丙午改制成为传统官制的一次调整。

接下来便是“丁未政潮”。“丁未政潮”的起源，是直隶道员段芝贵以巨款和歌妓贿赂奕劻、载振父子，即前面有关章节所述“杨翠喜案”，

结果段芝贵无功无才而得黑龙江巡抚，招致朝野一片哗然。岑春煊为此事直接入京，内用为邮传部尚书，面参奕劻父子及杨士骧、陈璧等人，又劾罢邮传部左侍郎、袁世凯之党援朱宝奎。岑春煊由是开罪于奕劻、袁世凯集团。结果，袁世凯略施小技，奕劻紧密配合，岑春煊很快便被逐出京师；瞿鸿禨为军机大臣，以儒臣骤登政地，锐于任事，为政有清望。本欲与岑春煊联手倒奕劻，岑春煊落马后，瞿鸿禨势单力孤，奕劻借袁世凯之人杨士琦和恽毓鼎之手，制造瞿鸿禨"暗通报馆，授意言官，阴结外援，分布党羽"的罪名，[①]中慈禧太后大忌。结果，慈禧太后又开去瞿鸿禨军机大臣职务，这便是"丁未政潮"的大致情况。

"丁未政潮"是清政府最高权力阶层的一次内斗，对官制改革以及晚清政局都有严重影响。政潮过后，慈禧太后授袁世凯为军机大臣兼外务部尚书，调离北洋；同时又命湖广总督张之洞也入军机。两位封疆大吏联翩入军机，实有慈禧太后的深意。第一，是为了收督抚之权；第二，是为了平衡军机势力，同时也未尝不想使他们有所作为。但事与愿违，袁世凯表面主张立宪，但其动机不可测；张之洞老成谋国，可是无袁世凯的势焰，对官制改革也并无真正的把握，在朝中又与袁世凯积不相能，常明中暗里斗法。但张之洞书生意气，不是袁世凯的对手，袁世凯对此也不避讳。袁世凯对清朝权柄常怀觊觎之心，满洲权贵十分明白。慈禧太后大渐之时，遣奕劻外出，独召张之洞、世续定大计。"袁世凯不预定策之功，自知失势，伪称足疾，两人扶掖入朝。"[②]清政府顺水推舟，将袁世凯开缺回籍，中央集权又进一步。

丙午改制和"丁未政潮"中，无论哪一方得势，我们都无法断定对于官制改革的最终影响。但是，这清楚说明了清政府内部无法形成一个

---

① 《光绪朝东华录》，总第5681页。

② 胡思敬：《国闻备乘》，卷三，"孝钦临危定策"，上海书店出版社1997年版。

坚强的统御核心，统治者无法整合内外上下共度时艰，只有勾心斗角、四分五裂，只有形成上梁不正下梁歪，中梁不正倒下来的结局。

## 二、吏治状况与清政府的解体

只要我们随便翻阅一下清末当时的官方文书、私人记述、报章杂志等，就可发现当时的吏治、政风腐败到了无以复加的程度：纪纲废弛，民心涣散，人们已经全不视朝廷之有无，而且越是到了官制改革后期，这种状况越严重。朝野一片指斥声，统治者对之熟视无睹，无可奈何。例如：

时人曾记载主持官制改革的当权者慈禧太后的心态："当在行在时，下罪己诏，荣禄幕客樊增祥笔也。太后每见臣工，恒涕泣引咎，臣下请行政，多所采纳。及还都，中外渐安辑，渐益奢恣，大修颐和园，穷极奢丽，日费四万金，歌舞无休日，已忘丧乱矣。"①

上有所好，下必甚之。西太后的臣僚们又是何种状况呢？"大抵国愈穷则愈奢，愈奢则官常愈败。传闻袁世凯侍姬甚众，每幸一姬，则赏赐金珠多品。吃余烟卷抛弃在地，仆人拾之，转鬻洋行改造，获利不下数千。端方移任时，所蓄玩好、书画、碑帖数十车，运之不尽。前云南政务大臣唐炯、今外务部侍郎唐绍仪，肴馔之丰，每膳必杀双鸡双鹜，具鲜肉多筋，金华腿一具，取其汁以供烹调，骨肉尽弃去，亦暴殄甚矣。"②

御史胡思敬记载，光绪三十四年（1908 年），光绪帝和慈禧太后先后一日去世，群臣哭临三日，皆无戚容，且反穿羊皮而内袭元缎以作丧服；无论官职大小均混入乾清（指乾清宫），人声嘈嘈，仆从皆杂其中，御史不纠礼，礼部不相仪。而民间对此的反映是："当德宗晏驾时，遗诏未

---

① 胡寄尘：《清季野史》，岳麓书社 1985 年 12 月版。

② 胡思敬：《国闻备乘》，上海书店出版社 1998 年版。

下,民间已周知,是日遍城人无不剃发,嫁娶者纷纷,竟夕鼓乐声不绝。官司未闻禁止,殆所谓掩耳盗铃与!”①

普通百姓不仅已不把朝廷当回事,有人甚至对时局总结出十可恨:“近有一士人状类痴者,尝在后门大街一带演说十可恨。其言曰:‘外务部外交失败,一可恨;法部各级审判不清,二可恨;军机大臣不负责任,三可恨;资政院议员乞怜,四可恨;陆军部兵士腿快,五可恨;大臣卖国,六可恨;外人强硬,七可恨;钱铺坑人,八可恨;国民不知自强,九可恨;巡警管洋车不管马车,十可恨。”②

宣统元年(1909 年)二月,邮传部左参议李稷勋奏称:“……乃自有新政以来,往往效未著而弊已深,有较甚于旧时而人皆习焉弗察者。一曰冗费,一曰冗员。……自综覆之法不行,故冗费多;自廉耻之道不讲,故冗员多。”③

宣统元年闰二月,胡思敬奏陈:“……自光绪以来,政尚宽大,上下师师。言路弹章,必阴伺夫朝廷已厌之人而后发;疆臣复奏,必密揣政府私授之意而后陈。无论如何狼籍败露,弃此一官,了无余惧。水懦易玩,伤人实多。”④

宣统二年六月,清政府“谕内阁……降及今日,人心愈幻,作弊愈工,宠赂官邪,比比皆是。或假新政为名,肆行侵蚀,或以官缺为市,巧试奸欺,或夤缘荐引,籍博高官。或营谋开复,代陈冤抑。似此廉隅之不饬,非上亏国努,即下劫民财。倘非峻法相绳,后患何堪设想。亟宜申明典章,颁布中外。”⑤

宣统二年(1910 年)七月,直隶总督陈夔龙奏:“臣窃唯比年中外臣

① 胡思敬:《国闻备乘》,卷三,“戊申大丧失礼”。
② 胡寄尘:《清季野史》,“都门识小录”,第 79 页。
③ 《宣统政纪》,卷八。
④ 《宣统政纪》,卷十。
⑤ 《宣统政纪》,卷三十七。

工，兼营并骛，日不暇给。而时事之阽危，众情之抵触，几倍曩昔。”①

宣统三年(1911 年)三月，清政府谕内阁：“现在时事艰难，朝廷宵旰忧勤，孜孜求治，凡在臣工应如何岁夜在公，勤供职守，乃近来京外大臣，动辄托词请假，几于无日无之，甚有一再续假者，殊属不成事体。”②

可以说，对于清末吏治腐败和官制改革之穷途末路，当局者一点儿也不糊涂，而旁观者则更清楚。御史胡思敬的一番总结，颇为精彩：

“自古变法，必有一揽权专断之人主持其间，如秦之卫鞅、汉之王莽、宋之王安石皆是也。……宣统初年，在朝并无一贵幸大臣能以权力主持变法者，其余附和诸奸若李家驹、汪荣宝、吴廷燮、曹汝霖、董康之流，皆阿附取容，一旦不用，取而弃之如狐雏耳。新政之害，已情见势绌，督、抚知之，政府知之，摄政王亦知之。京师官三五杂坐，莫不抚手叱骂。其实骂新政府者无一非办新政之人，即无人不享新政之利。游东洋归者骂留学生，而钻营求差自若也；在学部当差者骂学堂章程，而拟稿批呈自若也；在法部当差者骂新律，而援引听断仍自若也。举一国之人，如蜩如螗，如沸如羹，妖由人兴，事极可怪。”③

为何“举一国之人，如蜩如螗，如沸如羹”？无非是在清朝这艘千疮百孔的老船沉没之前，各方势力，各色人等各寻出路，各奔前程而已。

面对清末官场之黑暗堕落，也并不是没有人试图力挽狂澜。如许多直言敢谏的御史，他们以赵启霖、赵炳麟和江春霖为代表：“湘潭赵启霖、莆田江春霖、全州赵炳麟同时为谏官，甚相得，号称敢言。京师人争目之，因假上海洋商标记，共呼三御史为‘三菱公司’。”④清代，御史台职司风宪，可以风闻言事，而不受追究。他们对于官纪、官风乃至整个

---

① 《宣统政纪》，卷三十八。

② 《宣统政纪》，卷五十。

③ 胡思敬：《国闻备乘》，卷四。

④ 胡思敬：《国闻备乘》，卷四。

社会风气的状况，有重要的矫正和归化作用，某种程度上是健康吏治的安全阀。但是，在清末大厦将倾的情况下，清政府自毁长城，屡次践踏不避权贵、仗义执言的御史台。清末有两件事，能够典型地反映这种状况：

第一件事，为前述“丁未政潮”中御史赵启霖被清政府夺职。

对于奕劻父子受贿纳妓之事，“御史赵启霖风闻入告，诏罢芝贵，命大学士孙家鼐查办。家鼐昏耄畏事，不敢开罪政府，复奏尽为伸雪，启霖终以诬蔑亲贵夺职。陆宝忠、赵炳麟、江春霖连章争辩，不获伸。士大夫慕其直声，争置酒作为诗歌以壮其行。奕劻父子虽悍，固无如舆论何也。”①

第二件事，是宣统三年(1911 年)正月十六日，御史江春霖弹劾庆亲王奕劻“老奸窃位，多引非人”，而被遣“回原衙门行走，以示薄惩”。

江春霖的弹章，主要痛斥奕劻与袁世凯互相勾结，狼狈为奸，互为奥援，导致政局败坏，指出如皇上和兼国摄政王任听奕劻荐引私人，或误用老迈庸懦者充数伴食，则“大局之坏何堪设想”。

江春霖列举奕劻的党援有：“农工商部侍郎杨士琦，署邮传部侍郎沈云沛复为画策，污名嫁于他人，而已阴收其利。被劾则力为弥缝，见缺又荐引填补。就众所指目而言，江苏巡抚宝芬，陕西巡抚恩寿、山东巡抚孙宝琦，则其亲家，山西布政使志森，则其侄婿，浙江盐运使衡吉，则其邸内旧人，直隶总督陈夔龙，则其干女婿，安徽巡抚朱家宝之子朱纶，则其子载振之干儿，邮传部尚书徐世昌，则世凯所荐，两江总督张人骏、江西巡抚冯汝魁，则世凯之戚，亦缘世凯以附奕劻。而阴相结纳者尚不在此数。……”②

正月十八日，内阁奉上谕：“……其中谓陈夔龙为奕劻之干女婿，朱

① 胡思敬：《国闻备乘》，卷一。

② 江春霖：《江春霖集》，卷一，“奏议”，马来西亚兴安会馆总会文化委员会，1990 年 3 月出版。

家宝之子朱纶为载振之干儿尤属荒诞不经。当即谕令明白回奏。"对于其他指陈，上谕全部予以回避。

同日，"江春霖遵谕明白回奏"。所陈事实有根有据，明白确凿。[①]

正月十九日，上谕："……乃昨据御史江春霖参奏庆亲王奕劻并明白回奏各折，牵涉琐事，罗织多人，以毫无确据之言，肆意诬蔑，殊属有妨大局，本应予以重惩。姑念该御史平日戆直，尚无劣迹，是以从宽，只令其回原衙门行走。"[②]

清政府对江春霖的弹劾不敢正面回答，反而惩罚这位刚直的言官，倒行逆施，朝野一片哗然。御史陈田、赵炳麟、胡思敬等联合奏请收回成命，不果。于是，"公慨然知时事不可为矣！遂告归养，全台争之莫得。"清政府进一步失去了人心。

## 第三节　中央官制改革的特点和意义

清末中央官制改革发生在20世纪初年，无疑是一场政治改革，打着明显的时代烙印，而表现出以下特点。

### 一、按照三权分立原则设官分职

三权分立理论是作为封建专制主义的对立物而出现的，曾经对资产阶级政治思想的发展和资产阶级宪政体制的形成产生重要作用，并广泛地被采用为资本主义各国政权的组织形式。法国资产阶级思想家孟德斯鸠把三权分立归结为，每一个国家有三种权力：立法权力，有关国际法事项的行政权力，有关民政法规事项的行政权力。他将此进一

---

① 江春霖：《江春霖集》，卷一，"奏议"。

② 同上。

步表述为："依据第一种权力，国王或执政官制定临时或永久的法律，并修正或废止已制定的法律。依据第二种权力，他们媾和或宣战，派遣或接受使节，维护公共安全，防御侵略。依据第三种权力，他们惩罚犯罪或裁决私人讼争。我们将称后者为司法权力，而第二种权力则简称为国家的行政权力。"①

三权分立学说在近代传入中国，许多早期维新思想家对之已有一些模糊的认识，如王韬、郑观应等人。在戊戌维新期间，有人曾说："考泰西论政，有三权鼎立主义。三权者，有议政之官，有行政之官，有司法之官也。夫国之政体，犹人之身体也。议政者譬若心思，行政者譬如手足，司法者譬如耳目。各守其官，而后体立事成。"②康有为也说"三权立而后政体备"。③ 但了解这一学说的多为知识界中的先进人物，统治者阶层对此还相当陌生。如载振 1902 年游历英国时，认为英国政体分行政、理事、稽察三等，④不知三权分立的原则。清政府统治者阶层谈论并认识三权分立，是在立宪兴起的过程中。五大臣出洋考察政治，带回来各国政府的有关政治组织原则，于是三权分立始被清政府作为"立宪国通例"而接受，并用于指导官制改革。《东方杂志》曾说："比年以来，法人孟德斯鸠所主张之三权分峙之政见，颇称颂于士大夫之口。此次改革官制，主持之人，亦以此说为规根复命之枢。"⑤奕劻等在丙午改制厘定官制的奏折中说："立宪国通例，俱分立法、行政、司法三权，各不相侵，用意最美。"⑥由此批评旧有官制的权限不分，从而把分权定限作为中央官制改革的首要任务。参与起草新官制的张一麐曾说："(编纂)

---

① 〔法〕孟德斯鸠：《论法的精神》(上)，商务印书馆 1995 年版，第 155 页。

② 《戊戌变法档案史料》，第 4 页。

③ 《中国近代史资料丛刊·戊戌变法》(二)，第 199 页。

④ 《英轺日记》，卷六。

⑤ 《东方杂志》：宪政初纲，"舆论一斑"。

⑥ 第一历史档案馆：《军机处录副档》，光绪三十二年(1906 年)第一号。

各员多东西洋毕业生，抱定孟德斯鸠三权分立宗旨。”①

在实际操作中，清政府并不是从理论原则和精神实质，而是只就西方各国政权的表面组织形式，去理解三权分立。在资产阶级思想家那里，三权分立的实质，立足于主权在民，是政治自由的基础，以保障人民的民主权利为根本目的；而在清政府看来，三权分立不过是政府的组织形式而已，分权是为了更好地集权和控制权力，对于人民的权力，则无实质涉及；清政府在官制改革中，只接受了三权分立的形式，淡化、回避或者说“改造了”其实质内容，借以控制权力，强干弱枝，集权中央。尽管如此，清政府毕竟吸收了分权学说来改造传统官制，其结果，便产生了责任内阁、资政院等机构，虽然与立宪实质貌合神离，但客观上表现为封建专制官制向近代政体转变的象征。

## 二、中央行政部门增加及其权力扩展

清末中央官制改革中，从总理衙门改设外务部起，经过十年的调整，裁撤不符合时代发展要求的部门，添设改并新的部门，到清末，中央政府形成十个行政部，产生了管理民政、农工商、教育和交通邮电事务四个前所未有的机构。同时，一些旧有衙门，如户部、刑部、兵部，也在形式上改建为近代意义的行政机构。为皇室服务的院寺衙门逐渐与国家事务脱离，基本集中于宗人府、内务府及有关机构，初步改变了原来家事国事混为一起的状况。这种变化，符合官制改革的方向，是社会进步的反映，尽管还只是十分有限的一小步。

与此同时，行政各部的职权范围也有很大的扩展。清代官制规定：“一国事权，操自枢垣，汇于六曹，分寄于疆吏。”②但如前面有关章节所

① 张一麟，沈云龙主编：《心太平室集》，卷九，台湾文海出版社出版。

② 《光绪朝东华录》，总第4666页。

述，清末官制改革前，六部政务废弛，效率低下，地方督抚则由于种种原因，权力膨胀坐大。重新厘定官制后，行政各部的职掌中，几乎都出现了统辖全国某类事务的条文，而且各部积极付诸实行。例如，民政部保举各省巡警道；度支部分遣监理财官奔赴各地，并鼓吹各省布政使归其管辖；学部保举任命提学使，直接对其负责，但费用由地方负担；法部保提法使；陆军部则控制各省督练公所军事参议官的任免。此外，有些部门还以各种名义向各省派出考察和调查人员。从行政来说，民政部要求各地咨送州县事实表册，报核工程规划及经费；度支部以清理财政为名，剥夺各省财权；陆军部收北洋军权，而且积极插手各地新军的编练；邮传部成立后，接管各省官商铁路，如此等等，不一而足。

中央各机关扩张权力，是清末官制改革中的一普遍现象，与清政府集权中央的目的一致，但引起地方督抚的强烈不满，并由此进一步导致统治者内部的分崩离析，这是清政府始料不及的，也正说明了集权的不得人心。

## 三、满汉复职的取消和官员专任的发展

各机构官员向专任发展，强调专业知识，是清政府改革官制的初衷之一，在具体改革中得到了一定的体现。

如前所述，满汉复职造成了统治机构的臃肿、腐败和效率低下，并制造许多矛盾，而且皇帝还特简亲王、郡王、大学士管理部务，官员的兼差也十分普遍。导致“各部堂官既众，意见不无参差，往往提议一事，议论经年，终归搁置。”①“一堂而有六官，是数人其一职也，其半为冗员可知。一人而历官各部，是一人更数职也，其必无专长可见。数人分一任则筑室道谋，弊在玩时；一人兼数职则日不暇给，弊在废事。”②

---

① 《茹经堂奏疏》，卷三，台湾文海出版社出版。

② 《光绪朝东华录》，总第 5577 页。

从商部设立时起，满汉复职的制度开始打破，至丙午改制时，则明确规定各部堂官均设尚书一人，侍郎二人，不分满汉，满汉复职正式废除。应当指出，满汉复职虽废除，由于清政府的集权动机，中央各部门尤其机要衙门，仍由满人亲贵把持。这就使得这一改革的价值大打折扣。但这一制度本身的废除，还有其积极意义。

到陆军部改定官制时，尚书、侍郎又变为大臣、副大臣。1911年奕劻领衔的"皇族内阁"，将各部尚书改为大臣，但左右侍郎依旧。

在官制改革的过程中，各部门逐渐建立起一套职权较为明晰的运行体系。每部由尚书、侍郎总其成外，1906年编纂官制大臣在《各部官制通则》中，统一明确了司员的职任："郎中每司一人，承尚书、侍郎之命，总核本司事务。员外郎、主事、七品小京官承尚书侍郎之命，分任承政厅及各司各科事务。"①

司以下机构的负责制度，在宣统年间又有进一步发展。我们从本书第四章所列宣统三年学部的薪水簿，可以看出其特点。

学部的薪水簿表明，其内设机构主要由厅、司组成。厅、司之下根据需要设科。厅、司的负责人均称"司长"，各科的负责人均称"科长"，科长之下，设一二三四等"科员"若干，另外还有科员上行走、额外行走和书记生若干；参事厅设参事若干，从他们的薪水数量看，级别相当于各科的一等科员；司务厅设厅长一员，级别相当于各科的科长，同时设一二三四等厅员若干，厅员上行走和书记生若干。郎中、员外郎、主事等旧官称，基本不再采用。

从陆军部和海军部官制中，也采取设司的制度，长官称司长，司下分科，设科长一人，科员若干。

---

① 《东方杂志·临时增刊宪政初纲·官制草案》，光绪三十二年（1906年）十二月。

## 四、各部普遍设立丞参

设立丞和参议，是清末中央官制改革中行政各部普遍采用的做法。

丞和参议是新创设的官职，各有左右之分，分别为正三品和正四品，位列侍郎之下，郎中以上。丞参最初为外务部所设，充总办职掌，由总理衙门的总办章京演变而来。“左右丞缺，以左右参议开列奏请简放，左右参议缺，先尽郎中，次用员外郎，由改部堂官保送引见，请旨录用，均备出使大臣之选。遇有该部侍郎缺出，先尽左右丞开列。”①

继外务部之后设立的商部、巡警部和学部，均仿外务部的做法，设立丞参。丙午改制时，清政府认为“新设之丞参，事权不明，尚多窒碍”，②决定设立承政厅和参议厅，作为丞参的办事机构，规定左右丞“任一部总汇之事”，左右参议“任一部谋议之事”，丞和参议的分工进一步明确。除陆军部在 1911 年裁去丞参外，其余各部均保留丞参至清亡。丞参的实际作用，主要有两点，首先，从品级看，丞为正三品，参为正四品，上接侍郎（正二品），下接郎中（正五品），理顺了级别关系；规定丞参可直接由本部人员升任，有利于官员的专任。其次，尚书侍郎品高位尊，又多兼差，难于事必躬亲，往往疏于部务，丞参既可上通下达，又利于部务的管理，提高效率。

## 五、废除科举制度，建立新的选官任官模式

官制改革由各级官员主持，官员的素质很大程度上决定着官制改革的结局，传统科举体制下产生的各级官员，很难说他们真正理解西方的三权分立、立宪政体是什么，以及为什么中国要实行立宪；同时，清末

---

① 《清朝续文献通考》，卷一百十八。

② 第一历史档案馆：《军机处录副档》。

社会的发展,也要求培养造就新型经世致用人才,打破官本位和科举做官的传统思想。就是说,官制改革需要各方面新人才,尤其是开拓进取的经世致用型人才,而不是因循守旧,故步自封,穿新鞋走老路、借改革以自肥的大量冗官废员。科举制的废除,正是在此背景下发生,因而具有积极意义。

但是,科举制废除后,继而实行的学堂选官、留学选官、议员选举和旧有选官模式的沿用,并没有发挥积极的效果。尤其是留学选官,弊端更大,不断遭到朝野的抨击、指斥。究其原因,在于清政府将教育制度和人事制度混为一谈,使之发生错位。教育制度与官吏选任制度本是两种在职能和目的上都不同的制度。官员的选任制度是为了选拔各级国家行政管理人员,而教育的目的则是"育人",是培养社会发展所需各方面的人才、人员;培养国家需要的官员只是教育的职能之一。科举制废除后,官员选任的真空很快被学堂选官、留学选官等新旧杂陈的选官模式所取代。这样,便无形中"误导了"教育,使教育等同了做官,从实质上仍然延续了科举教育为官的模式。清末官场的黑暗混乱、腐败堕落,乃至清朝的最后解体,都与这种官员选任制度的严重弊端,有直接的关系。

客观而言,科举制度也有其合理积极的一面。有趣的是,当中国在欧风美雨的蒸洗下酝酿废科举兴学校时,西方以法国和英国为首,却为了公开政府职位和鼓励人才自由竞争,而开始实行文官考试制度。法国于 1804 年正式实行文官考试制度,英国于 1855 年建立文官考试制度,都受中国科举考试制度的影响。中华民国时期实行的公务员考试制度,也可谓科举制度的变形。因而,王德昭先生认为:"惟在旧科举制度下学校所肄习者为科举之学,而新公务人员考试者为学校之学。即此也可见教育与考试制度之随时势的变化而改变兴废之故了。"①

① 王德昭:《清代科举制度研究》,中华书局 1984 年版,第 248—249 页。

## 六、改革官员的品级和俸禄制度

品级和俸禄（又称秩禄）制度是官制的重要内容，既改革官制，则官员的品级和俸禄必须相应加以改革。对于清末官员的品级问题，如本书第四章有关内容所述，有大量的议论和改革的动议，但实际变动不大，甚至没有来得及加以调整厘清，而对于俸禄问题，则有一定的成效，表现在至宣统三年，官员俸禄改为支银两，不再支禄米，兼差者支半俸；官员的薪水比较之下有了很大提高，体现了舆论一直呼吁的高薪养廉原则，但薪水等级悬殊较大，等等。

清政府实行高薪养廉的主要目的，在于澄清吏治，严肃官风官纪，有利于推行官制改革，但事实上并没有起到挽回颓风，纠正时弊的作用。这一方面说明，清政府无论做何努力，已不能有所作为；另一方面说明，高薪未必能够养廉，还应该从其他的角度和途径，解决吏治问题。

官俸与吏治、官风息息相关。在清朝刚刚结束后的1912年6月，《东方杂志》曾专门以"官俸"为题目，广泛征文，以供当政者参考。有名为汪笛帆的作者，著《官俸议》一文而被选登，其中对清朝的官俸、官风多有涉及，这里以其文的相关内容，作为本章和本书的结尾：

"专制之国，人君以科举为钓饵，以爵禄为牢笼。悉天下之心思耳目，咸萃于官。若曰非此不足为宗族交游光宠，则又苛其程式焉，严其资俸焉。折腰趋府之始，辄乞贷于邻党而后行。彼歆羡大官厚禄之在其前，苦未能一蹴而及也，于是暮夜苞苴，营私仇法之事，无所不为。习俗既久，恬不知耻。……《传》曰：'国家之败，由官邪也。'披览史册，殷鉴昭然。而陈陈相因，每况愈下。至清之叔季，贪墨之风，遍于朝野，卒底灭亡者，何也？盖承专制之流毒，狃廉耻之久丧。虽欲枝枝节节而改之，而终不得其要领也。"①

① 《东方杂志》，第八卷第十二号（1912年）。

# 参考文献

中国第一历史档案馆馆藏档案，主要有：

吏部档案、户部档案、度支部档案、农工商部档案、巡警部档案、民政部档案、学部档案、邮传部档案、陆军部档案、军机处档案、会议政务处档案、宪政编查馆档案、宫中档案朱批奏折等。

中国第一历史档案馆编：《光绪朝朱批奏折》，中华书局 1995 年版。

故宫博物院明清档案部编：《清末筹备立宪档案史料》，中华书局 1979 年版。

朱寿朋：《光绪朝东华录》，中华书局 1958 年版。

刘锦藻：《清朝续文献通考》，商务印书馆民国二十五年（1936 年）版。

《清史稿》，中华书局 1977 年版。

《清德宗实录》，中华书局 1987 年版。

《宣统政纪》，中华书局 1987 年版。

中国近代史资料丛刊：中国史学会编：《戊戌变法》，神州国光社 1953 年版。

戴逸主编：《简明清史》，人民出版社 1980 年版。

戴逸：《履霜集》，中国人民大学出版社 1987 年版。

萧一山:《清代通史》,中华书局1985年版。

王其蕖:《明代内阁制度史》,中华书局1989年版。

清代史料笔记丛刊:

朱彭寿:《旧典备征·安乐康平室随笔》,中华书局1982年版。

梁章钜:《枢垣记略》,中华书局1984年版。

吴庆坻:《蕉廊丛录》,中华书局1990年版。

昭梿:《啸亭杂录》,中华书局1982年版。

章伯峰、荣孟源、顾亚:《近代稗海》,四川人民出版社1985年版。

张枬、王忍之:《辛亥革命前十年间时论选集》,生活·读书·新知三联书店1963年版。

《东方杂志》、《顺天时报》、《申报》等。

李鹏年等:《清代中央国家机关概述》,黑龙江人民出版社1982年版。

赵翼:《檐曝日记》,中华书局1982年版。

《筹办夷务始末》(同治朝、咸丰朝),台湾文海出版社。

〔美〕何天爵著:《真正的中国佬》,鞠方安译,光明日报出版社1998年版。

《马克思恩格斯选集》,人民出版社1972年版。

冯桂芬:《校邠庐抗议》,1892年敏德堂潘校刊。

夏东元编:《郑观应集》,上海人民出版社1982年版。

胡珠生编:《宋恕集》,中华书局1993年版。

何启、胡礼垣:《新政真铨》,光绪己亥二十五年香港书局印。

王韬:《弢园文录外编》,光绪丁酉夏时务学社仿香港本重刊。

〔美〕吉尔伯特·罗兹曼:《中国的现代化》,江苏人民出版社 1995 年版。

载振:《英轺日记》,台湾文海出版社出版。

赵炳麟:《赵伯岩集》,台湾文海出版社出版。

康有为:《康南海官制议》,广智书局印。

《梁启超选集》,上海人民出版社 1984 年版。

梁启超:《饮冰室合集》,中华书局 1956 年版。

骆惠敏编:《晚清民初政情内幕》,知识出版社 1986 年版。

徐世昌:《退耕堂政书》,台湾文海出版社。

张一麟:《心太平室集》,台湾文海出版社。

《严复集》,中华书局 1986 年版。

张之洞:《劝学篇》,中州古籍出版社 1988 年版。

陈学恂、田正平编:《中国近代教育史资料汇编》,上海教育出版社 1991 年版。

韦庆远、高放等:《清末宪政史》,中国人民大学出版社 1993 年版。

〔美〕亨廷顿著:《变化社会中的政治秩序》,王冠华等译,生活·读书·新知三联书店 1989 年版。

徐达主编:《中国历代官制词典》,安徽教育出版社 1991 年版。

黄惠贤、陈锋主编:《中国俸禄制度史》,武汉大学出版社 1996 年版。

〔美〕陈锦江著:《晚清现代企业与官商关系》,王笛,张箭译,中国社会科学出版社 1997 年版。

《汪荣宝日记》,台湾文海出版社出版。

《荣庆日记》,西北大学出版社 1986 年版。

载泽:《考察政治日记》,岳麓书社 1986 年版。

戴鸿慈:《出使九国日记》,岳麓书社 1986 年版。

刘厚生:《张謇传记》,龙门联合书局 1958 年版。

康有为:《康南海自编年谱》,中华书局 1992 年版。

丁文江、赵丰田编:《梁启超年谱长编》,上海人民出版社 1983 年版。

民国史料笔记丛刊:

金梁:《光宣小记》。

胡思敬:《国闻备乘》。

张一麟:《古红梅阁笔记》。

陶菊隐:《政海轶闻》。

以上四种均为上海书店出版社 1998 年版。

胡绳武、金冲及:《辛亥革命史稿》,上海人民出版社 1980 年版。

费正清编:《剑桥中国晚清史》,中国社会科学出版社 1985 年版。

清代历史资料丛刊:

刘体仁:《异辞录》,上海书店 1984 年版。

胡寄尘编:《清季野史》,岳麓书社 1985 年版。

余英时:《中国思想传统的现代诠释》,江苏人民出版社 1995 年版。

〔美〕任达:《新政革命与日本——中国,1898—1912》,江苏人民出版社 1998 年版。

杨国强:《百年嬗蜕——中国近代的士与社会》,上海三联书店 1997 年版。

萧功秦:《危机中的变革——晚清现代化进程中的激进与保守》,上海三联书店 1999 年版。

罗荣渠:《从西化到现代化》,北京大学出版社 1990 年版。

王先明:《近代绅士——一个封建阶层的历史命运》,天津人民出版社 1997 年版。

邱宝林、吴仕龙:《中国历代官员考核》,云南教育出版社 1996 年版。

〔法〕孟德斯鸠:《论法的精神》,张雁深译,商务印书馆 1995 年版。

蒋廷黻:《中国近代史大纲》,东方出版社 1996 年版。

张朋园:《立宪派与辛亥革命》,台湾中央研究院近代史研究所 1996 年版。

《梁启超与清季革命》,台湾近代史研究所专刊 1964 年版。

张玉法:《清季的立宪团体》,台湾中央研究院近代史研究所 1971 年版。

侯宜杰:《二十世纪初中国政治改革风潮——清末立宪运动史》,人民出版社 1993 年版。

侯宜杰:《袁世凯评传》,河南教育出版社 1986 年版。

李宗一:《袁世凯评传》,中华书局 1980 年版。

〔美〕柯文:《在传统与现代性之间——王韬与晚清改革》,雷颐、罗检秋译,江苏人民出版社 1995 年版。

〔法〕托克维尔:《旧制度与大革命》,冯棠译,商务印书馆 1996 年版。

郭世佑:《晚清政治革命新论》,湖南人民出版社 1997 年版。

王晓秋、尚小明:《戊戌维新与晚清新政》,北京大学出版社 1998 年版。

王德昭:《清代科举制度研究》,中华书局 1984 年版。

孔祥吉:《晚清佚闻丛考——以戊戌维新为中心》,巴蜀书社 1998 年版。

《清朝文献通考》，商务印书馆万有文库本。

《清朝通典》，商务印书馆万有文库本。

钱穆:《国史大纲》，商务印书馆1994年版。

张德泽:《清代国家机关考略》，中国人民大学出版社1981年版。

商衍鎏:《清代科举考试述略》，生活·读书·新知三联书店1958年版。

《清代全史》，辽宁人民出版社1991年版。

王亚南:《中国官僚政治研究》，中国社会科学出版社1981年版。

韦庆远:《明清史辨析》，中国社会科学出版社1989年版。

刘泽华:《专制权力与中国社会》，吉林文史出版社1988年版。

唐瑞裕:《清代吏治探微》，台湾文史哲出版社1991年版。

中国社会科学院近代史研究所政治史研究室，苏州大学社会学院编:《晚清国家与社会》，社会科学文献出版社2007年版。

中国社会科学院近代史研究所政治史研究室，河北师范大学历史文化学院编:《晚清改革与社会变迁》(上、下)，社会科学文献出版社2009年版。

陈旭麓:《近代中国社会的新陈代谢》，中国人民大学出版社2012年版。

王晓秋:《改良与革命:晚清民初史事新探》，北京大学出版社2012年版。